古文字與中華文明傳承發展工程

復旦大學出土文獻與古文字研究中心

復旦出土文獻與古文字研究博士叢書

五一廣場東漢簡牘冊書復原研究

楊小亮 著

中西書局

圖書在版編目(CIP)數據

五一廣場東漢簡牘册書復原研究 / 楊小亮著. —上海：中西書局，2022.4

（復旦出土文獻與古文字研究博士叢書）

ISBN 978-7-5475-1944-8

Ⅰ.①五… Ⅱ.①楊… Ⅲ.①簡(考古)-研究-長沙-東漢時代 Ⅳ.①K877.54

中國版本圖書館 CIP 數據核字(2022)第 041273 號

WUYIGUANGCHANG DONGHAN JIANDU CESHU FUYUAN YANJIU

五一廣場東漢簡牘册書復原研究

楊小亮　著

責任編輯	田　穎
裝幀設計	梁業禮
責任印製	朱人傑

出版發行　上海世紀出版集團

　　　　　　　中西書局(www.zxpress.com.cn)

地　　址　上海市閔行區號景路 159 弄 B 座(郵政編碼：201101)

印　　刷　上海商務聯西印刷有限公司

開　　本　700×1000 毫米　1/16

印　　張　16

字　　數　229 000

版　　次　2022 年 4 月第 1 版　2022 年 4 月第 1 次印刷

書　　號　ISBN 978-7-5475-1944-8/K·385

定　　價　78.00 元

本書如有質量問題，請與承印廠聯繫。電話：021-56044193

《復旦出土文獻與古文字
研究博士叢書》序

  《復旦出土文獻與古文字研究博士叢書》的第一輯即將陸續出版，劉釗教授和中西書局要我在這套叢書前寫幾句話。

  這套博士叢書所收的大多是出土文獻與古文字方面的博士學位論文，是這些年輕學者們在學術道路上的一個重要里程碑。這些博士論文經過十餘位專家審讀，最終入選叢書出版，至少説明它們對相關領域的研究具有一定的推進作用。我也曾讀過第一輯的部分入選論文或其中的一些章節，感到就我讀過的部分而言，是比較扎實嚴謹、言之有物的，值得相關研究者參考。當然，這些著作肯定也存在不少問題和錯誤，希望讀者多予批評指教。

裘錫圭

2012 年 9 月 13 日

序　一

　　簡牘是出土文獻中最具活力的部分，時代跨近千年，出土地點遍布全國大部分省區，隨着新材料的不斷湧現，整理的技巧、研究的方法都有極大的進步，楊小亮《五一廣場東漢簡牘册書復原研究》一書正是這一趨勢的實踐產物，促進了簡牘學理論的深化，值得慶賀。

　　迄今出土簡牘總數逾三十萬，形式多樣，内容豐富，令人眼花繚亂。由於有了一定的規模，不同地區與不同環境下出土的簡牘，雖然共性是主要的，但其主體部分亦呈現出不盡相同的特色。我們姑且把一定地理範圍内出土的、具有一定規模及類似特徵的簡牘稱爲“簡牘群”。《易·繫辭》“方以類聚，物以群分”，孔穎達疏：“物謂物色，群黨共在一處而與他物相分别。”今見規模較大的“簡牘群”大致有五：

　　居延簡牘群：包括跨甘肅、内蒙古兩省區的額濟納河下游地區漢代烽燧遺址出土的簡牘，大多爲簡牘文書，内容多與屯戍有關，是二十世紀最早出土簡牘的地區之一，也是最早自成體系的簡牘群。

　　敦煌簡牘群：敦煌漢代鄣城烽燧及驛傳遺址出土的簡牘，原與居延地區所見有同質性，内容也類似，只是敦煌懸泉遺址出土大批簡牘之後，突出點發生變化，出現了許多與交通體系及歷史地理相關的内容，顯現出自己的特色，故宜另立新群。

　　湖北簡牘群：地域分布在湖北省全境，皆爲墓葬出土，而江陵及雲夢兩地出土的簡牘數量最多，包括簡牘文書與典籍，有關古代律令的内容尤顯突出。

　　湖南簡牘群：湖南省境内出土的簡牘，其中多數出於古井窖，由於數量多，故俗謂簡牘之“井噴”，文書簡居多。

入藏簡牘群：包括上海博物館、清華大學、北京大學、安徽大學、湖南大學嶽麓書院從境外引進入藏的簡牘，多爲典籍簡，先秦典籍尤多。

尚有其他各地出土的簡牘，雖然未達到上述簡牘群的規模，其重要性也不能忽視，如山東銀雀山漢墓、江西海昏侯漢墓、河北定州漢墓、安徽阜陽漢墓、江蘇連雲港漢墓出土簡牘等内容也非常重要。

尤值一提的是湖南簡牘群中長沙市五一廣場周邊古井窖遺址出土的簡牘，已達全國出土總數的三分之一，主要有走馬樓西漢簡牘、東牌樓東漢簡牘、尚德街東漢簡牘、五一廣場東漢簡牘及走馬樓三國吳簡，内容極爲豐富。其中五一廣場東漢簡牘近七千枚，是全國東漢簡牘中批量最多的，約佔總數八成左右，在一定程度上起到補缺的作用。除了自身體量大，能够用它獨立進行研究之外，它的最大的優勢是同一地點與之相關、可資比較的簡牘資料比較多，即上承西漢，下接三國。如果延伸到整個湖南境内出土的簡牘，總數已經超過全國的半數以上，而且關聯性强，可以從横向及縱向兩個角度進行比較研究。

2011 年以來，長沙市文物考古研究所與清華大學出土文獻研究與保護中心、中國文化遺産研究院、湖南大學嶽麓書院聯合成立整理小組，在李學勤先生的指導下，合作整理五一廣場東漢簡牘。經過四家單位及中西書局諸位同仁的不懈努力，迄今已出版《長沙五一廣場東漢簡牘選釋》及《長沙五一廣場東漢簡牘》壹至陸輯，後續工作正在進行。整理過程中，長沙市文物考古研究所始終秉持開放合作的宗旨，爲工作的順利進行，創造諸多有利條件；合作單位及小組成員亦能從多角度發揮各自特長，形成合力，達到事半功倍的效果，屢獲好評。工作中氣氛融洽，大家心情愉悦，工作效率高，堪稱是合作的典範。

楊小亮是我在中國文化遺産研究院工作時的同事，曾共事多年，我應聘到清華大學出土文獻研究與保護中心工作後，他亦在清華大學隨趙平安先生攻讀博士學位，便有更多的交流機會。我深感其悟性高，感知能力强，適合做出土文獻的整理與研究工作。他是五一廣場東漢簡牘整理小組的核心骨幹，工作勤奮，釋文準確，做了大量的殘簡綴合拼接，成績突出；承擔《異體字表》的編製，煩瑣費時，從無怨言；負責定稿的最後統稿及與出版社的對接，亦未出紕漏。

　　簡牘的整理與研究是同一事物的兩個方面（或兩個階段），始終相輔相成，無從脱鈎。尤其是古遺址（包括古井窖）出土的簡牘，大多殘斷散亂，整理過程中必須先對簡牘的狀況與内容有大概的瞭解，熟悉文種的類別、形制、格式、常用語及文字與書法特徵，摸清其基本規律，然後才能比較順利地做釋文、綴合、編聯。考證則是對内容的具體認識，已跨入基礎研究的階段。此後再經過整理與基礎研究兩個方面的多次反復，相互支撐與補充，提高了簡牘自身的史料價值，深入的專題研究才有相對可靠的保障。楊小亮《五一廣場東漢簡牘册書復原研究》一書恰恰是簡牘文書整理與研究相互支撐的反映，是多年實踐的結果。

　　該書大致包含基礎研究、册書復原和綜合研究三大部分，但彼此並非截然分開，而常常相互穿插。基礎研究是對資料的系統瞭解、全面掌控，正如作者所云，“包括對萬幅以上簡牘圖版的處理，對數千枚木質簡牘的釋讀，以及對好幾百枚殘簡的綴合等”。這裏所説的釋讀是初步釋讀，經過多次反復，加深認識才能定稿，這樣便能“積纍了大量關於簡牘本體從宏觀到微觀的認知，匯集和總結了更爲豐富的第一手簡牘文例”。可見，整理與基礎研究是穿插着進行的，該書統稱之爲“基礎研究”。

　　册書復原是基礎研究的深化。該書在方法上的主要創新是採取“歸納了册書構成的標誌要素首簡、尾簡和標題簡等在文書用語、内容結構及版面書寫等方面的特點，根據這些關鍵性信息，爲五一簡的册書復原搭建起了最基本的框架”。結論認爲五一簡中僅以木兩行編聯爲主的册書可能就有 100 份左右，但大都不完整。作爲復原樣例，書中還修訂和復原了共計 11 份具有代表性的册書。

　　綜合研究則已達到一定的理論高度，涵蓋面比較廣，包括册書的編排順序、文書結構和文書形態的規則與演變，關於册書的命名問題，册書的收捲方式，文字、名物及相關制度的研究等。

　　該書關於具體案例的考證，則是對上述方法的綜合應用，效果頗佳。

　　隨着國民經濟的高速發展，基礎建設遍地開花，各考古工地出土簡牘的機會隨之增多，逐漸呈現應接不暇的局面。在這種情勢下，冷靜坐下來，認真地總結過去的經驗和教訓無疑很有必要。其中對簡牘的保護、整理與基礎研究涉及中華文明的傳承與利用，故需要引起全社會的高度重視，才能避免重蹈歷史上"汲冢竹書"得而復失的覆轍。還好，如今不僅新出簡牘足以引起人們的興趣，對舊有資料的再整理亦提上了議事日程，呈現可持續發展的趨勢。

李均明

2022 年 3 月 8 日

序　二

　　3月初，小亮來郵件告知博士論文經過修訂即將出版，徵序於我，頗感惶恐。想到自己參加過小亮博士論文的預答辯、答辯，也寫過評議書，最近幾年也一直在和同學們研讀五一廣場東漢簡，爲研究生開設"中國古代史文獻"課，訓練同學研讀簡牘的素材均是五一廣場東漢簡，對這批資料以及相關研究不能説陌生，力辭不得，兹就拜讀小亮大作的感想，略談一二，權作序言。

　　2010年6月至8月，在湖南長沙市中心五一廣場1號古井中出土了大量簡牘，經過考古工作者的清洗與整理，獲有字與無字簡共6862號。這批東漢和帝、安帝時期長沙郡臨湘縣的文書是百餘年來中國簡牘發現史上出土東漢簡牘最多的一次，也是繼長沙走馬樓三國吳簡與里耶秦簡之後，再次大規模發現的内地官府文書，具有重要的學術意義。

　　五一廣場東漢簡自出土消息傳出，就引起學界的關注，研究則始於2013年6月《文物》發表《發掘簡報》。隨着資料的不斷刊布，五一簡日益引起國内外學界的矚目。徐暢與高智敏收集過2010年到2017年的五一廣場東漢簡研究論著目録（見《簡帛研究》二〇一七秋冬卷），此後五年中刊發的論文更多。現在要整理論著目録，篇幅恐怕要增加數倍。這其中，最先出版的是黎明釗、馬增榮與唐俊峰三位先生主編的論文集《東漢的法律、行政與社會：長沙五一廣場東漢簡牘探索》（三聯書店〔香港〕有限公司，2019年），小亮的《五一廣場東漢簡牘册書復原研究》則是這一領域的第一部專著，可喜可賀！

　　小亮自北京大學中文系古典文獻專業畢業後進入中國文物研究所（現稱"中國文化遺産研究院"）古文獻研究室，開始從事簡牘整理與研究工作。就我所知，先後參與過長沙走馬樓三國吳簡、肩水金關漢簡、懸泉漢簡的整

理,又長期在胡平生、李均明、劉少剛等簡牘整理與研究大家身邊工作,耳濡
目染,早已成爲簡牘整理與研究的行家裏手。五一廣場簡進入整理階段後,
便投身其中,發揮了重要作用。2016 年夏,小亮進入清華大學歷史系,跟隨
趙平安老師攻讀博士學位,邊工作邊學習,相得益彰,本書就是最好的見證。

本書圍繞五一廣場東漢簡牘册書復原展開,抓住了研究得以突破的關
鍵。正如小亮在書中所指出的,“五一簡極可能是‘廢棄’後才被‘棄置’於
‘廢棄’的 1 號井窖之中,所以呈現出‘散亂’的狀態”(第 29 頁)。《發掘簡報》
也指出,“簡牘散亂分布於每層堆積中,未發現成捆成册分布現象”,不像走
馬樓吳簡那樣成册成卷地丢棄於井中。儘管簡牘表面保留了很多編繩痕迹
或留空,却無法繪製出吳簡那樣的揭剥圖供復原使用。雖困難多多,册書復
原依然是簡牘釋文公布之後要開展的工作中具有樞紐意義的一項。小亮對
此有清醒的認識,他指出,“(既有研究)大多集中在對字詞、事項的考訂方
面,基本的文書學意義上的‘册書’研究剛剛起步,相關的制度史、社會史的
系統研究尚未展開等。只有在不同的層面和角度繼續挖掘,將衆多的‘點’,
連接成‘綫’和‘面’,才能全面反映五一簡的價值”(第 28 頁)。

小亮在通盤研究了百年來簡牘册書復原的中外學術史的基礎上,充分
注意到五一廣場簡出土狀况、内容與性質上的特點,收集了各種形式的册書
首簡與尾簡、標題簡與簽牌,並對其各自的功能與形成過程,進行了細緻的
梳理,推斷五一簡僅以木兩行爲主的册書大體就有 100 份左右(第 86 頁),並
用了整整一章的篇幅爲後續開展具體復原進行準備。隨後,小亮不僅對前
人曾經復原過的四份册書重加分析,提出了新的排列順序,更進一步復原了
七份新的册書,對排列順序、定名與内容進行了詳盡的研究。這些册書涉及
各種不同類型的册書,有以名籍爲附件的簿籍類册書、以呈文爲附件的册
書,還有不帶附件的册書,有一個案件多份册書等,展現了五一簡册書的豐
富面貌,也爲後續的復原工作提供了可供參考的標本與册書分類框架。

除了這些,小亮在研究中體現出對册書形成過程的細膩把握,也會進一
步帶動學界對五一簡册書,乃至一般册書的認識。如書中第 76 頁揭示的簽
牌簡與標題簡出現在册書製作與使用流程的不同環節;第 105—106 頁關於

文書形態處於不斷變化中的認識,强調"不能不加區分地將處在不同流轉階段的所有相關材料都'集成'在一起";第 136—139 頁關於多種册書收捲方式的討論,以及木兩行構成的册書不易收捲,可能存在折叠收捲的推測。還有通過實例證明標題簡排在册書尾簡之後(第 179 頁)等。這些都是值得高度關注與繼續研究的。

每份册書的研究上,小亮又細緻入微。從對照圖版辨析、改定釋文,到對比字迹,區分同一案件的不同册書。每份册書具體内容的解析上,廣徵博引其他簡牘、傳世文獻,不放過任何一個細節,在疏通册書内容上又上了一個新臺階。

這些工作將五一廣場東漢簡的研究從字詞考訂、單枚簡牘的分析推進到了册書研究以及文書構造的層面,從觀察枝葉到觀察單棵樹木,再躍升到認識整片樹林,爲充分利用五一簡奠定了堅實的基礎。

更有意義的是,小亮的研究在方法上也有充分的自覺。具體册書的復原,無論是五一簡,還是其他簡牘,前人已經做過不少工作,但往往是就事論事,未必會對簡牘性質、出土狀況與原初狀態進行過仔細分析,也未必會對文書構造作過系統的整理,關於如何復原也不一定經過全面思考。小亮在上述三方面均做足了功課。書中第 80—85 頁對於復原所採取的步驟,做出了十分詳細的論述;第 139—142 頁結合具體册書對發掘過程、編號與復原之間的關係進行了分析,對後續的復原工作無疑具有方法上的指導意義。不論五一簡的研究者,還是從事其他各類簡牘册書復原的學者,都可以從中汲取豐富的營養。

小亮抓住五一簡研究中的關鍵環節,通過扎實而細緻的工作,向學界奉獻了一部出色的成果,爲未來五一簡研究向更高層次的發展夯實了基礎。隨着資料的繼續刊布,在小亮的基礎上,還有哪些工作需要努力,借此機會,略述一二。

結合後續資料的刊布,册書復原還有繼續開展的空間,每個案件的詳情以及背後的故事均值得考察,自不待言。此外,"君教"簡與册書之間的關係,還需繼續探討,小亮在書中第 172 頁有所涉及,前人也做過不少分析,需要圍繞此來揭示縣廷處理案件的程式,進而解明東漢中期縣廷一般工作流程,未來還要和三國吳簡中的同類木牘聯繫起來,觀察兩者間的關係。這也是由册書復原研究走向史學研究的重要一步,亦是對於郡縣統治實態的分析,將從過去僅限於官吏職掌或制度條文的認識引入到事務、到具體的歷史活動中,走向籾山明先生所説的"工作取向"的研究,深入到文書"書寫、使用的現場"進行觀察,將涉事者(官吏、當事人)與文書的關係、文書與制度規定等的關係作爲研究的重點,進而對當地的歷史脉络本身有進一步的揭示。

再者,在揭示案件內容與處理過程的基礎上,前瞻後顧,結合長沙地區出土的西漢簡、其他東漢簡以及三國吳簡,乃至湖南境內出土的秦漢時期的簡牘與各類考古發現(除了具體的發掘報告,2013 年何旭紅出版的《漢代長沙國考古發現與研究》、2016 年黃樸華等編著的《長沙古城址考古發現與研究》均提供了良好的基礎),可以對長沙地區數百年的歷史,做出更細緻的勾勒,雖然只能算是某些特定時段內局部情況的細部描摹,若結合長沙特定的地理位置,以及秦漢歷史的大格局演進,這樣一幅由若干特寫構成的工筆畫,會極大地豐富我們對秦漢王朝的總體把握,也會對長沙,乃至湖南地區在戰國以降的歷史演進中的位置,給予更充分且更恰當的認識。這不止是對中國史研究的貢獻,在世界範圍內,能夠對兩千年前一個郡治所在的縣域歷史提供如此豐富的內容,也是極爲罕見的。

從 2010 年五一廣場東漢簡出土到 2022 年不到十二年,伴隨資料的整理與刊布,五一簡的研究在吸取既往成果的基礎上不斷邁上新臺階,小亮的大作又豎立了一個新的標杆。期待小亮與其他學者一道,百尺竿頭更進一步,將研究推向更高的境地。

侯旭東

2022 年 3 月於京北雙清苑

凡　例

一、本書中涉及的五一簡的釋文、圖版大多爲已發表材料。對於未發表的内容，一般盡數删去，釋文以“(略)”字代替，只保留簡號，圖版也抹去墨迹，僅以簡形示意其排列位置。

二、本書中所列五一簡的簡號，有整理號者，直接用整理號。初次進行數據採集的簡牘，其整理號普遍靠後，大多暫無可準確對應的整理號，則用“F＋揭剥號”表示，如 F315，F 表示第一次採集的數據，315 表示揭剥順序號，以和整理號 315 有所區别。

三、表格中羅列或行文中引用簡文時，簡號一般位於釋文的最後，其前用“/”號與釋文隔開，簡號居於“/”號右下角。

四、釋文連排時，遇簡面文字轉行處，釋文中也用“/”表示。釋文若有與整理者釋文不同者，出注予以説明，對於需要重點討論的釋文異同，則專文論述。

五、其他符號的使用基本遵照簡牘整理的一般規定，如簡牘殘斷處用“☑”表示、無法釋讀的字用“□”表示、有疑問的字在其後標“(?)”等。爲排版方便，根據殘筆或文意補釋的字則徑改。

六、爲行文方便，正文中提及人名時，略去敬稱“先生”二字。

目　　録

第一章　緒論 ……………………………………………………………… 1

　　第一節　册書復原研究史回顧 ……………………………………… 4

　　　　一、簡牘學的興起 ………………………………………………… 5

　　　　二、簡牘文書學的確立 …………………………………………… 8

　　　　三、册書復原研究的發展 ………………………………………… 12

　　第二節　關於五一簡的研究 ………………………………………… 16

　　第三節　研究對象及内容 …………………………………………… 28

第二章　册書結構分類、構成要素及復原方式和步驟 ……………… 31

　　第一節　册書結構分類 ……………………………………………… 31

　　第二節　册書構成標誌要素及相關考察 ………………………… 41

　　　　一、首簡 …………………………………………………………… 41

　　　　二、尾簡 …………………………………………………………… 53

　　　　三、標題簡 ………………………………………………………… 61

　　　　四、簽牌(木楬) …………………………………………………… 67

　　第三節　册書復原的兩種方式：編聯與集成 …………………… 77

　　第四節　册書復原的基本步驟 …………………………………… 80

　　第五節　對五一簡册書復原的幾點認識 ………………………… 85

第三章　對已復原册書的檢討和反思 ………………………………… 89

　　第一節　廣亭長暉言傳任將殺人賊由併、盜由肉等妻歸部考實
　　　　　　解書 ………………………………………………………… 89

　　第二節　從掾位悝言考實倉曹史朱宏、劉宫臧罪竟解書 ……… 95

　　第三節　連道寫移奇鄉受占臨湘南鄉民逢定書 ……………… 110

1

　　第四節　守史勤言調署伍長人名數書 ……………………… 130

　　第五節　揭剥號在五一簡册書復原中的地位和作用 ………… 139

第四章　五一簡册書編聯復原舉例(上) ……………………… 143

　　第一節　右部勸農賊捕掾惺言盜陳任麤者不知何人未能得
　　　　　　假期書 ………………………………………………… 143

　　第二節　直符右倉曹史豫言考實女子雷旦自言書佐張董取
　　　　　　旦夫良錢假期書 …………………………………… 149

　　第三節　北部賊捕掾綏言考實傷由追者由倉解書 …………… 162

第五章　五一簡册書編聯復原舉例(下) ……………………… 174

　　第一節　"女子王綏不當復還王劉衣"案 …………………… 174

　　　　一、第一份册書 …………………………………………… 175

　　　　二、第二份册書 …………………………………………… 179

　　第二節　"楮溪例亭長黄詳殺不知何一男子"案 …………… 189

　　　　一、第一份册書 …………………………………………… 189

　　　　二、第二份册書 …………………………………………… 197

第六章　結語 …………………………………………………… 205

　　一、基礎研究 ………………………………………………… 205

　　二、册書復原研究 …………………………………………… 206

　　三、綜合研究 ………………………………………………… 207

附　錄　五一簡殘簡綴合情況統計 …………………………… 209

　　一、對已發表簡文綴合情況的統計 ………………………… 209

　　二、對未發表殘簡的綴合和統計 …………………………… 213

主要參考文獻 ………………………………………………… 216

後　記 ………………………………………………………… 236

第一章 緒　論

　　在以往發現的簡牘中，東漢時期的簡牘相對較少，除居延、敦煌地區多次出土的漢簡中，雜有一些標有東漢初期紀年或推測爲東漢的簡牘外，[①]其他地方僅有零散出土。[②]　直到近年來，長沙市文物考古研究所連續在五一廣場附近發掘出土了幾個批次的東漢簡牘，這種情況才有所改觀。1997 年，在五一廣場西北側長沙科文大廈工地的 6 口古井中，發現了數百枚東漢中期的簡牘，内容爲官文書、名刺和習字簡，其中一枚上有明確的"延平元年"紀年。[③]　有

---

① 額濟納河流域出土發現的居延漢簡中，絶大部分爲西漢武帝末至東漢光武帝中期，亦見少量東漢中期簡；居延新簡中宣帝時期的簡牘最多，東漢光武以後的紀年簡很少；額濟納漢簡中，以西漢中期至東漢早期者居多，晚者爲東漢光武帝建武四年，極少有東漢中後期之物。疏勒河流域沿岸出土發現的敦煌漢簡，最晚者爲東漢順帝永和二年，有極少簡牘以用語和書寫風格推測，可能爲東漢以後的遺物；馬圈灣漢簡從西漢宣帝一直到東漢光武初期，以新莽簡爲多；懸泉漢簡則以西漢昭帝以後至東漢光武帝建武初年的簡爲最多，最晚至安帝"永初元年"。以上統計見李均明、劉國忠、劉光勝等：《當代中國簡帛學研究(1949—2019)》，中編第一章《簡牘文書的發現與著述》，北京：中國社會科學出版社，2019 年，第 210—255 頁。具體統計還可參相關報道、發掘簡報及正式整理成果。

② 在其他地方零星出土的可確定爲東漢的簡牘更爲少見。如 1962 年，江蘇連雲港市海州綱疃莊東漢初期墓獲遣册 1 枚；1971 年，甘肅天水市甘谷縣東漢墓出土東漢桓帝延熹年間的"詔書"册，共 23 枚，完整者 8 枚；1987 年，湖南湘西古人堤遺址出土東漢簡牘 90 枚，有永元、永初等年號，可惜殘破嚴重，大多爲不規整的木片；1989 年，武威旱灘坡漢墓出土了 17 枚東漢律令殘簡等。香港中文大學文物館在 20 世紀 90 年代前後亦曾入藏一批流失的簡牘，共 259 枚，含漢簡 229 枚，其中"序寧"簡 14 枚有東漢章帝"建初"年號，可確定爲東漢簡。

③ 這批簡牘尚未發表，亦未有簡報，最早見於媒體報道。參鄒蓬、王國平：《長沙走馬樓又傳新發現，東漢簡牘重見天日》，《人民日報》1997 年 8 月 2 日。《長沙尚德街東漢簡牘》上編第二章"發掘區周邊歷年簡牘發現情況"中亦有對這批簡牘的介紹，出土時間爲"1997 年 5 月"，見長沙市文物考古研究所編：《長沙尚德街東漢簡牘》，長沙：嶽麓書社，2016 年，第 6 頁。

學者稱這批簡牘爲"九如齋東漢簡牘"。① 2004 年,在五一廣場南側的 7 號古井内,發現了一批東漢簡牘,即"長沙東牌樓東漢簡牘",共 426 枚,其中有字簡 206 枚,無字簡 220 枚,所見四個年號分別爲東漢晚期靈帝時的建寧、熹平、光和、中平,内容大多爲私信與官文書。② 2010 年,爲配合長沙市地鐵二號綫建設,在"五一廣場站"地下 1 號井窖内發掘了一批東漢簡牘,稱爲"五一廣場東漢簡牘",簡稱"五一簡"。簡牘數量初步估計在萬枚左右,但根據後來清洗的結果,包含無字簡,共有 6862 個"出土號(揭剥號)"。③ 2011 年,在五一廣場偏南的位置,從 9 口古井裏共出土簡牘 257 枚,含無字簡 86 枚。這批簡殘損嚴重,帶有紀年的簡牘只有兩枚,分別爲"熹平"和"光和",結合古井群出土器物判斷,這批古井的時代大多爲東漢中晚期至三國東吴早中期,因此,被稱爲"尚德街東漢簡牘"。④ 相關簡牘的具體出土位置見圖 1。

---

① 胡平生、李天虹稱這批簡牘爲"長沙九如齋古井出土東漢簡牘",但將出土時間誤爲 1996 年,見胡平生、李天虹:《長江流域出土簡牘與研究》第四章第十五節,武漢:湖北教育出版社,2004 年,第 453 頁。

② 關於這批簡牘的情況可參長沙市文物考古研究所:《長沙東牌樓 7 號古井(J7)發掘簡報》,《文物》2005 年第 12 期,第 4—30 頁;又見正式整理報告,長沙市文物考古研究所、中國文物研究所:《長沙東牌樓東漢簡牘》,北京:文物出版社,2006 年。只是關於有字簡和無字簡的數量,在統計上略有出入,如該《簡報》中稱"其中 218 枚有字,208 枚無字"(第 11 頁),在《長沙尚德街東漢簡牘》第二章"發掘區周邊歷年簡牘發現情況"中,也沿用了這一統計。但在正式整理報告中,則稱"其中有字簡二○六枚,無字簡二二○枚"(第 21、73 頁)。此處採用正式整理報告的數據。另外,在《長沙尚德街東漢簡牘》中,還介紹了與"東牌樓東漢簡"處於同一工地的 32 號古井,也出土了數十枚簡牘,未整理發表,尚不知其時代與内容(第 7 頁)。

③ 關於"五一簡"發掘的基本情況及簡牘的整體介紹,見長沙市文物考古研究所:《湖南長沙五一廣場東漢簡牘發掘簡報》(以下簡稱"《簡報》"),《文物》2013 年第 6 期,第 4—25 頁;又見於黃樸華:《前言:長沙五一廣場東漢簡牘概述》,見長沙市文物考古研究所、清華大學出土文獻研究與保護中心、中國文化遺產研究院、湖南大學嶽麓書院編:《長沙五一廣場東漢簡牘選釋》,上海:中西書局,2015 年,第 1—10 頁;黃樸華:《長沙五一廣場東漢簡牘》,《中國書法》2016 年第 5 期,第 121—131 頁。簡牘最終的數量在正式整理報告中才得以確認,爲 6862 枚,見長沙市文物考古研究所、清華大學出土文獻研究與保護中心、中國文化遺產研究院、湖南大學嶽麓書院編:《長沙五一廣場東漢簡牘(壹)》前言部分,上海:中西書局,2018 年,第 2 頁。

④ 關於"尚德街東漢簡"的情況,重點參長沙市文物考古研究所編:《長沙尚德街出土簡牘古井發掘報告》第二章、第五章,見《長沙尚德街東漢簡牘》,長沙:嶽麓書社,2016 年,第 5—7、76—85 頁。

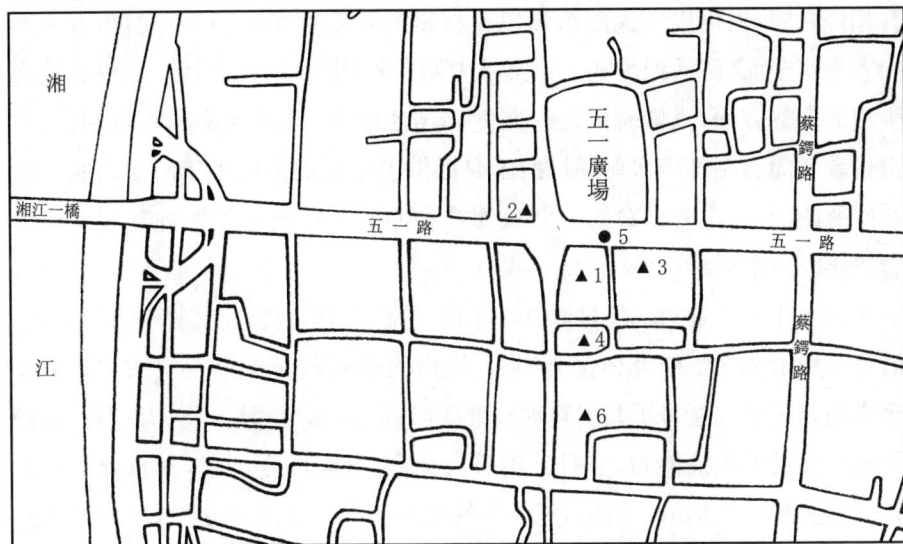

圖1　五一廣場周邊地區歷年出土簡牘位置示意圖①

1. 走馬樓三國吳簡　2. 九如齋東漢簡牘　3. 走馬樓西漢簡牘
4. 東牌樓東漢簡牘　5. 五一廣場東漢簡牘　6. 尚德街東漢簡牘

　　五一廣場東漢簡牘無疑是迄今爲止考古發掘的東漢簡牘中數量最多的一批，其中多見有"永元""延平""永初"等年號，時代當在東漢中期偏早的和帝至安帝時期，填補了出土材料中東漢中期簡牘或缺的歷史"空白"，也是"湖南簡牘文書群"②中五一廣場地區出土的從走馬樓西漢簡一直到三國吳簡序列中重要的承上啓下的一環。簡牘從材質上可分爲竹、木兩種，形制上除一般的單行簡外，還包括兩行簡、木牘、封檢、合檄、簽牌（木楬）等。内容則以官文書爲主，大多是以長沙郡臨湘縣廷爲中心的上行、下行或平行文書，尤以與司法相關的内容爲多，涉及刑事、民事、訴訟等層面，亦有少量簿籍及私人信函。其内容雖與五一廣場附近出土的"東牌樓""尚德街"東漢簡

---

① 此圖選自《長沙尚德街出土簡牘古井發掘報告》，略有調整。見長沙市文物考古研究所編：《長沙尚德街東漢簡牘》，長沙：嶽麓書社，2016年，第4頁。
② 李均明曾將"文書簡"按出土區域的不同分爲"四大集群"，分别是"居延簡牘文書群""敦煌簡牘文書群""湖北簡牘文書群""湖南簡牘文書群"。見李均明、陳民鎮：《簡牘學研究70年》，《中國文化研究》2019年第3期，第16—19頁。

有相似之處,但仍以巨大的數量以及材料的系統性更加引人注目。五一簡內容豐富全面,鮮活地反映了東漢早中期長沙臨湘地區的政治、經濟和社會生活的多個方面,爲當時的法律制度和司法體系、行政區劃和官僚制度、文書行政和簡牘制度等多個領域的研究提供了生動而翔實的第一手資料。隨着研究的深入,也勢必會對有關東漢社會的研究以及東漢對魏晉制度的影響等研究産生積極影響。

五一簡出土的第二年,即 2011 年的 5 月 24 日,長沙市文物考古研究所、清華大學出土文獻研究與保護中心、湖南大學嶽麓書院以及中國文化遺産研究院四家單位簽署了共同整理該批簡牘的"合作協議"。我有幸作爲整理組成員參與了該批簡牘從掃描、拍照到整理、出版的全過程,對該批資料的各個方面都較爲熟悉。目前,五一簡的材料正在逐步整理之中,學界據此雖有研究,但由於公布的材料較少,針對該批簡牘的具體闡釋和價值發掘頗顯零散。更爲重要的是,由於受體例限制,整理報告僅依揭剝號順序對簡牘的圖版和釋文予以公布,並未進行釋文標點及冊書復原等工作。因此,將所有發表的和未發表的五一簡材料看作一個整體,對這批"散亂"的簡牘進行較系統和全面的釋讀、綴合、編聯,盡可能地還原其本來的"冊書"面貌,並在此基礎上開展相關研究,呈現這批簡牘多個不同的面相,是目前非常重要、且極具可行性和研究空間的一項任務,對於推動五一簡的整理和研究必然有着非常積極的現實意義。

第一節　冊書復原研究史回顧

簡牘文獻中廣義的"冊書"應當包括"典籍"冊書和"文書"冊書,前者如先後發現的可分別歸入《漢書·藝文志》"六略"的數十種可稱之爲"書"的典籍文獻,後者如數量更多的各種可編聯成冊的官文書等。從學界對"冊書"一詞的使用情況來看,一般則多指"官文書"類冊書。本節學術史的回顧,即主要圍繞官文書冊書的復原和研究展開。

近代中國的簡牘研究與簡牘的發現史密切相關,冊書復原研究是簡牘研究的重要内容之一,它是隨着簡牘研究整體的發展而逐漸發展起來的。目前國内並無明確的關於簡牘研究的分期研究,在此,聯繫中國簡牘出土、研究的情況,並結合個人的體會,大概將文書類册書的復原研究分爲三個階段:

一、簡牘學的興起

20世紀初,外國人在新疆、甘肅等地的"探險"活動,揭開了近代中國簡牘發現的序幕,[①]而王國維等人的研究則爲中國簡牘研究奠定了基石。應該指出的是,這一階段的研究似乎是"理論先行"。1912年,旅日的王國維寫就《簡牘檢署考》,從傳世古籍中鈎輯出了幾乎所有與簡牘相關的史料,對簡牘制度的多個方面諸如稱謂、形制、書寫格式、編聯方式、封緘辦法等進行了詳細的梳理和考訂,"它爲一門新學問的誕生,進行了理論與文獻的準備"。[②] 在此之後,王國維才開始將理論付諸實踐。1914年,他和羅振玉通過沙畹提供的資料,對斯坦因第二次在敦煌、羅布泊等地掘獲的漢晉簡牘分別進行了考釋研究,撰成《流沙墜簡》一書。[③] 居延漢簡是20世紀30年代"西北科學考察團"最重要的收穫,1萬多枚内容豐富、形制各異的簡牘,爲學

---

① 1900—1901年,匈牙利人斯坦因在新疆尼雅遺址掘獲魏晉漢文木簡40餘枚和佉盧文木簡524枚。1901年3月,瑞典人斯文赫定在樓蘭掘獲120多枚漢文木簡和36張紙文書以及大量佉盧文木簡。1906—1909年,斯坦因完成了第二次中亞考察,他在敦煌附近的長城烽燧,掘獲了大量漢簡,總數當在3000餘枚。1913—1916年,斯坦因第三次考察新疆、敦煌酒泉一綫漢塞烽隧,掘獲漢簡166枚。以上統計可參張德芳:《西北漢簡一百年》,《光明日報》2010年6月17日。

② 參胡平生:《簡牘檢署考·導言》,見王國維撰,胡平生、馬月華校注:《簡牘檢署考校注》,上海:上海古籍出版社,2004年,第8頁。關於《簡牘檢署考》的成書情況及撰寫年代,亦可參此書的導言部分。據《導言》,1912年左右,王國維得知斯坦因等人在敦煌等地獲得大量簡牘,並有西方學者進行研究,而中國學者則無緣得見,或因此而撰寫《簡牘檢署考》,並將初稿寄給法國學者沙畹,"希望能從他那裏獲得新出土的簡牘資料,將這項研究繼續深入下去",見《簡牘檢署考校注》,第5頁。

③ 羅振玉、王國維編纂的《流沙墜簡》最初於1914年在日本出版,1934年再版時,對初版作了許多修訂。現在常見的本子爲中華書局影印1934年的本子。據羅振玉《序》,他得知沙畹正在系統整理斯坦因第二次所獲簡牘的消息後,於1911年寫信給沙畹索取有關資料,沙畹提供了手稿本,王國維、羅振玉即以此爲依據展開相關研究。見羅振玉、王國維:《流沙墜簡》,北京:中華書局影印本,1993年。

者的研究提供了豐富的素材,也爲簡牘學的順利發展奠定了堅實的基礎。勞榦 20 世紀 40 年代初完成居延漢簡的《釋文之部》和《考證之部》,1957 年又發表《居延漢簡·圖版之部》,公布了該批簡牘的全部照片。1959 年,武威磨咀子 6 號漢墓發現《儀禮》簡册,陳夢家開始加入到漢簡整理研究的行列,他同時也對居延、敦煌、酒泉等地出土的漢簡進行了考察,並在短短的三年時間内撰成《漢簡綴述》一書,其中《由實物所見漢代簡册制度》是繼《簡牘檢署考》之後有關簡册制度研究最爲重要的論述。[①]

　　以王國維、勞榦、陳夢家爲代表,這一階段的學者基本以傳統的金石學、考據證史的路徑對新材料加以研究,雖然並未出現自覺的"文書學"框架下的册書復原研究,但却已經出現了册書復原的趨勢、理論及少量實踐:在方法上,王國維已按照文字内容和字體的不同對簡牘進行分類和排列,如對"曆譜"和"醫方"簡的集成和排序;[②]勞榦對於簡牘的分類更爲細緻,注意到簡牘形制、公文形式、簡牘文字等有關簡牘本體的更多信息,並將之與漢代歷史的研究進行了更爲緊密的結合;陳夢家則走得更遠,他將歷史學、古文字學、考古學應用於簡牘研究,並主要根據《儀禮》册書簡的格式,參考其他文獻資料,對簡册制度,包括製作材料、簡長、篇題、錯簡、編聯和收捲方式等予以了討論。[③] 在材料上,除可編聯的"典籍"《儀禮》簡外,居延漢簡中還發現了兩份保存完整的册書,即由 77 枚簡牘組成的"永元器(兵)物簿"和由 3 枚簡編聯的"永光二年候長鄭赦歸寧"册書。另外,1980 年出版的《居延漢簡甲乙

----

① 參陳夢家:《由實物所見漢代簡册制度》,《武威漢簡》,北京:中華書局(原由文物出版社於 1964 年出版,此爲原貌再版),2005 年,第 53—77 頁;後收入《漢簡綴述》,北京:中華書局,1980 年,第 291—315 頁。

② 如王國維在《元康三年曆譜》册書下説"右曆譜殘簡十五,由一日至卅日,中缺⋯⋯";在《神爵三年曆譜》册書下説"右曆譜殘簡存者七日至卅日十一簡,佚者十九簡";在《醫方》下説"右醫方十一簡内,第三及第七以下共六簡確爲獸醫方,其它諸簡雖未能確指,然簡式、書法並同,疑是一書"。分別見羅振玉、王國維:《流沙墜簡》釋文部分,北京:中華書局影印本,1993 年,第 83—85、97 頁。

③ 關於王國維和勞榦的貢獻,可參張俊民:《居延漢簡册書復原研究緣起》,《簡牘學研究》第四輯,蘭州:甘肅人民出版社,2004 年,第 96—97 頁。他認爲王國維的研究,有意將"同一册書"的簡牘分類排列,"完全具備了後來復原册書的要求"。關於陳夢家漢簡研究方面的特點和成就,可參沈頌金:《陳夢家與漢簡研究》,《河北學刊》2002 年第 3 期,第 138—142 頁。

編》公布了全部簡牘的出土地點。這些要素都爲册書復原提供了可供參考的範例，以及更多原始、詳細的考古信息。而在實踐中，自 20 世紀 60 年代開始，學界就對"王杖十簡"簡序排列有過爭論；①陳公柔、徐苹芳也對大灣出土的西漢田卒簿籍和瓦因托尼出土的廩食簡進行過復原研究。② 總之，第一階段在材料積纍、方法以及實踐中都爲真正意義上的册書復原研究做了充分的準備。

應該特別指出的是，陳夢家在經過武威儀禮簡册和王杖簡册的整理實踐之後，已充分認識到漢簡研究"不僅是排比其事類，與文獻相比勘，或者考訂某些詞、字或片段的歷史事情"，同時還應注意關於"出土地""年曆""編綴成册和簡牘的尺度、製作"以及"綜合研究"等四個問題。他在第二個應注意的問題中提出，有了漢簡年曆表，"結合出土地，我們可能將零散的不同内容的各種簿籍，恢復其較完整的形式"；在第三個問題中提出"各種簡牘有一定的尺度和製作、寫作的過程"，"居延不同地點所出衆多拆散之簡，是可以根據内容、年曆、出土地、尺度、木理、書體等編綴成不同的簿册的。只有這樣，才可以掌握較整齊的檔案卷宗"。③ 因此有學者認爲：陳夢家"將近代考古學引入居延漢簡研究，重視簡册制度在簡牘研究中的作用，强調簡册作爲史料的獨立性"，標誌着"簡牘文書學研究在我國開始確立"。④ 以現在細化的

① "王杖十簡"共 10 枚，當爲一册書，1959 年出土於武威磨咀子 18 號漢墓，見甘肅省博物館編：《甘肅武威磨咀子漢墓發掘》，《考古》1960 年第 9 期，第 22 頁。關於"王杖十簡"的研究文章較多，涉及簡序排列的主要有陳直：《甘肅武威磨咀子漢墓出土王杖十簡通考》，《考古》1961 年第 3 期，第 160—162、165 頁；武伯綸：《關於馬鐙問題及武威漢代鳩杖詔令木簡》，《考古》1961 年第 3 期，第 163—165 頁；郭沫若：《武威"王杖十簡"商兑》，《考古學報》1965 年第 2 期；武威博物館：《武威新出土王杖詔令册》，見甘肅省文物工作隊、甘肅省博物館編：《漢簡研究文集》，蘭州：甘肅人民出版社，1984 年，第 34—61 頁；郝樹聲：《武威"王杖"簡新考》，見郝樹聲、張德芳：《懸泉漢簡研究》，蘭州：甘肅文化出版社，2009 年，第 323—349 頁。郝樹聲統計關於 10 枚簡的排序就有 6 種不同的意見。日本學者的相關論述主要見大庭脩和冨谷至的研究，如大庭脩：《秦漢法制史研究》第三篇第六章《漢代決事比試論》，徐世虹等譯，上海：中西書局，2017 年，第 230—245 頁；冨谷至：《王杖十簡》，《東方學報》（京都）1992 年第 64 册，轉引自籾山明：《王杖木簡再考》，莊小霞譯，《中國古代法律文獻研究》第五輯，北京：社會科學文獻出版社，第 24 頁。
② 陳公柔、徐苹芳：《大灣出土的西漢田卒簿籍》，《考古》1963 年第 3 期，第 156—161 頁；《瓦因托尼出土廩食簡的整理與研究》，《文史》1982 年第 13 輯，第 35—60 頁。
③ 陳夢家：《漢簡綴述》，北京：中華書局，1980 年，第 2 頁。
④ 凌文超：《走馬樓吴簡采集簿書整理與研究》，桂林：廣西師範大學出版社，2015 年，第 7 頁。

學科分類來看,簡牘文書學是簡牘學中一門較獨立的分支學科,陳夢家的這些理念和方法雖然已與日本學者關於簡牘文書學的研究手段相當,他關於"簡册制度"乃至"簡牘文書"的專門研究,也確實改變了王國維、勞榦等人"以簡證史"的局面,爲簡牘研究帶來了新的氣象,但無論如何,陳夢家並没有清晰地從真正意義上提出"簡牘文書學"作爲一門分支學科所需的理論、範疇和研究方法。更爲可惜的是,由於時代的限制,陳夢家也没有機會更多地參與實踐,實現和驗證他對於簡牘文書整理和研究的相關設想,從而也無法提供更多的册書復原的成功樣例。因此,關於陳夢家在簡牘研究上的貢獻,沈頌金的判斷可能更合適一些,他認爲陳夢家將歷史學、古文字學,尤其是考古學應用於簡牘研究,標誌着"簡牘學科的正式形成",[1]而不是"簡牘文書學的確立"。當然,陳夢家以及王國維、勞榦等學者在這一階段的探索都爲後來簡牘文書學的確立奠定了基礎。

二、簡牘文書學的確立

以 1990 年《居延新簡——甲渠候官與第四燧》釋文本和 1994 年《居延新簡——甲渠候官》圖文本的出版爲契機,[2]新、舊居延簡進入相互參照和綜合研究階段,也標誌着國内的簡牘復原研究走進了一段新的歷程。新的居延簡中集中發現了大量内容較爲完整的册書,僅最早公布的册書數量就有40 餘件,爲漢代簡牘册書的復原研究提供了真實的可資比對和參照的原物。[3]

① 沈頌金:《陳夢家與漢簡研究》,《河北學刊》2002 年第 3 期,第 139 頁。
② 見甘肅省文物考古研究所、甘肅省博物館、文化部古文獻研究室、中國社會科學院歷史研究所編:《居延新簡——甲渠候官與第四燧》,北京:文物出版社,1990 年;甘肅省文物考古研究所、甘肅省博物館、中國文物研究所、中國社會科學院歷史研究所編:《居延新簡——甲渠候官》,北京:中華書局,1994 年。
③ 如"始建國二年守御器簿""塞上烽火品約""建武三年候粟君所責寇恩事""永光三年詔書""相刀劍"等。"居延新簡最顯著的特點是出土了大量的簡册,其數量之多,内容之豐富,價值之珍貴,均是前所未有的。其中,以破城子房屋二十二保存的完整册書最多,彌足珍貴。這些簡册……有的仍編聯成册,有的編繩雖朽但保持册形,有的散落近處可編綴成册。從遺存簡册和編繩痕迹來看,編繩有二道、三道兩種,饒有興趣的是新莽時期還有用紅繩編聯的。"見《居延新簡——甲渠候官》前言部分,北京:中華書局,1994 年,第 3 頁。

　　另外，隨着中日學術交流的增多，中國學者開始注意到一水之隔的日本學者的相關研究，並積極地加以吸收和借鑒。中國社會科學院歷史所分別於 1983 年、1987 年編譯出版了《簡牘研究譯叢》第一、二輯，①1995 年簡帛研究中心成立後，又於 1996 年和 1998 年出版了《簡帛研究譯叢》第一、二輯，②而林劍鳴早在 1991 年就將大庭脩的代表作《秦漢法制史研究》翻譯成中文。③ 在他們的努力下，日本對於册書復原的相關研究成果及"古文書學"的相關理論被相繼介紹到國內。在以居延漢簡爲中心的研究上，按照日本學者的總結，早在"1951 年至 1955、1956 年左右，日本的居延漢簡研究，已經超過了中國，在世界學術界最具生機"，而以 1958 年爲界，即《居延漢簡·圖版之部》傳到日本之後，日本簡牘學界"對簡牘進行古文書學式的科學研究，到了這一階段，就逐漸形成了"。④ 此後，日本學者從簡牘形制、文書格式及書寫風格等方面對居延簡中的簿籍和文書展開了"古文書學"意義上的研究，他們將圖版、釋文和考古信息等結合起來綜合探討文書的分類、形態及運行機制，並且以團體的優勢取得了豐碩的成果。⑤ 這些研究以森鹿三、永

---

① 見中國社會科學院歷史研究所戰國秦漢史研究室編譯：《簡牘研究譯叢》第一輯、第二輯，北京：中國社會科學出版社，1983 年、1987 年。

② 見中國社會科學院歷史研究所簡帛研究中心編譯：《簡帛研究譯叢》第一輯、第二輯，長沙：湖南人民出版社，1996 年、1998 年。

③ 見大庭脩：《秦漢法制史研究》，林劍鳴譯，上海：上海人民出版社，1991 年。此書近年又有新譯本問世，由徐世虹翻譯，中西書局 2017 年出版，增收了大庭脩後期的一些文章。

④ 參永田英正：《居延漢簡研究》，張學鋒譯，桂林：廣西師範大學出版社，2007 年，第 28—30 頁。另外，關於日本簡牘學研究的分期，日本學者也有不同的認識。如永田英正大約將《居延新簡》以前的日本簡牘學研究分爲 3 期，大庭脩則分爲 4 期，參趙汝清：《日本學者簡牘研究述評》，《簡牘學研究》第一輯，蘭州：甘肅人民出版社，1997 年，第 31—52 頁。籾山明則大約分爲 2 期，參籾山明著：《日本居延漢簡研究的回顧與展望》，顧其莎譯，《中國古代法律文獻研究》，北京：社會科學文獻出版社，2015 年，第 154—175 頁。但無論如何，1958 年居延漢簡的圖版傳到日本，是重要的節點，在此之前和之後的研究面貌截然不同，因此日本學者也常將"1958 年"作爲日本簡牘學研究分期的一個基綫。

⑤ 1951 年開始，日本京都大學人文科學教授研究所的森鹿三教授主持成立了"居延漢簡研究班"，1960 年，以英國人魯惟一到京都大學爲契機，森鹿三又開辦了"居延漢簡論讀會"，先後參與討論的主要有日本學者森鹿三、藤枝晃、永田英正、大庭脩，以及後來的英國學者魯惟一等人，並撰寫了一批有關居延簡的專文或專著，影響巨大。參永田英正：《居延漢簡研究》，張學鋒譯，桂林：廣西師範大學出版社，2007 年，第 27—28 頁。

田英正等人以及英國學者魯惟一的同類事項簿籍的"集成研究"①和大庭脩的同一文書的"册書復原"研究爲代表,大庭脩總結出了册書復原操作的"四個原則",即出土地同一、筆迹同一、材料同一和内容關聯,②對中國的册書復原第二、三階段的研究產生了重要影響。

在這些因素的影響下,中國的簡牘研究在這一階段逐漸具有了一些"簡牘文書學"的視域,並使新、舊居延簡册書編聯和復原研究的面貌煥然一新。謝桂華在散簡册書復原領域的研究,打破了新、舊居延簡出土時間上的分界,以同一出土地、同一形制、同一筆迹、同一内容爲依據,對多份册書殘簡進行了綴合和編聯復原,如"王莽制詔"殘册、"甲渠鄣候誼不留難變事爰書"殘册、"元康四年賜給民爵名籍"殘册等。③何雙全則對新、舊居延簡中可能

①　森鹿三復原的對象主要是簿籍册書,他以簡牘的記錄格式、筆迹、出土地等爲綫索進行了集成研究,他"真正意義上的居延漢簡的集成"開始於《居延漢簡集成——特別是關於第二亭食簿》《東方學報》二十九,1959 年)、《居延漢簡——特別是地灣出土的簡》(《史林》第四十四卷第三號,1961 年)等文章的寫作。以上可參永田英正:《居延漢簡研究》,張學鋒譯,桂林:廣西師範大學出版社,2007 年,第 37 頁。邁克爾·魯惟一的代表作是《漢代行政記錄》,他在同一書寫格式的基礎上,又強調了同一筆迹的重要性,復原出 43 種册書,除 4 種文書和 1 種曆法册書外,其餘 38 種皆爲簿籍。見邁克爾·魯惟一:《漢代行政記錄》,于振波、車今花譯,桂林:廣西師範大學出版社,2005 年。永田英正更大範圍地對居延漢簡進行了網羅集成,他排除了筆迹相同的標準,以各類簡牘的"書式"爲基礎,又結合內容、出土地等特點,將殘斷的簡牘進行了歸類,如區分簿籍的標題、簿籍的正文等,最後結集爲《居延漢簡研究》。藤枝晃在"序言"中評價,"由於永田君堅持不懈的努力,在簡牘研究領域,我們第一次看到了科學的古文書學研究的曙光"。見永田英正:《居延漢簡研究》,第 5 頁。

②　大庭脩研究的重心不在簿籍,而在文書類册書的復原。如"元康五年詔"册書的復原,將地灣出土的 8 枚簡編聯爲一份完整的詔書册。見大庭脩:《居延出土的詔書册與詔書斷簡》,姜鎮慶譯自《關西大學東西學術研究所論叢》1961 年第 52 號,見《簡牘研究譯叢》第二輯,北京:中國社會科學出版社,1987 年,第 1—34 頁。該作後收入《秦漢法制史研究》。大庭脩提出的册書復原操作的四個原則,見大庭脩:《漢簡研究》,徐世虹譯,桂林:廣西師範大學出版社,2001 年,第 10 頁。以上諸內容亦可參李均明、劉國忠、劉光勝、鄔文玲:《當代中國簡帛學研究(1949—2019)》中編第二章第三節《簡牘集成與册書復原》,北京:中國社會科學出版社,2019 年,第 292—304 頁。

③　參謝桂華:《居延漢簡的斷簡綴合和册書復原》,《簡帛研究》第二輯,北京:法律出版社,1996 年,第 238—264 頁;《新、舊居延漢簡册書復原舉隅》,《秦漢史論叢》第五輯,北京:法律出版社,1992 年,第 264—277 頁;《新、舊居延漢簡册書復原舉隅(續)》,《簡帛研究》第一輯,北京:法律出版社,1993 年,第 145—167 頁;《元康四年賜給民爵名籍殘册再釋》,見河南大學歷史文化學院編:《史學新論:祝賀朱紹侯先生八十華誕》,開封:河南大學出版社,(轉下頁)

爲册書的簡文進行了全面的編聯和分類，他突破了零散簡牘出土坑位和不同形制的局限，從而修正了日本學者的一些看法，從實踐的角度證實，跨坑位、不同形制的簡牘之間也是可以編聯的，並對簡册編聯的步驟進行了歸納和介紹。①而更引人注目的是，在這一階段，出現了以李均明、劉軍《簡牘文書學》②和汪桂海《漢代官文書制度》③爲代表的理論性著作。《簡牘文書學》首次從出土文書簡牘的材質、製作、編聯、文字、符號、形制、書寫格式、文體種類、運行機制、文本形態、習慣用語、分類與命名等角度，全方位地介紹了簡牘文書區別於傳統"簡牘研究"的"文書學"特性。可以説，《簡牘文書學》根植於中國傳統的"分類"研究，又吸收了日本學者關於"文書學"研究的成果，第一次爲中國的簡牘文書學研究構建了自己的基本理論框架、研究内容和研究方法；同時，它在每一種文書或類別下，分別列舉的多個可視爲"範本"的文書樣例，也爲成功的册書復原總結了更多的實踐經驗和文書定式。《漢代官文書制度》則立足於漢代官方文書的多個類別，更側重論述各類文書從製作到運行，乃至管理環節的檔案的保存與銷毁等整個文書制度，也"具有填補空白的意義"。④

　　值得注意的是，與同時期日本學者的研究相比，中國學者一直都非常重視簡牘"分類"方法的運用，以上諸學者，以及李天虹在對新、舊居延漢簡的研究中，都將"分類"的特色發展到極致。⑤而日本學者的簡牘文書學研究，

（接上頁）2005 年。這些文章後收入謝桂華論文集《漢晉簡牘論叢》，桂林：廣西師範大學出版社，2014 年。關於謝桂華的研究亦可參看《當代中國簡帛學研究(1949—2019)》，北京：中國社會科學出版社，2019 年，第 304—312 頁。

① 參何雙全：《居延漢簡研究》，《國際簡牘學會會刊》第 2 號，臺北：蘭臺出版社，1996 年。此文後收入其個人文集《雙玉蘭堂文集》，臺北：蘭臺出版社，2002 年，第 207—297 頁。文中將2657 枚簡綴合、編聯爲完整者、不完整者和殘缺較多者共 343 册(種)文書，基本囊括了甲渠候官漢簡的全部内涵。

② 李均明、劉軍：《簡牘文書學》，南寧：廣西教育出版社，1999 年。

③ 汪桂海：《漢代官文書制度》，南寧：廣西教育出版社，1999 年。

④ 參侯旭東：《讀汪桂海著〈漢代官文書制度〉》，《中國史研究動態》2000 年第 8 期，第 27 頁。

⑤ 李均明《秦漢簡牘文書分類輯解》是繼《簡牘文書學》之後對文書分類部分的擴充，按文書的特徵和功能仍分爲六大類，每大類下又劃分小類，每一類下所列舉的文例更加完整和有代表性。參李均明：《秦漢簡牘文書分類輯解》，北京：文物出版社，2009 年。李天虹對居延簡（轉下頁）

自 20 世紀 90 年代以後，"就基本放棄了分類的方法"。①這説明，國内有關簡牘文書學的研究一直處於和傳統的簡牘學難以完全割捨或分離的"糾纏"狀態，這也成爲中國簡牘學研究的一個重要特色。

三、册書復原研究的發展

第二階段和第三階段之間並無絶對的時間界限，只能説大約在 2010 年左右，以"吴簡研究"逐漸興起並繁榮爲標誌，第三階段開始並一直發展至今。此階段以文書簡數量較多的簡牘而論，懸泉漢簡公布了部分釋文，放馬灘秦簡、肩水金關漢簡及地灣漢簡公布了全部的圖版和釋文，走馬樓吴簡發表了更多的材料，里耶秦簡也發表了第一卷和第二卷，嶽麓書院藏秦簡第一至第六卷也相繼出版。相比於第一、二階段，第三階段公布的簡牘材料，無論在種類、數量上還是在内容上，都極大地豐富和擴展了研究者的視野。如此衆多的新材料，吸引了更多的年輕學者湧入簡牘研究行列，並爲此階段的册書復原研究從方法和實踐層面都帶來了新的氣象。可以説，如果前兩個階段册書復原研究從起步到逐漸發展是以西北簡牘尤其是以居延新、舊簡牘爲中心的話，那麼第三階段則顯然是以新材料尤其是以走馬樓吴簡爲中心，並分別在册書復原的兩種方式即同一册書的編聯復原和分類集成兩方

(接上頁)"簿籍"類文書進行了更詳細的輯録，共分爲 135 種，參李天虹：《居延漢簡簿籍分類研究》，北京：科學出版社，2003 年。

① 籾山明在接受湖南大學博士生劉國慶的提問時説："簡牘文書的分類不太困難，但文書學本來並不是分類的學問，而是以研究文書的各種功能、機能爲主的學問。按照功能來分類簡牘可能可行，但是實際操作非常困難。一件文書的功能按照時間的變遷而變化，有時候一件文書是文書，但有時候一件文書會變爲簿籍。20 世紀 90 年代以後的日本古文書學，基本放棄了分類的方法。""現在日本學者不採用分類的方法來進行研究。儘管如此，一般入門書仍然採用分類的方式進行闡述，因爲我們找不到更好的方法寫入門書。日本古文書的入門書主要以書式、樣式分類古文書。闡明文書的實際功能，則是另外的研究課題。我現在參加陶安主辦的研讀班，研讀班對里耶秦簡做進一步的注釋與整理。我們首先從里耶秦簡中選擇出 20—30 種書式，然後按照書式來分類里耶秦簡，注釋基本上按書式排列，這樣矛盾比較少。"參 2016 年 6 月 6 日籾山明在湖南大學嶽麓書院簡帛文獻中心訪學時的訪談，見《在簡牘學、古文書學、法制史與秦漢史之間》，蘇俊林、陳弘音整理，《文匯報·文匯學人》2017 年 2 月 3 日。

面都表現得非常突出。當然,相關研究成果的産生與深入也往往和整理者
公布材料的方式密切相關。①

　　以吳簡爲例,該批簡牘中含有大量的簿籍册書,很多未被擾動的成“坨”
的竹簡原本就是一份較爲完整的册書。侯旭東利用吳簡發表時提供的揭剥
圖,對屬於廣成鄉廣成里、弦里的“吏民人名年紀口食簿”進行了側重於文書
學意義上的復原,並清晰地展現了復原的步驟。② 鄧瑋光提出了“横向”和
“縱向”兩種比較法,對三州倉“出米簡”和三州倉“月旦簿”等進行了復原研
究。③ 另外,鄔文玲對“州中倉出米簿”做了復原,④關於吳簡中的“朱表割米
案”册書,也有多位學者同時進行了復原嘗試。⑤ 在採集簿籍簡的分類集成
復原研究上,凌文超無疑用力最多,成績斐然,他充分利用考古信息,對吳簡
中的多種簿籍,包括名籍、賬簿等進行了集成整理,並以此爲基礎對孫吳臨

① 簡牘的整理公布方式一般有兩種。一種是按照簡牘的原始出土號逐一公布,不對簡文進行編
聯,如近年出版的肩水金關漢簡、走馬樓三國吳簡、里耶秦簡、玉門關漢簡、地灣漢簡、五一簡
等,這些簡或正式發掘,或採集於遺址,以文書爲主,内容零散,表面上可編聯性較差。一種是
對簡牘進行編聯後再予以公布,這些簡牘大多出土於墓葬,可編聯者本身就是以完整的册書
形態存在的,以典籍爲主,也有較多涉及律令、司法、日書、醫藥、遣策等多個方面的内容。
如銀雀山漢簡、郭店楚簡、睡虎地秦簡,以及近年博物館和高校收藏的上博簡、清華簡、北大
簡、嶽麓簡、安大簡等,都是對簡册編聯後再予以出版。前者由於未作任何册書復原工作,顯
然研究空間更大;後者留給研究者討論的餘地則和整理者的水平密切相關。
② 參侯旭東:《長沙走馬樓吳簡〈竹簡〉(貳)“吏民人名年紀口食簿”復原的初步研究》,《中華
文史論叢》2009 年第 1 期,第 57—93、391—392 頁;《長沙走馬樓吳簡“嘉禾六年(廣成鄉)弦
里吏民人名年紀口食簿”集成研究——三世紀江南鄉里社會管理一瞥》,邢義田、劉增貴主
編:《古代庶民社會——第四届國際漢學會議論文集》,臺北:“中研院”,2013 年,第 103—
148 頁。
③ 參鄧瑋光:《走馬樓吳簡三州倉出米簡的復原與研究——兼論“横向比較復原法”的可行性》,
《文史》2013 年第 1 輯,第 231—254 頁;《對三州倉“月旦簿”的復原嘗試——兼論“縱向比較復
原法”的可行性》,《文史》2014 年第 2 輯,第 5—35 頁。
④ 鄔文玲:《〈走馬樓三國吳簡·竹簡(捌)〉所見州中倉出米簿的集成與復原嘗試》,《出土文獻
研究》第十六輯,上海:中西書局,2017 年,第 341—363 頁。
⑤ 孫東波、楊芬:《走馬樓三國吳簡吳昌長朱表盜米案初探》,《簡帛研究》二〇一六秋冬卷,桂
林:廣西師範大學出版社,2017 年,第 248—263 頁。陳榮傑:《走馬樓吳簡“朱表割米自首案”
整理與研究》,《中華文史論叢》2017 年第 1 期,第 219—260 頁。楊小亮:《“表坐割匿用米行
軍法”案勾稽考校》,長沙簡牘博物館編:《長沙簡帛研究國際學術研討會論文集:紀念走馬樓
三國吳簡發現二十周年》,上海:中西書局,2017 年,第 173—189 頁。

湘侯國的文書行政以及相關的孫吳制度有所討論。① 連先用對吳簡簿籍中佔比頗重的一些"吏民簿"也進行了整理和研究,收穫亦多。②

在關於其他簡牘的研究中,也經常會有與册書復原相關的理論、方法總結及成功的復原案例,如侯旭東根據編繩猶存的"永元兵物簿"和"建昭三年付懸泉厩穧麥簿"等册書,考論出簿籍類册書在排列順序上,均是簿籍内容在前,呈文在後,這種編排方式應該是秦以來相關文書制度的反映。③ 德籍學者陶安,主要利用簡牘的揭剥信息對嶽麓秦簡第三卷的有關册書進行了復原研究。④ 肩水金關漢簡公布以來,曾在網絡上引起斷簡綴合的熱潮,⑤對於其中的多個册書,也有學者開始嘗試進行集成和編聯復原研究,其中既有對某個年份下"曆日"簡册的復原,也有對一些簿籍類册書及叙事類文書册書的復原。⑥

---

① 參淩文超:《走馬樓吳簡采集簿書整理與研究》,桂林:廣西師範大學出版社,2015 年;《吳簡與吳制》,北京:北京大學出版社,2019 年。
② 參連先用:《吳簡所見臨湘"都鄉吏民簿"里計簡的初步復原與研究——兼論孫吳初期縣轄民户的徭役負擔與身份類型》,《簡帛研究》二〇一七秋冬卷,桂林:廣西師範大學出版社,2018 年,第 239—314 頁;《吳簡所見"小武陵鄉吏民簿Ⅱ"再研究——以〈竹簡(柒)〉爲中心》,《出土文獻研究》第十八輯,上海:中西書局,2019 年,第 326—347 頁。
③ 侯旭東:《西北所出漢代簿籍册書簡的排列與復原——從東漢永元兵物簿説起》,《史學集刊》2014 年第 1 期,第 73 頁。
④ 參陶安:《嶽麓秦簡復原研究》,上海:上海古籍出版社,2016 年。該書主要對 2000 多枚竹簡的清理編號進行了訂正,指出錯號 628 個,並對《爲獄等狀四種》等册書的復原進行了考論。
⑤ 肩水金關漢簡自 2012 年至 2016 年公布所有内容(共 5 卷)後,引起了以武漢大學簡帛研究中心姚磊、謝坤等年輕學者的濃厚興趣,他們以武大簡帛網爲主要平臺,並在其他有關出土文獻的期刊和輯刊,連續發表了多篇以金關簡"綴合"爲主要内容的文章,掀起了金關簡研究的熱潮,同時以"綴合"爲"入門"技能,帶動了其他高校和機構更多年輕學者加入簡牘研究的行列。具體成果較多,可參看簡帛網以及《簡帛研究》《簡帛》《出土文獻》《出土文獻研究》《敦煌研究》上近年來有關簡牘綴合的文章。
⑥ 隨着金關漢簡的逐漸發表,金關簡中的册書也引起學者的注意,如第二卷中由多枚殘簡組成的"居攝元年曆日"殘册書就有 5 位甚至更多的學者同時進行復原研究。參程少軒:《肩水金關漢簡"元始六年(居攝元年)曆日"復原》,《出土文獻》第五輯,上海:中西書局,2014 年,第 274—284 頁;羅見今、關守義:《肩水金關漢簡(貳)曆簡年代考釋》,《敦煌研究》2014 年第 2 期,第 110—112 頁;許名瑲:《〈肩水金關漢簡(貳)〉"居攝元年曆日"簡綴合》,簡帛網 2014 年 6 月 20 日;何茂活:《肩水金關出土〈漢居攝元年曆譜〉綴合與考釋》,《考古與文物》2015 年第 2 期,第 61—68 頁;楊小亮:《西漢〈居攝元年曆日〉綴合復原研究》,《文物》2015 年第 3 期,第 70—77 頁。《肩水金關漢簡(伍)》出版後,許名瑲又將第五卷的 5 枚簡編(轉下頁)

　　另外，在第二及第三階段，還有一些涉及册書具體復原方法和册書格式的總結和討論，如張俊民《居延漢簡册書復原研究緣起》①、沈剛《居延漢簡册書復原方法述論》②、林清源《簡牘帛書標題格式研究》③、程鵬萬《簡牘帛書格式研究》④等。同時，由於出土的簡牘越來越多，學者對簡牘的認識更爲全面和立體，紅外掃描或攝像技術在簡牘整理出版中的廣泛應用，也使得學者對簡牘的觀察更加細緻，因此在第二階段的後期和第三階段，影響簡牘復原，尤其是同一册書編聯復原的因素，也變得越來越具體而微。除常見的出土信息、簡牘編碼⑤、文字内容、格式、材質、尺寸、書寫風格外，反印文⑥、

（接上頁）入"居攝元年曆日"，見許名瑲：《肩水金關漢簡〈元始六年（居攝元年）曆日〉簡册再復原》，簡帛網 2016 年 8 月 29 日。關於其他册書，楊小亮曾將 1 枚"元平元年"的紀年簡與"勞邊使者過界中費"編聯，否定了原來册書時代爲"地皇三年"的説法，參楊小亮：《金關漢簡編聯綴合舉隅——以簡牘書體特徵考察爲中心》，《出土文獻研究》第十三輯，上海：中西書局，2014 年，第 301—303 頁。姚磊除醉心於金關簡的綴合外，也對金關簡的一些簡册進行了復原。參姚磊：《論〈肩水金關漢簡（肆）〉的簡册復原——以書寫特徵爲中心考察》，《出土文獻》第十輯，上海：中西書局，2017 年，第 206—228 頁；《〈肩水金關漢簡〉編聯五則》，《出土文獻》第十三輯，上海：中西書局，2018 年，第 357—366 頁。

① 張俊民：《居延漢簡册書復原研究緣起》，《簡牘學研究》第四輯，蘭州：甘肅人民出版社，2004 年，第 94—99 頁。
② 沈剛：《居延漢簡册書復原方法述論》，張德芳主編：《甘肅省第二屆簡牘學國際學術研討會論文集》，上海：上海古籍出版社，2012 年，第 163—174 頁。
③ 林清源：《簡牘帛書標題格式研究》，臺北：藝文印書館，2004 年。
④ 程鵬萬：《簡牘帛書格式研究》，上海：上海古籍出版社，2017 年。
⑤ 編碼指寫在簡面或簡背表示編排順序的號碼，可分爲三種，參李均明、劉軍：《簡牘文書學》，南寧：廣西教育出版社，1999 年，第 119—124 頁。另外，武威出土《儀禮》簡中也有"編碼"，這種"編碼"不寫在簡背，而是寫在簡正面的下端，陳夢家稱其爲"葉數"。參陳夢家：《由實物所見漢代簡册制度》，見《武威漢簡》，北京：中華書局，2005 年，第 61、64 頁。
⑥ 以里耶秦簡爲例，學者們曾利用"反印文"來探討 9-1 至 9-12 號木牘的叠壓關係。參邢義田：《湖南龍山里耶 J1(8)157 和 J1(9)1—12 號秦牘的文書構成、筆迹和原檔存放形式》，見《治國安邦：法制、行政與軍事》，北京：中華書局，2011 年，第 473—496 頁。張忠煒：《前言：里耶秦簡博物館藏秦簡概説》，里耶秦簡博物館、出土文獻與中國古代文明研究中心中國人民大學分中心編著：《里耶秦簡博物館藏秦簡》，上海：中西書局，2016 年，第 12—16 頁；《兩千年前遷陵縣收到的三份文書——里耶 9-2289 號牘的反印文及相關問題》，《文匯報·文匯學人·學林》2019 年 5 月 17 日。張忠煒在前文中總結重視反印文的意義有三：一、可思考簡牘的叠壓順序；二、可反思不同簡牘的埋藏性質；三、可考察簡册的收捲方式。

簡背劃綫，①甚至具體書手在書寫上的個人特徵、②簡牘的體積和重量等因素③也被納入相關研究的考量範圍之内。

總而言之，國内簡牘文書册書的復原研究主要根植於傳統的典籍整理研究，並受到日本"古文書學"實踐和理論的影響，正逐漸成爲簡牘研究中一個較爲獨立的分支流派。它不僅需要關注作爲史料的簡牘在語言、文字、名物、制度等相關研究層面所藴含的價值，更需要在"册書"的樣貌下對文書的樣式、形態、機能和流傳過程等進行考察，④這樣才能使零散的簡牘盡快擺脱"斷爛"的局限，在文書學語境下，發揮最大的價值。

第二節　關於五一簡的研究

五一簡的研究是新材料帶來的"新學問"，是伴隨着新材料的陸續公布逐漸産生和展開的。根據材料公布的時間與多寡，相關研究可分爲兩個階段。自 2010 年五一簡發掘之後，至 2018 年五一簡的正式整理報告出版之前，是五一簡研究的第一階段。在這一階段，整理者於 2013 年發表了《簡報》，除公布 20 枚簡牘的圖版和釋文外，還公布了 1 枚封檢（J1③:235）和

---

① 在過去出土的簡牘中，有些簡牘的簡背就存在劃綫，如銀雀山漢簡的典籍類册書等，但以往並没有注意到。在 2010 年北大藏簡的整理過程中，孫沛陽發現了簡背的劃綫，才使這一"重大發現"得到普遍的重視，並將之運用到簡册復原之中。參孫沛陽：《簡册背劃綫初探》，復旦大學出土文獻與研究中心編：《出土文獻與古文字研究》第四輯，上海：上海古籍出版社，2011 年，第 449—462 頁。

② 從李松儒開始，主要運用現代筆迹學對筆迹特徵分類的方法對戰國簡帛字迹進行研究，不僅注意根據字迹特徵劃分不同的書手，也注重不同書手之間的聯繫與同一書手不同時期字迹的變化。可參李松儒：《戰國簡帛字迹研究——以上博簡爲中心》，吉林大學博士學位論文，2012 年，指導教師：馮勝君。也可參李松儒關於清華簡、安大簡字迹分析的多篇文章。

③ 邢義田：《漢代簡牘的體積、重量和使用——以"中研院"史語所藏居延漢簡爲例》，《地不愛寶：漢代的簡牘》，北京：中華書局，2011 年，第 23—40 頁。

④ 關於日本古文書學的特點，和現代中國古文書學的發展狀况，以及"文書學"中"文書"的定義，可看黄正建：《中國古文書的歷史與現狀》，《史學理論研究》2015 年第 3 期，第135—139 頁；《中國古文書學：超越斷代文書研究》，《中國社會科學報》2012 年 7 月25 日。

1 枚簽牌(J1③:151)的圖版；①2015 年又出版了《長沙五一廣場東漢簡牘選釋》一書,公布了 176 枚簡牘的圖版和釋文。② 客觀地説,由於以往可確定爲東漢時期的簡牘材料少之又少,學界對這一時段的簡牘材料還缺乏細緻、準確及全面的認識,整理組對於這批新資料也僅處在前期的摸索階段,因此,《選釋》作爲一部"目的在於抛磚引玉,以期爲五一廣場東漢簡牘的全面整理積纍經驗"③的試驗性報告,其整體水平並不盡如人意。學界對已公布資料的反饋,大都集中在對《簡報》《選釋》釋文、注釋的訂正及名物的考辨方面,偶有一些將幾枚簡牘串聯,對所涉司法案件案情和程序進行梳理的文章,其實也都處在"試探"的摸索階段。

　　2018 年正式整理報告《長沙五一廣場東漢簡牘》第一、二卷,和 2019 年第三、四卷,以及 2020 年第五、六卷的出版,④才將五一簡的研究引至更深入的階段。首先表現在整理組對五一簡整體認識的提高,相比於《選釋》,已出版的正式整理報告無論在圖版的拼接綴合還是釋文的準確性方面,都有了極大的提升；同時,整理組還多次組織發表研究文章,對新材料予以解釋和説明,這在一定程度上,引導和擴大了五一簡的研究内容以及研究方向。⑤ 其次,

① 關於這批簡牘的基本發掘情況,長沙市文物考古研究所的雷永利早在 2010 年底就以個人名義率先予以了披露,見雷永利:《2010 年長沙五一廣場漢代古井(窖)考古發掘情況簡報》,《湖南省博物館館刊》第七輯,長沙:嶽麓書社,2010 年,第 121—123 頁。另外,正式《簡報》中的簡號著録偶有訛誤,如"CWJ1①:112"誤爲"CWJ1③:112","J1③:235"應爲"J1③:133"等。
② 見長沙市文物考古研究所、清華大學出土文獻研究與保護中心、中國文化遺産研究院、湖南大學嶽麓書院編:《長沙五一廣場東漢簡牘選釋》(以下簡稱"《選釋》"),上海:中西書局,2015 年。
③ 黄樸華:《前言:長沙五一廣場東漢簡牘概述》,見《長沙五一廣場東漢簡牘選釋》,上海:中西書局,2015 年,第 10 頁。
④ 長沙市文物考古研究所、清華大學出土文獻研究與保護中心、中國文化遺産研究院、湖南大學嶽麓書院編:《長沙五一廣場東漢簡牘(壹)》《長沙五一廣場東漢簡牘(貳)》,上海:中西書局,2018 年;《長沙五一廣場東漢簡牘(叁)》《長沙五一廣場東漢簡牘(肆)》,上海:中西書局,2019 年;《長沙五一廣場東漢簡牘(伍)》《長沙五一廣場東漢簡牘(陸)》,上海:中西書局,2020 年。
⑤ 整理組在五一簡研究的第一、二階段都曾組織發表相關研究文章:1. 2013 年,爲配合《簡報》的發表,整理組在《齊魯學刊》2013 年第 4 期發表了 5 篇文章,對《簡報》所涉的"直符"文書、"本事"簽牌、"合檄"的封緘方式,以及與司法案件相關的簡文進行了更爲詳盡的解讀。2. 2015 年,《選釋》收録整理者的 4 篇研究文章,涉及五一簡的文字、書體,及"兩行"等形制方面的問題。3. 2017 年,整理組在《湖南大學學報(社會科學版)》2017 年第 5 期發表了 2 篇文章。4. 2020 年,爲配合五一簡第五、六卷的出版,整理組又在《出土文獻》2020 年第 4 期組織發表了 4 篇文章。另外,整理組成員還多次在《出土文獻研究》《簡帛研究》《簡帛》等刊物上發表五一簡的研究文章多篇。

由於公布的材料更爲豐富和有系統性，^①學界對五一簡研究的視域也變得更爲廣闊，不再局限於個別字詞或名物的訓讀，而將這批材料視爲東漢社會在某一時段、某一方面的微觀縮影，分別從行政、社會、法律、經濟等不同層面予以討論和闡發。對比第一階段的研究，這一階段對五一簡價值的挖掘顯然更加細緻、深入和全面。

爲方便梳理，下文擬根據研究内容側重的不同，對五一簡前後兩個階段相關研究的具體情況作簡單的介紹。

1. 基本性質研究

這裏的"性質"主要是指五一簡的"歸屬"問題。《簡報》認爲"1 號井窖位於東漢時期長沙府衙所在地"，簡牘就行文關係而言主要是"長沙郡及門下諸曹""臨湘縣及門下諸曹""臨湘縣和下屬諸鄉、亭"以及"與外郡縣"的往來文書，似乎更傾向於認爲這批簡牘當屬於長沙太守府和臨湘縣。^② 而侯旭東、陳偉則通過對《簡報》所公布的"沮鄉別治掾"及其他材料的分析，認爲五一簡主要應是臨湘縣廷的文書。^③ 這一認識被整理組採納，並被後續公布的越來越多的材料證明是正確的。但這些文書主要屬於臨湘縣廷的哪一個或幾個機構，仍待研究。

2. 本體保護及形制研究

長沙市文物考古研究所的蔣成光曾撰文介紹了該批簡牘出土時的現場保護措施以及簡牘整體或局部提取時的保護流程；^④並選取了多枚簡牘樣品，對其材質以及含水率、縮水率等進行了鑒定。檢測表明，五一簡中木

---

① 《長沙五一廣場東漢簡牘》第一至第六卷，嚴格按照簡牘出土號的順序進行公布，整理號截止於 2600 號。但由於正式整理報告中有許多綴合的簡牘，涉及多個排序在 2600 號以後的殘簡，另外《簡報》和《選釋》也公布了一些排序在 2600 號之後的簡文，因此五一簡已公開發表的簡號實際要多於 2600 之數。

② 長沙市文物考古研究所：《湖南長沙五一廣場東漢簡牘發掘簡報》，《文物》2013 年第 6 期，第 17—18 頁。

③ 參夏笑容：《"2013 年長沙五一廣場東漢簡牘學術研討會"紀要》，《文物》2013 年第 12 期，第 92 頁；陳偉：《五一廣場東漢簡牘屬性芻議》，簡帛網 2013 年 9 月 24 日。

④ 參蔣成光：《長沙五一廣場東漢簡牘現場提取保護方法》，《湖南省博物館館刊》第八輯，長沙：嶽麓書社，2011 年，第 554—559 頁。

牘材質爲杉木,竹簡樣品糟朽嚴重,僅有一枚顯示爲剛竹。① 莫澤則對簡牘在實驗室中的保護措施、科技檢測以及簡牘的清淤、揭剥、清洗、紅外掃描、彩色拍照等情況進行了簡單介紹。② 五一簡形制雖然多樣,但大都常見於其他批次的簡牘,故而這方面的研究文章較少見。2013 年,何佳、黄樸華合撰《東漢簡"合檄"封緘方式試探》,結合東牌樓東漢簡的有關形制,對于豪亮論及的"合檄"的種類及封緘方式進行了有益的探討。③ 癸中(李均明)於2015 年撰《説"兩行"》一文,對西北簡和五一簡中的"兩行"做過對比研究。④ 謝雅妍也利用五一簡,對"封檢"類文書的形制與轉變有所討論。⑤ 2020 年,長沙市文物考古研究所文物科技保護人員在對五一簡中的一個"木俑"進行脱水保護時,發現該木俑身上多處存有字迹。12 月,黄樸華、羅小華《長沙五一廣場東漢簡牘中的"象人"》一文發表,對這種特殊的簡牘形制——象人木俑,進行了介紹和研究。這是近期五一簡相關研究中比較重要的發現之一。⑥

3. 釋讀研究

《簡報》發表後,學者們首先發表了一些主要針對釋文修訂的文章。如伊强指出《簡報》木牘 J1③:285A 中之"未殺",從字形到文意都應釋爲"末殺"。⑦ 侯旭

---

① 參蔣成光:《長沙五一廣場東漢簡牘材質研究》,《湖南省博物館館刊》第十二輯,長沙:嶽麓書社,2016 年,第 569—573 頁。

② 莫澤:《長沙五一廣場東漢簡牘的整理保護》,《中國文物報》2018 年 8 月 3 日。

③ 參何佳、黄樸華:《東漢簡"合檄"封緘方式試探》,《齊魯學刊》2013 年第 4 期,第 44—47 頁。此文後又稍作調整題爲《試探東漢"合檄"簡》,收入《長沙五一廣場東漢簡牘選釋》,上海:中西書局,2015 年,第 314—324 頁。不過,在後文中作者將裘錫圭討論的東牌樓 B 型木牘誤爲C 型,見第 318 頁。

④ 癸中:《説"兩行"》,《長沙五一廣場東漢簡牘選釋》,上海:中西書局,2015 年,第 331—337 頁。

⑤ 謝雅妍:《從長沙出土東漢簡牘看"封檢"類文書的形制與轉變》,見黎明釗、馬增榮、唐俊峰編:《東漢的法律、行政與社會——長沙五一廣場東漢簡牘探索》,香港:三聯書店(香港)有限公司,2019 年,第 221—255 頁。

⑥ 參黄樸華、羅小華:《長沙五一廣場東漢簡牘中的"象人"》,《出土文獻》2020 年第 4 期,第 1—5 頁。案:人形木偶在遺址和墓葬中曾多次發現,但標明受傷部位,用作司法"證明"的人偶尚屬首次發現。關於木偶上的文字,最初的照片並不清晰,遂認爲上書的"象人"之"象"字作"豫",後見到清晰大圖,該字似應隸定爲"橡"字。

⑦ 伊强:《湖南長沙五一廣場東漢簡牘劄記》,簡帛網 2013 年 7 月 16 日。

東對簡 J1③:264-294 進行考釋,分别修正了"流""櫟""談""盡""值"等字,並對"度田"文書的含義及性質有所討論。① 王子今也指出 J1③:169 中的"自持"應爲"自捄(救)","仇怨奉公"爲漢代"行政司法定式性用語",中間不當斷讀。② 徐鵬受王子今的啓發,也討論了該牘中"禹度平後落去"中"度"讀爲"劇"的可能性。③ 劉樂賢認爲 J1③:325-1-140 中的第二個"誼"字應爲"詆"字,所謂的"盛卷(?)"應爲"盛春"。④ 這些大都是非常正確的意見。《長沙五一廣場東漢簡牘選釋》出版之後,由於該書在釋文和注釋方面確實錯誤較多,李洪財《五一廣場東漢簡的文字問題》⑤和楊小亮《〈五一廣場東漢簡牘選釋〉釋文補正》⑥二文,比較集中地對整理者的多處釋文進行了修訂和補釋。莊小霞認爲 CWJ1①:86 中的"艾"是指漢代豫章郡屬縣艾縣,⑦也是非常可取的意見。五一簡正式報告第一卷至第六卷出版後,由於釋文的準確程度較高,目前比較重要的關於釋文修訂的文章見馬增榮《"貸主"? 抑或"貨主"? ——長沙五一廣場東漢簡牘讀記一則》,正確指出簡文中"貸主"應是"貨主"的誤釋。⑧ 另外李洪財對整理報告一、二卷中的個别草書釋文也有修訂。⑨ 近期

---

① 侯旭東:《湖南長沙五一廣場東漢簡 J1③:264-294 考釋》,原刊《田餘慶先生九十華誕頌壽論文集》,北京:中華書局,2014 年,第 113—119 頁。又見簡帛網 2014 年 6 月 6 日。

② 王子今:《長沙五一廣場出土待事掾王純白事木牘考議》,《簡帛》第九輯,上海:上海古籍出版社,2014 年,第 293—300 頁。另外,關於"捄"爲"救"之異體,上引伊文中也曾指出。但王子今的這條意見在早於伊文的時候,就曾向我們出示過,只不過紙媒有發表週期,故刊發時間在伊文之後。

③ 參徐鵬:《長沙五一廣場 J1③:169 號木牘"禹度平後落去"考釋》,《秦漢研究》第八輯,西安:陝西人民出版社,2014 年,第 214—217 頁。上引王子今文中曾明確懷疑"度"字的釋讀,徐鵬在其文章(第 214 頁注②)中則明示曾聽過王子今關於此牘的授課内容。

④ 劉樂賢:《長沙五一廣場出土東漢王皮木牘考述》,《中山大學學報(社會科學版)》2015 年第 3 期,第 52—61 頁。

⑤ 李洪財:《五一廣場東漢簡的文字問題》,《中國書法》2016 年第 9 期,第 173—177 頁。

⑥ 楊小亮:《〈五一廣場東漢簡牘選釋〉釋文補正》,《出土文獻》第十輯,上海:中西書局,第 260—275 頁。

⑦ 莊小霞:《長沙五一廣場東漢簡牘 CWJ1①:86 簡所載"艾"釋義獻疑》,簡帛網 2016 年 5 月 9 日。

⑧ 馬增榮:《"貸主"? 抑或"貨主"? ——長沙五一廣場東漢簡牘讀記一則》,簡帛網 2020 年 8 月 7 日。

⑨ 李洪財:《讀〈五一廣場東漢簡牘(壹、貳)〉札記》,簡帛網 2018 年 12 月 27 日。

劉大雄在會議上指出,聯繫漢隸中"筆"字的異體"![筆異體]"及簡文含義,簡 1861 中的未釋字"![未釋字]",應是"筆"字的異寫;① 張凱潞也發文指出五一簡第六卷簡 2632 + 2560 + 3816 中原釋爲"困勞"的"勞"字應該釋爲"劣",此字圖版作"![劣字圖版]","困劣"文獻中多見。② 以上意見皆正確可從。

4. 墨迹、書法研究

五一簡的書寫和墨迹也別具特色。趙平安和許可共同撰寫了《長沙五一廣場東漢簡牘文字初探》一文,首次系統梳理歸納了五一簡在文字構形上的筆畫改易、省簡、增添、類化、混同等現象,認爲五一簡有益於補充和完善漢字的發展序列,具有重要價值。③ 劉紹剛則從書法史的角度指出,東漢時期是八分漢隸解體,向今隸——行、楷書過渡的時期,成熟的楷書已經出現,這將楷書的成熟時間提前了許多。④《中國書法》也於 2016 年組織"長沙五一廣場東漢簡牘書法特輯",發表了王曉光⑤、冉令江⑥有關五一簡的書法研究,以及李松儒《長沙五一廣場"君教"類木牘字迹研究》等一組文章。其中李松儒着眼於墨迹與書手之間的聯繫,指出走馬樓吳簡中的長官畫押"諾"字,與五一簡一脉相承。正式整理報告的出版,爲學者進行墨迹和書法研究提供了更豐富的材料,何茜、林秋秋、何俊謙等也相繼發表了一些有關書法研究的文章。⑦ 此外,李松儒、莊小霞還通過對文書字迹和文書結構的分析,

---

① 參劉大雄:《説五一簡 1861 中兩個值得注意的漢隸異體》,見清華大學出土文獻研究與保護中心"五一簡與東漢歷史文化研討會"會議論文,2021 年 10 月 23—24 日。

② 張凱潞:《〈五一簡〉(陸)釋文校訂一則》,簡帛網 2021 年 11 月 29 日。案:"困劣"亦見於五一簡未發表的簡文中。

③ 趙平安、許可:《長沙五一廣場東漢簡牘文字初探》,《長沙五一廣場東漢簡牘選釋》,上海:中西書局,2015 年,第 267—293 頁。

④ 劉紹剛:《隸書"八分"的解體和行楷書的發展——從五一廣場簡看東漢時期的書體演變》,《長沙五一廣場東漢簡牘選釋》,上海:中西書局,2015 年,第 294—313 頁。

⑤ 王曉光:《東漢中葉隸書墨迹標杆之作——試析五一廣場簡牘墨書及相關問題》,《中國書法》2016 年第 9 期,第 132—145 頁。王曉光也曾對秦漢簡牘具名和書寫者相關的問題做了一些研究,參王曉光:《秦漢簡牘具名與書手研究》,北京:榮寶齋出版社,2016 年。

⑥ 冉令江:《長沙五一廣場簡牘隸書及其藝術風格》,《中國書法》2016 年第 10 期,第 106—112 頁。

⑦ 何茜:《由長沙五一廣場東漢簡牘筆畫探筆法演變規律》,《大衆書法》2017 年第 6 期,第 24—30 頁。林秋秋:《長沙五一廣場東漢簡牘與走馬樓西漢簡書體比較》,《書法》2020 年第 3 期,第 131—134 頁。何俊謙:《從長沙五一廣場東漢簡牘試析東漢前中期官文書的書體風（轉下頁）

考察了這類文書的製作和流轉過程。①

5. 術語、名物訓詁研究

李均明連續撰寫了多篇文章,對五一簡中習見的"直符""保任""留事""假期書""摻驗""劾狀與鞫狀"及"身份認定"等多個涉及行政、法律制度的術語進行了界定和考辨,在很大程度上推進了有關五一簡的基礎研究。② 他新近發表的《五一廣場東漢簡牘所見"例亭"等解析》一文,利用新材料證明例亭當爲臨時設置的檢查崗的泛稱,從而釐清了學者認爲"例亭"或與"列、市"相關的誤解。③ 楊小亮對"本事"簽牌及"解書"的定義和内涵也進行過討論。④ 吳雪飛、莊小霞則專門對五一簡中常見的法律術語進行了解讀。⑤ 伊

(接上頁)格》,見黎明釗、馬增榮、唐俊峰編:《東漢的法律、行政與社會——長沙五一廣場東漢簡牘探索》,香港:三聯書店(香港)有限公司,2019 年,第 257—287 頁。亦可參王曉光:《從五一廣場簡看東漢新隸體與早期新體》,《中國書法報》2019 年 12 月 10 日。張紅芳還利用五一簡完成了碩士論文,見張紅芳:《長沙五一廣場東漢簡牘字體研究》,河北師範大學碩士學位論文,2018 年,指導教師:李冬鴿。

① 李松儒:《長沙五一廣場"君教"類木牘字迹研究》,《中國書法》2016 年第 9 期,第 169—172 頁。李松儒、莊小霞:《長沙五一廣場 J1③:264-294 號木牘所見文書製作流轉研究》,《簡帛研究》二〇一七秋冬卷,桂林:廣西師範大學出版社,2018 年,第 198—218 頁。

② 參李均明:《長沙五一廣場出土東漢木牘"直符"文書解析》,《齊魯學刊》2013 年第 4 期,第 35—37 頁;《東漢時期的候審擔保——五一廣場東漢簡牘"保任"解》,《湖南大學學報(社會科學版)》2017 年第 5 期,第 1—4 頁;《五一廣場東漢簡牘"留事"考》,《出土文獻》第十一輯,上海:中西書局,2017 年,第 370—378 頁;《長沙五一廣場東漢簡牘"假期書"考》,《出土文獻》第十三輯,上海:中西書局,2018 年,第 367—373 頁;《長沙五一廣場東漢簡牘"摻驗"解》,《簡帛研究》二〇一八秋冬卷,桂林:廣西師範大學出版社,2019 年,第 338—344 頁;《長沙五一廣場東漢簡牘"劾"與"鞫"狀考》,《簡帛研究》二〇一七秋冬卷,桂林:廣西師範大學出版社,2018 年,第 191—197 頁;《長沙五一廣場東漢簡牘所見身份認定述略》,《出土文獻研究》第十七輯,上海:中西書局,2018 年,第 325—333 頁。

③ 李均明:《五一廣場東漢簡牘所見"例亭"等解析》,《出土文獻》2020 年第 4 期,第 6—12 頁。伊强曾認爲,五一簡中有兩個"例"字,乃是"集市"之義,參伊强:《長沙五一廣場東漢簡牘中的"例"及相關職官問題初論》,《簡帛》第十六輯,上海:上海古籍出版社,2018 年,第 173—178 頁。

④ 楊小亮:《"本事"簽牌考索》,《齊魯學刊》2013 年第 4 期,第 48—50 頁;《從五一廣場東漢簡牘談對"解書"的初步認識》,《甘肅省第三屆簡牘學國際學術研討會論文集》,上海:上海辭書出版社,2017 年,第 366—373 頁。

⑤ 參吳雪飛:《長沙五一廣場東漢木牘相關法律用語探析》,《中國古代法律文獻研究》第九輯,北京:社會科學文獻出版社,2015 年,第 187—199 頁;《長沙五一廣場簡牘法律用 (轉下頁)

强較早指出《簡報》中 J1③:325-1-140 無説之"正營",見於古書,又或作"怔
營""佂營""屏營""屏盈"等,爲"驚惶失據"義。① 孫濤認爲"栱船"應爲文獻中
的"䑳",是一種流行於南楚江湘一帶船體小而深的船;"栟船"之"栟"通
"艀",也是一種船具。② 周海鋒也認爲"栟,通艀,指艀船",③但實際上,結合
"栱"字的情況看,宜將"栟"看作"艀"之異寫,而非通假。④ 任攀認爲所謂的
"鐲刀"當是一種刀首(刀柄頂端)帶環的刀。⑤ 關於簡 966"赦等持臧物於贛
舍分,贛妻截爲投句"中之"投句",張倩儀以爲"句"即"鉤",《慎子》有"投鈎
以分財",⑥"投句"即拈鬮。關於"油錢",張朝陽將之和見於《三國志》的"油
船"聯繫起來,進而認爲"油船"的運費被省稱爲"油錢"的觀點也頗具啓發
性。⑦ 符奎利用五一簡中有關"紙"的記載,聯繫尚德街東漢簡中的"帋"字,
認爲當時的紙應該是"絲質紙"。⑧ 羅小華長期致力於五一簡名物的研究,連
續撰寫了《五一廣場簡牘所見名物考釋》(一)至(五)五篇系列文章,對簡文
中出現的絲織品、酒具、量器等多種名物都有所討論。⑨

(接上頁)語續探》,《出土文獻研究》第十六輯,上海:中西書局,2017 年,第 305—318 頁。莊小
　霞:《長沙五一廣場出土東漢司法簡牘語詞彙釋五則》,《簡牘學研究》第六輯,蘭州:甘肅人民
　出版社,2016 年,第 39—44 頁。
① 伊强:《湖南長沙五一廣場東漢簡牘劄記》,簡帛網 2013 年 7 月 16 日。
② 孫濤:《長沙五一廣場東漢簡牘"栱船"釋義補正》,簡帛網 2017 年 4 月 24 日;《讀〈長沙五一廣
　場東漢簡牘選釋〉札記兩則》,簡帛網 2017 年 5 月 7 日。
③ 見周海鋒:《〈長沙五一廣場東漢簡牘(壹)〉選讀》,簡帛網 2018 年 12 月 26 日。
④ 任攀:《五一廣場東漢簡牘所見赦贛等五人劫詩林等案復原》,未刊稿。
⑤ 任攀:《五一廣場東漢簡牘所見赦贛等五人劫詩林等案復原》,未刊稿。
⑥ 張倩儀:《五一廣場東漢簡的繒帛衣物劾案(二)》,簡帛網 2020 年 7 月 18 日。
⑦ 張朝陽:《五一廣場簡牘東漢簡牘"油錢"小考》,簡帛網 2018 年 12 月 21 日。
⑧ 符奎:《長沙東漢簡牘所見"紙""帋"的記載及相關問題》,《中國史研究》2019 年第 2 期,第
　59—68 頁。
⑨ 羅小華:《五一廣場簡牘所見名物考釋(一)》,《出土文獻》第十四輯,上海:中西書局,2019
　年,第 344—350 頁;《五一廣場簡牘所見名物考釋(二)》,《簡牘學研究》第九輯,蘭州:甘肅人
　民出版社,2020 年,第 74—79 頁;《五一廣場簡牘所見名物考釋(三)》,《出土文獻研究》第十八
　輯,上海:中西書局,2019 年,第 314—320 頁;《五一廣場簡牘所見名物考釋(四)》,《簡帛》第
　二十輯,上海:上海古籍出版社,2020 年,第 241—249 頁;《五一廣場簡牘所見名物考釋
　(五)》,《出土文獻研究》第十九輯,上海:中西書局,2020 年,第 391—397 頁。

6. 司法案件及程序研究

　　五一簡中涉及司法案件的材料最多,這使得對案情進行分析並從中總結歸納當時的司法制度、司法程式成爲可能。以公布較早的案件爲例,關於"王皮案",經過劉國忠、劉樂賢、楊小亮等人的探討,案情的輪廓已具雛形;①關於"孫詩案",趙平安和羅小華以及劉樂賢、李蘭芳等都對其中的細節有過討論;②王子今、李均明等則對"王純被復仇"案的基本情況進行了研究。③ 隨着發表材料的增多,一些學者將零散的、相關的,但又暫時不能編聯在一起的簡文集中起來進行對讀,試圖從中梳理出同一案件的大致面貌,如"元的遺産案""孟負伯錢案"以及兩起"繒帛衣物劫案"等,這些都對完整案情的還原有着極大的推進作用。④ 也有學者如李均明、徐世虹、張朝陽、張煒軒等,將同類型的司法材料集中起來,對同質或同類型的犯罪行爲或司法實踐進行了分析總結。⑤ 還有學者如馬力、楊小亮等則嘗試通過案情及審理過

① 參劉國忠:《長沙東漢簡所見王皮案件發微》,《齊魯學刊》2013 年第 4 期,第 41—43 頁;《五一廣場東漢簡王皮運送軍糧案續論》,《出土文獻》第七輯,上海:中西書局,2015 年,第 250—253 頁。劉樂賢:《長沙五一廣場出土東漢王皮木牘考述》,《中山大學學報(社會科學版)》2015 年第 3 期,第 52—61 頁。楊小亮:《關於"王皮木牘"的再討論》,《出土文獻》2020 年第 4 期,第 13—19 頁。

② 趙平安、羅小華:《長沙五一廣場出土 J1③:285 號木牘解讀》,《齊魯學刊》2013 年第 4 期,第 38—40 頁。劉樂賢:《長沙五一廣場所出東漢孫詩供辭不實案再考》,《出土文獻研究》第十二輯,上海:中西書局,2013 年,第 272—279 頁。李蘭芳:《長沙五一廣場出土 J1③:285 號簡牘再釋》,《簡牘學研究》第七輯,蘭州:甘肅人民出版社,2018 年,第 158—165 頁。

③ 王子今:《長沙五一廣場出土待事掾王純白事木牘考議》,《簡帛》第九輯,上海:上海古籍出版社,2014 年,第 293—300 頁。李均明:《東漢木牘所見一椿未遂報復案》,《簡牘學研究》第五輯,蘭州:甘肅人民出版社,2014 年,第 111—115 頁。徐鵬:《長沙五一廣場 J1③:169 號木牘"禹度平後落去"考釋》,《秦漢研究》第八輯,西安:陝西人民出版社,2014 年,第 214—217 頁。

④ 參李華:《長沙五一廣場簡所見"元的遺産案"考述》,簡帛網 2018 年 3 月 11 日。此文後收入黎明釗、馬增榮、唐俊峰編:《東漢的法律、行政與社會——長沙五一廣場東漢簡牘探索》,香港:三聯書店(香港)有限公司,2019 年,第 95—108 頁。劉子鈞:《五一廣場東漢簡牘"孟負伯錢"案再探》,簡帛網 2020 年 4 月 4 日。關於兩起"繒帛衣物劫案",分別見張倩儀:《五一廣場東漢簡的繒帛衣物劫案(一)》,簡帛網 2020 年 7 月 6 日;《五一廣場東漢簡的繒帛衣物劫案(二)》,簡帛網 2020 年 7 月 18 日。

⑤ 參李均明:《長沙五一廣場東漢簡牘所見職務犯罪探究》,《鄭州大學學報(哲學社會科學版)》2019 年第 5 期,第 82—87 頁;《長沙五一廣場東漢簡牘"劾"與"鞫"狀考》,《簡帛研究》(轉下頁)

程對相關的司法程序進行歸納。① 另外也有學者對一些歷史細節進行了復
原，如馬小菲、周海鋒都注意到了五一簡中"立秋"與"麥秋"案驗的不同記錄，
證實東漢和帝時曾將案獄時間由秋季"立秋"改爲夏季"麥秋"，馬小菲稱之爲
"永元改律"。②

7. 社會制度、現象研究

五一簡反映了一些有關社會組織、制度及社會現象方面的問題。關於縣
級(臨湘)社會行政組織、決策過程，以及縣廷和所屬諸曹、鄉、亭之間的運作模
式，姚遠、王朔、唐俊峰、黎明釗等都有過各有側重的分析。③ "君教"類簡牘由
於特徵鮮明，往往能反映出行政或司法的運轉、決策過程，又可和走馬樓吴
簡的同類簡牘相印證，所以也引起了較多的討論。④ 在經濟活動方面，朱德

(接上頁)二〇一七秋冬卷，桂林：廣西師範大學出版社，2018 年，第 191—197 頁。徐世虹：《秦
　漢"鞫"文書讞識——以湖南益陽兔子山、長沙五一廣場出土木牘爲中心》，《簡帛》第十七輯，
　上海：上海古籍出版社，2018 年，第 267—279 頁。張朝陽：《長沙五一廣場東漢簡牘所見早
　期房屋租賃糾紛案例研究》，《史林》2019 年第 6 期，第 35—42 頁。張煒軒：《東漢臨湘縣廷掾
　吏的"不作爲"罪——以五一廣場簡"雄等不以徵邏爲意"案爲中心》，見黎明釗、馬增榮、唐俊
　峰編：《東漢的法律、行政與社會——長沙五一廣場東漢簡牘探索》，香港：三聯書店(香港)有
　限公司，2019 年，第 53—77 頁。喬志鑫：《五一廣場東漢簡所見"逐捕有書"——以東漢基層司
　法爲中心》，《安陽師範學院學報》2018 年第 6 期，第 55—58 頁。

① 馬力：《長沙五一廣場東漢簡牘舉劾文書初讀》，《出土文獻》第八輯，上海：中西書局，2016 年，第
　211—220 頁。楊小亮：《略論東漢"直符"及其舉劾犯罪的司法流程》，《中國古代法律文獻研究》
　第九輯，北京：社會科學文獻出版社，2015 年，第 176—186 頁。

② 馬小菲：《五一廣場簡中的立秋案驗與麥秋案驗》，簡帛網 2020 年 4 月 22 日。該文後收入黎明
　釗、馬增榮、唐俊峰編：《東漢的法律、行政與社會——長沙五一廣場東漢簡牘探索》，香港：三聯
　書店(香港)有限公司，2019 年，第 33—51 頁。周海鋒：《〈長沙五一廣場東漢簡牘〉所見永初年
　間三份詔書淺析》，《簡帛》第二十輯，上海：上海古籍出版社，2020 年，第 251—263 頁。

③ 參姚遠：《東漢内郡縣廷法官法吏復原研究——以長沙五一廣場東漢簡牘爲核心》，《華東政法
　大學學報》2016 年第 4 期，第 55—65 頁。王朔：《東漢縣廷行政運作的過程和模式——以長
　沙五一廣場東漢簡爲中心》，《華中師範大學學報(人文社會科學版)》2018 年第 6 期，第 149—
　160 頁。唐俊峰：《東漢早期臨湘縣的行政決策過程——以五一廣場東漢簡牘爲中心》，簡
　帛網 2019 年 12 月 20 日。又見黎明釗、馬增榮、唐俊峰編：《東漢的法律、行政與社會——長
　沙五一廣場東漢簡牘探索》，香港：三聯書店(香港)有限公司，2019 年，第 131—187 頁。黎明
　釗：《長沙五一廣場出土東漢簡牘中的辭曹》，周東平、朱騰主編：《法律史譯評》第七卷，上海：
　中西書局，2019 年，第 104—132 頁。

④ 參陳松長、周海鋒：《"君教諸"考論》，《長沙五一廣場東漢簡牘選釋》，上海：中西書局，
　2015 年，第 325—330 頁。李均明：《東漢簡牘所見合議批件》，《簡帛研究》二〇一六春夏卷，
　桂林：廣西師範大學出版社，2016 年，第 256—264 頁。邢義田：《漢晉公文書上的 (轉下頁)

貴、張朝陽通過較少的材料對簡文涉及的一些商業問題進行了簡單討論,羅小華對所見的"奴婢""酒""酒具"等的價格進行了比較。① 對於當時一些比較突出的如流民、豪强大族、血親復仇等社會問題,亦有學者予以專門關注。② 這些都可視作五一簡研究視域擴展的有益嘗試。

8. 册書復原研究

册書復原的基礎是擁有較多零散且相關的材料,因此在五一簡材料公布的初期,這方面的研究並未開始。《選釋》在公布材料時,雖注意到部分零散但内容相關的簡文有可能屬於同一册書,但限於材料和體例,也僅在注釋中説明某簡與某簡内容或相關,並未從册書的角度展開討論。③ 整理報告第

(接上頁)"君教諾"——讀〈長沙五一廣場東漢簡牘選釋〉札記之一》,簡帛網 2016 年 9 月 26 日。楊芬:《"君教"文書牘再論——以長沙五一廣場東漢簡牘和走馬樓三國吳簡爲主考察》,長沙簡牘博物館編:《長沙簡帛研究國際學術研討會論文集:紀念走馬樓三國吳簡發現二十周年》,上海:中西書局,2017 年。楊頌宇:《從五一廣場出土東漢簡牘試探漢代的"君教"文書》,見黎明釗、馬增榮、唐俊峰編:《東漢的法律、行政與社會——長沙五一廣場東漢簡牘探索》,香港:三聯書店(香港)有限公司,2019 年,第 189—219 頁。修改稿見簡帛網 2020 年 3 月 11 日。汪蓉蓉:《"君教"文書與東漢縣廷治獄制度考論——從長沙五一廣場東漢簡牘説起》,《古代文明》2020 年第 4 期,第 62—72 頁。

① 參朱德貴:《長沙五一廣場東漢簡牘所見商業問題探討》,《中國社會經濟史研究》2016 年第 4 期,第 8—25 頁。張朝陽:《東漢臨湘縣交阯來客案例詳考——兼論早期南方貿易網絡》,《中山大學學報(社會科學版)》2019 年第 1 期,第 78—84 頁;《東漢臨湘的水上市場初考》,簡帛網 2019 年 10 月 23 日。羅小華:《〈長沙五一廣場東漢簡牘選釋〉所見酒價與酒具》,簡帛網 2016 年 1 月 12 日;《〈長沙五一廣場東漢簡牘選釋〉所見奴婢價》,簡帛網 2016 年 1 月 14 日。

② 參蔣丹丹:《五一廣場東漢簡牘所見流民及客——兼論東漢時期長沙地區流動人口管理》,《簡帛研究》二〇一七秋冬卷,桂林:廣西師範大學出版社,2018 年,第 229—238 頁。汪蓉蓉:《五一廣場東漢簡牘所見流民占籍問題及其文書行政》,《簡帛研究》二〇二〇春夏卷,第 270—283 頁。郭文德:《血親復仇抑或豪强欺法?——五一廣場 CWJ1③:169 號東漢木牘考論》,見黎明釗、馬增榮、唐俊峰編:《東漢的法律、行政與社會——長沙五一廣場東漢簡牘探索》,香港:三聯書店(香港)有限公司,2019 年,第 79—94 頁。秦浩翔:《〈長沙五一廣場東漢簡牘〉所見地方大族初探——以屬吏、鄉官姓氏分布爲中心的考察》,簡帛網 2020 年 11 月 25 日。

③ 《選釋》出版之後,陳偉首先對 141 號簡(CWJ1③:193)和 5 號簡(CWJ1①:89-1)進行編聯,認爲二者可連讀。見陳偉:《長沙五一廣場東漢簡牘 141、5 號試讀》,簡帛網 2016 年 2 月 8 日。但二簡實際並不能連讀,已有研究者予以了糾正。見蔡雨萌:《〈長沙五一廣場東漢簡牘〉文書編聯一例》,簡帛網 2020 年 11 月 6 日。另外,在上引學者對案情進行梳理的文章中,也往往會涉及册書的編聯問題,如"元的遺產案""孟負伯錢案"以及兩起"繒帛衣物劫案"等,但其重點在於案情復原,而不是從册書的角度進行編聯和復原。

一至六卷公布之後,研究者才對其中册書復原的情況予以較多的關注。劉國忠率先對"永初四年詔書"册進行了研究。① 周海鋒也對"永初二年詔書""永初三年詔書""由氏兄弟殺人、盜竊案""夏防賄賂董普案""調署伍長人名數書",以及"逐捕不知何人所盜羅捽矛者未能得解書"等多份册書進行了編聯和復原。② 汪蓉蓉、張榮强、張俊毅等對"連道奇鄉受占南鄉民逢定"册書也進行過梳理。③ 有關"朱宏、劉宮臧罪案"册書的復原則成爲研究的焦點之一,先後有多位學者參與討論。④ 這些都表明,五一簡册書復原的研究,在新資料逐漸增多的前提下,已經成爲可能,並越來越受到學界的重視。

綜觀國内五一簡的研究,⑤大約存在以下幾個特點:

---

① 劉國忠:《五一廣場東漢永初四年詔書簡試論》,《湖南大學學報(社會科學版)》2017 年第 5 期,第 10—13 頁。此"永初四年詔書"即下文周海鋒所論之"永初三年詔書"。

② 參周海鋒:《〈長沙五一廣場東漢簡牘〉文書復原舉隅(一)》,簡帛網 2018 年 12 月 26 日;《〈長沙五一廣場東漢簡牘〉文書復原舉隅(二)》,簡帛網 2020 年 4 月 17 日;《〈長沙五一廣場東漢簡牘〉所見永初年間三份詔書淺析》,《簡帛》第二十輯,上海:上海古籍出版社,2020 年,第 251—263 頁;《五一簡"逐捕不知何人所盜羅捽矛者未能得解書"淺析》,《出土文獻》2020 年第 4 期,第 20—23 頁。另外,周海鋒在其他文章中,也對一些册書的編聯提出了意見。見周海鋒:《〈長沙五一廣場東漢簡牘(壹)〉選讀》,簡帛網 2018 年 12 月 26 日;《〈長沙五一廣場東漢簡牘(貳)〉選讀》,簡帛網 2018 年 12 月 26 日。

③ 參汪蓉蓉:《五一廣場東漢簡牘所見流民占籍問題及其文書行政》,《簡帛研究》二○二○春夏卷,桂林:廣西師範大學出版社,2020 年,第 270—283 頁。張榮强、張俊毅:《五一廣場東漢簡"連道奇鄉受占南鄉民逢定本事"文書的復原與研究》,《簡帛研究》二○二○秋冬卷,桂林:廣西師範大學出版社,2021 年,第 305—315 頁。

④ 有關這份册書的編聯和復原情況,《選釋》301 簡注釋中已注意到。第一、二卷出版前,陳劍曾來信告知有多枚簡牘可以編聯。李均明在討論"職務犯罪"時,也曾將與該册書有關的 10 枚簡按順序號排列在一起,見李均明:《長沙五一廣場東漢簡牘所見職務犯罪探究》,《鄭州大學學報(哲學社會科學版)》2019 年第 5 期,第 83—84 頁。張亞偉、曲禎鵬、溫玉冰、崔啓龍等人開始真正從册書角度進行復原。分別見張亞偉:《五一廣場東漢簡"左倉曹史朱宏、劉宮、卒張石、男子劉得本[事]"簡册復原》,簡帛網 2019 年 4 月 30 日;曲禎鵬:《長沙五一廣場"考實倉曹史朱宏、劉宮臧罪竟解書"——兼論東漢"解書"及其相關問題》,山東大學歷史文化學院"山東大學第二屆先秦秦漢史研究生暨青年學者論壇"會議論文,2019 年 4 月;溫玉冰:《朱宏、劉宮臧罪案復原研究》,簡帛網 2020 年 6 月 9 日;崔啓龍:《五一廣場簡"朱宏、劉宮臧罪案"簡册復原再議》,簡帛網 2020 年 6 月 20 日。

⑤ 日本學者對五一簡也有所關注。2010 年至 2017 年的日文研究目録可參看徐暢、高智敏:《長沙五一廣場東漢簡牘整理研究論著目録(2010 年至今)》,《簡帛研究》二○一七秋冬卷,桂林:廣西師範大學出版社,2018 年,第 345 頁。

一、從 2013 年五一簡資料開始公布至今，相關研究並沒有呈現出"井噴"態勢。一方面，雖然自 2018 年起五一簡基本以每年兩卷、公布 800 至 900 枚新資料的速度推進，但發表的材料依然有限；另一方面，當前同時公布的新資料太多，比如清華簡、北大簡、嶽麓簡、安大簡、里耶簡、懸泉簡、走馬樓吳簡等，無一不在分散着學界的關注度和注意力。圍繞層出不窮的新材料，研究者自發地以這些材料爲中心，形成更爲集中的"圈子"，會是近十幾年出土文獻整理研究的常態。

二、由於發表材料較少，從事五一簡研究的人員也並不是很多，因此相關研究既不深入，也不全面。如大多集中在對字詞、事項的考訂方面，基本的文書學意義上的"册書"研究剛剛起步，相關的制度史、社會史的系統研究尚未展開等。只有在不同的層面和角度繼續挖掘，將衆多的"點"，連接成"綫"和"面"，才能全面反映五一簡的價值。

三、相關研究成果較爲"破碎"。這既與簡牘研究的特點以及上述"系統研究尚未展開"的現狀有關，也與網絡平臺的發文方式有關。一些研究者急於發表觀點，但由於考慮不夠縝密，或網上發文無需嚴格的程序和規範，故其論證過程和結論都顯得破碎，也給他人的徵引帶來一定困難。①

第三節　研究對象及內容

五一簡是"散亂"的。根據考古發掘介紹，其所從出的 1 號井與古代取水的生活用井不同，井的深度並未穿透滲水的沙卵石層，"最初的用途可能爲當時官府建築內的儲物窖，廢棄後變成堆積生活垃圾雜物的灰坑"；井內堆積共分 3 層，出土有陶質建築構件、木器以及簡牘三大類，簡牘散亂分布

---

① 關於引用的規範性，我們倡議，在五一簡或其他批次簡牘的研究中，如涉及簡文的編號，建議儘量使用正式報告中簡便的整理號，而不是複雜的出土號或揭剝號，會給自己和他人都帶來便利。

於每層堆積中，未發現成捆成冊分布現象。① 另外，從實際情況看，多枚簡牘都有被火灼燒的痕迹，因此，五一簡極可能是"廢棄"後才被"棄置"於"廢棄"的 1 號井窖之中，所以呈現出"散亂"的狀態。這種情況與墓葬簡保存有較完整冊書的情形不同，與同爲井窖簡的走馬樓三國吳簡如 J22 中的簡牘"擺放有一定的順序，層層相叠，似有意爲之"②的狀況也不相同。

但五一簡中數量最多的竹簡和兩行木簡原本應是可以編聯的，竹簡雖然保存狀況較差，但基本都存有編繩的痕迹；兩行木簡保存狀況較好，編聯的痕迹更爲明顯，一些簡上甚至還可見編繩的實物殘段；一些木牘，如"君教"類木牘，大都分三欄書寫，與竹簡、兩行簡一樣，在上、下各 1/3 簡長處均留有編繩空位，一些木牘在"空位"的左右兩側還有明顯的刻槽。從五一簡的整理情況考察，大部分簡牘原本都應是以"冊書"的狀態存在的，只是現在已全部散亂，看不出原本的面貌。另外，多份已經復原的"冊書"也都證明五一簡是可以成功編聯復原的。

本書主要對五一簡中的一些原本編聯在一起的"冊書"進行復原。由於竹簡的保存狀況較差，因此研究的對象主要集中在對"木兩行"冊書的編聯復原上，對竹簡、削衣、異形簡等則基本捨棄，但對一些與木兩行在內容上有明確編聯關係，或可相互對讀的竹簡和木牘，也予以適當的關注。所謂復原，主要包括冊書的"編聯研究"和"集成研究"。編聯研究，一般是對可以按先後次序排列簡文順序的同一冊書的研究；而集成研究，是指因簡文散亂或缺失嚴重，已無法完全按照原貌排定其簡文順序，如簿籍冊書等，只能按一定的規則如出土號（揭剥號）順序將其暫時排放在一起的研究方式。集成研

---

① 參長沙市文物考古研究所：《湖南長沙五一廣場東漢簡牘發掘簡報》，《文物》2013 年第 6 期，第 9 頁；黃樸華：《前言：長沙五一廣場東漢簡牘概述》，見《長沙五一廣場東漢簡牘選釋》，上海：中西書局，2015 年，第 5 頁。

② 宋少華、何旭紅：《長沙走馬樓二十二號井發掘報告》，見長沙市文物考古研究所、中國文物研究所、北京大學歷史學系編：《長沙走馬樓三國吳簡·嘉禾吏民田家莂》，北京：文物出版社，1999 年，第 7 頁。三國吳簡於 1996 年出土於長沙五一廣場走馬樓古井群 J22 之中，出土時殘存上下兩道編繩痕迹，很多成"坨"竹簡呈現出收捲狀。因此，學界基本認爲走馬樓吳簡應屬於過期檔案被有計劃地"棄存"在 J22 井窖之中。

究的對象可以是同一册書，也可以是不同的册書或多枚單簡，其方法也可以應用在對“同一事項”而非“同一册書”的復原研究之中，爲了研究的需要，可以將内容相同或相關，但形制、書寫形態或有不同的，原本没有編聯在一起的簡牘歸攏在一起進行對讀，從而梳理出較完整的事件本末。本書側重於對“同一册書”的復原，故而將這種“非同一册書”的情況排除在外。

釋文及殘簡綴合是册書復原的基礎。五一簡截至目前共發表了第一至第六卷共 2600 餘枚簡牘的内容，本書除了對已發表簡文進行審讀外，還需對剩餘的 4200 餘枚簡牘，尤其是其中的木質簡牘進行釋讀，並開展拼接綴合工作。

在册書復原的過程中或基礎之上進行綜合研究，是研究中必須開展的另一項内容。本書的綜合研究主要包括對簡牘本體形制和文書樣式即文書的書寫格式、編聯形態、構成要素的分析，對册書的命名、收捲方式、運轉的變化形態以及册書分類存檔等方面的討論，也包括對簡文中一些文字、名物及相關制度方面的研究。由於本書是以册書復原爲目的，因此這些綜合研究不會以專題的形式出現，一般都會融合在對各册書進行復原的進程之中，而相關的較全面的綜合研究和較深入的專題研究，尚待日後另行展開。

第二章　册書結構分類、構成要素及復原方式和步驟

　　五一簡全部有 6862 個編號,個別編號下含有 2 枚或以上尚不確定歸屬關係的殘片,數量較大,以竹簡和木兩行居多,也含有木牘、木簡、合檄、封檢、簽牌、削衣、異形簡等形制。[①] 其中木質諸載體保存相對較好,竹簡則多斷裂、糟朽、變形,纖維素降解嚴重,導致許多文字無法清楚和正確地釋讀。[②] 因此在復原過程中,適合先將主要精力投放在木質簡牘,尤其是木兩行的釋讀、綴合及編聯之上。本書中所謂的册書及其相關考察,也主要是圍繞以木兩行爲主的册書進行的,但對於與木兩行簡有明確編聯關係或可相互對讀的其他形制的簡牘,亦予以了適當的關注。

第一節　册書結構分類

　　關於册書的分類,永田英正曾根據簿籍製作週期的不同,把按照一定時間間隔編制上報的簿書稱爲"定期文書",把定期文書以外的其他官方文書稱爲"不定期文書"。後來他又修正了這種説法,將以日常記録和簿籍爲主

---

① 整理者對在形制上容易混淆的木牘和木兩行、竹簡和竹牘在尺寸上有嚴格的區分:木牘,寬 3.5 釐米以上或長 25 釐米以上;兩行,一般書寫兩行字,長 22～23.5 釐米,厚 0.3～0.6 釐米。竹簡,寬 0.5～1.6 釐米;竹牘,寬 2.4～2.5 釐米。見《湖南長沙五一廣場東漢簡牘發掘簡報》,《文物》2013 年第 6 期,第 9—16 頁。

② 長沙市文物考古研究所曾選取多枚無字的木質和竹質簡牘進行了科學檢測和鑒定,結論是:"簡牘含水率較高,竹簡的含水率相近,糟朽程度相近,木牘的含水率相差較大,糟朽程度相差也較大;纖維素降解嚴重;表面氧化呈深褐色甚至黑色;木牘材質爲杉木,竹簡材質爲剛竹。"參蔣成光:《長沙五一廣場東漢簡牘材質研究》,《湖南省博物館館刊》第十二輯,長沙:嶽麓書社,2016 年,第 569—573 頁。

的定期文書稱爲"簿籍類",將簿籍類之外的原先稱爲不定期文書的其他文書稱爲"文書類"。① 這種基於文書内容的分類,被學界廣泛接受。②

但考慮到文書的内容結構,主要是册書復原實踐中的可操作性,我們嘗試從文書構成的角度出發,提出一種不依照内容分類的、可基本統攝全部文書的分類方法,即將所有的文書册書,分爲"不帶附件的册書"和"帶附件的册書"兩種基本類型。不帶附件的册書,單獨由一段"叙事性文書"構成,帶附件的册書由"叙事性文書"和附件構成。這裏的"叙事性文書",是指文書中申明呈報事項原由和總結呈報内容的這部分文字,可稱之爲"呈文",③它一般會包括呈報的時間、文書責任人、呈報内容、相關的建議或要求等要素。呈文是文書的主體内容,附件必須依附於呈文運行。所謂"呈文",並不特指自下而上的"呈報","呈文"也並非僅存在於自下而上的上行文書之中,這裏把平行文書、下行文書中的具有上述要素的主體内容也都稱爲"呈文",其實質應相當於現代公文中"正文"的概念。根據附件内容的不同,又可把帶附件的册書分爲以"簿籍"爲附件的册書和以"呈文"爲附件的册書。因而,不帶附件的册書,實際就是只有呈文的文書,而帶附件的册書,則包括"簿籍(附件)+呈文"和"呈文(附件)+呈文"兩種類型。必須説明的是,後一種"呈文(附件)+呈文"類型中作爲附件的"呈文",起先也是一份可獨自(或帶附件)運行的文書,只是在這種文書類型中又作爲附件運行而已。

破城子出土的建武三年《城北守候長匡言寫移隧長黨病書》④就是一份

---

① 参永田英正:《居延漢簡研究》,張學鋒譯,桂林:廣西師範大學出版社,2007 年,第 48—49 頁。

② 侯旭東認爲"不定期編制的簿書,加上呈文,構成不定期文書",因此認爲永田原先提出的分類概念更具有涵蓋性。參侯旭東:《西北所出漢代簿籍册書簡的排列與復原——從東漢永元兵物簿説起》,《史學集刊》2014 年第 1 期,第 61 頁注①。

③ 學者對這類"叙事性文書"的稱呼略有不同,日本學者稱之爲"呈送狀""送狀",中國學者稱之爲"正文"或呈文。以上可參侯旭東的相關梳理,見侯旭東:《西北所出漢代簿籍册書簡的排列與復原——從東漢永元兵物簿説起》,《史學集刊》2014 年第 1 期,第 59 頁。本書中採用"呈文"這種稱謂。

④ 關於這份册書最新的圖版和釋文見張德芳主編:《居延新簡集釋(七)》,蘭州:甘肅文化出版社,2016 年,彩圖第 22 頁、紅外第 232 頁、集釋第 456—457 頁。案:由於册書本身無標題,研究者多根據内容提煉標題,或稱《燧長病書牒》(見甘肅居延考古隊:《居延漢代遺址（轉下頁）

以呈文作爲附件的册書。册書文字如下：

> 建武三年三月丁亥朔己丑，城北隧長黨敢言之。/迺二月壬午病加
> 兩脾雍種，匈脅支滿，不耐食_{EPF22·80}飲，未能視事，敢言之。/EPF22·81
>
> 三月丁亥朔辛卯，城北守候長匡敢言之。謹寫移隧長黨/病書如
> 牒，敢言之。今言府，請令就醫。/EPF22·82

此册書由三枚木兩行組成，除批文外，字體一致。前二簡爲城北隧長黨向守
候長匡報病的呈文，但並非黨的呈文原件，後一簡爲守候長匡將此事繼續向
上級候官上報的呈文。“今言府，請令就醫”則爲候官的批示。以文書結構
而言，前二簡原先是單獨運行的“呈文”，但在此册書中則作爲“附件”運行，
後一簡才是册書真正的“呈文”部分。① 這是一份典型的“呈文（附件）＋呈
文”的册書。

　　懸泉遺址出土的“傳車亶舉簿”（Ⅰ90DXT0208②：1—10）②，則是一份以
“簿籍”爲附件的册書。該册出土時兩道編繩尚存，故而多被視作册書復原
的標本。

（接上頁）的發掘和新出土的簡册文物》，《文物》1978 年第 1 期，第 9 頁，圖三六），或稱《建武三年
　　三月城北隧長病書》（見《居延新簡集釋（七）》），但若依五一簡中所見册書的命名規律，此册宜
　　名爲《城北守候長匡言寫移隧長黨病書》。關於五一簡册書的命名情況詳後文標題簡的統計
　　和册書復原的章節。
① “此例所見，EPF22·82 爲正件。EPF22·80、81 爲附屬於正件的抄件。”參李均明、劉軍：《簡
　　牘文書學》，南寧：廣西教育出版社，1999 年，第 160 頁。
② 此册書釋文和圖版最早見於甘肅省文物考古研究所：《敦煌懸泉漢簡釋文選》，《文物》2000 年
　　第 5 期，第 38 頁釋文、第 42 頁圖版。新見於甘肅簡牘博物館、甘肅省文物考古研究所、陝西
　　師範大學人文社會科學高等研究院、清華大學出土文獻研究與保護中心：《懸泉漢簡
　　（壹）》，上海：中西書局，2019 年，上册第 295 頁彩色圖版和釋文，下册第 599 頁紅外圖版和
　　釋文。案：此册書本無題，最早在《敦煌懸泉漢簡釋文選》被稱爲《傳車簿》。後胡平生、張
　　德芳名之爲《傳車亶舉簿》，遂被學界廣泛接受（見胡平生、張德芳：《敦煌懸泉漢簡釋粹》，
　　上海：上海古籍出版社，2001 年，第 85—86 頁）。但若依五一簡中所見册書的命名規律，此册
　　宜名爲《懸泉置嗇夫尊言移傳車亶舉簿》。另，下列該册的簡文基本依整理報告，修訂處則隨
　　文注出。

第一傳車一乘☑ ① ☑ 在 ② 敦煌。☑

　　　　　　☑ 故完，可用。☑

　☑ 乘　　敝可用。☑

第四傳車一乘　　敝可用。☑

第五傳一乘　　　轝完。
　　　　　　　　輪轑敝盡，會楅四折傷，不可用。③ ☑

第六傳車一乘　　轝左軸折。
　　　　　　　　輪轑敝盡，不可用。☑

宣轝一　　　　　左軸折。

宣轝一　　　　　左軸折。

宣轝一　　　　　右軸折。

　　陽朔二年閏月壬申朔癸未，縣泉置嗇夫尊敢言之。謹移傳車＝ ④

宣轝簿一編，敢言之。

---

① 此册書前三簡皆殘，胡平生等人認爲，所缺内容當分别爲"第一傳車一乘""第二傳車一乘""第三傳車一乘"。見胡平生、張德芳：《敦煌懸泉漢簡釋粹》，上海：上海古籍出版社，2001 年，第86 頁。新出的正式整理報告認爲另一個探方的簡I90DXT0209S：34，恰可與該册書第一簡I90DXT0208②：1綴合。經核驗，此簡的字體、木質紋理皆與册書第一簡相合，故將此簡遥綴於此。綴合簡的圖版及釋文見甘肅簡牘博物館、甘肅省文物考古研究所、陝西師範大學人文社會科學高等研究院、清華大學出土文獻研究與保護中心：《懸泉漢簡（貳）》，上海：中西書局，2020 年。

② 先前公布的圖版中，"在"字均被編繩遮擋，故各家未釋，張俊民補作"在"。見張俊民：《〈敦煌懸泉漢簡釋文選〉校補》，《敦煌學輯刊》2001 年第 1 期，第 85 頁。案：張説是，此字圖版作"☒"，從殘筆字形到文意均可從。

③ 第五簡和第六簡中"輪轑"之"轑"字，在最早的《敦煌懸泉漢簡釋文選》中被釋爲"較"，《敦煌懸泉漢簡釋粹》中改釋爲"轑"，正式整理報告亦釋爲"轑"。案：釋"較""轑"皆誤，當釋爲"輬"字。從文意講，"轑"指輪之"輻條"，則簡文"輪轑敝盡"又"會楅（輻）四折傷"明顯重複且矛盾。從字形講，此字圖版分别作"☒""☒"，右旁與"京"草書"☒"形相合。《急就篇》"輻轂轑軸輿輪轑，輻轂輨轄緤緤緤緤"，有傳本"辣"作"轑"。清人畢沅則認爲："俗《急就篇》輿輪轑，一本作轑。案：本爲輬，草書京形近康，故誤。"張傳官也以"輬"爲是。分别見畢沅：《經典文字辨證書》卷五車部，叢書集成初編本，上海：商務印書館，1937 年，第 49 頁；張傳官：《急就篇校理》，北京：中華書局，2017 年，第 306 頁。

④ 查驗圖版，"車"字下確有上下排列的兩個墨點，似"重文號"，但依文意，"車"字不當重文，所以張俊民説"當是轉行號"。見張俊民：《〈敦煌懸泉漢簡釋文選〉校補》，《敦煌學輯刊》2001 年第 1 期，第 85 頁。案："轉行號"在以往出土簡牘中似未見，所以此"重文號"或爲書手順手誤點，在此處應無實際含義。

該册書由 10 枚簡組成,前 9 枚單行書寫的木簡構成册書的"附件"部分,最後 1 枚兩行書寫的木兩行簡爲册書的"呈文",二者共同構成一份完整的"簿籍(附件)+呈文"類型的帶附件的册書。

當然,對於"簿籍"册書而言,以出土實物而論,並不是每一份"簿籍"都有"呈文"。① 這其中約有三種情況,需要分別討論。

首先,對於需要流轉的簿籍,在運行時必然會有呈文。誠如李均明所言:"簿籍等專用文種不具備通行性,當它們需要上送或下傳時,須附着於通行文種,作爲通行文種的附件運行。"② 以目前所見,一方面,存在大量已復原的簿籍和未復原的簿籍散簡及標題,但找不到與之匹配的呈文;另一方面,又有許多帶有"移""寫移"和類似於"右別……如牒"等字眼,明確提示其爲帶有附件的呈文,却無法確定與其相應的簿籍附件。簡言之,這一類需要運行的簿籍,原本一定是有呈文的,只是因簡牘缺失,或研究尚待繼續深入等,暫時無法與其呈文一一對應。所以面對一份只有簿籍而沒有呈文的簿籍册書,往往很難判斷這些簿籍到底是呈文缺失,還是根本就沒有呈文。

其次,和文書的形態相關,草稿、底本甚至副本等形態的簿籍,③ 由於不需要運行,可稱爲"死文書",④ 在理論上,就可能只有簿籍而不需要呈文。以肩水金關出土的編繩尚存的《勞邊使者過界中費》册書爲例,從該册目前的

---

① 一般來説,按日本學界對於"古文書學"的定義,所謂文書必須具備發件人(機構)、收件人(機構)和所傳達的事項三個要素。因此,沒有呈文的純粹的簿籍嚴格來説並不能算是文書。參永田英正:《居延漢簡研究》,張學鋒譯,桂林:廣西師範大學出版社,2007 年,第 266 頁。但由於出土實物中常見有單個的沒有呈文的簿籍,研究者一般都也會將這些簿籍當作"文書"看待。參侯旭東:《西北所出漢代簿籍册書簡的排列與復原——從東漢永元兵物簿説起》,《史學集刊》2014 年第 1 期,第 59 頁正文及注③。

② 李均明:《古代簡牘》,北京:文物出版社,2003 年,第 163 頁。

③ 關於文書草稿、底本、副本、正本之間的界限,由於材料所限,並不是十分清晰,也很難把握。英國學者魯惟一、日本學者藤枝晃、永田英正、大庭脩、角谷常子以及中國學者李均明、汪桂海、邢義田等人都曾有過討論。這些方面的研究成果具體可參邢義田:《漢代簡牘公文書的正本、副本、草稿和簽署問題》,《"中研院"歷史語言研究所集刊》第 82 本第 4 分,臺北:"中研院",2011 年,第 601—604 頁。

④ 爲了方便討論,我們將不以運行爲目的而製作的文書,和無需運行的草稿、底本以及運行結束後進入存檔環節無需再運行的册書都稱爲"死文書"。

樣貌推測,應該是一份僅帶有標題而沒有呈文的簿籍,或許是正式呈報文書簿籍部分的底本,又或是根本不準備運行,僅供查驗而留存的檔案,總之,它不太像是原有呈文,但已與呈文脱離或散失的樣子,應該是一份無需運行的"死文書"。

《永元器(兵)物簿》的情形要相對複雜一些。該册由 77 枚形制大體相同的木簡組成,編繩保存完好,按編繩接續的繩結及高低位置,可判定其所包含的五份獨立的册書大約被分四次連綴而成。永田英正和邢義田均對該册書有過討論。永田認爲此册書的構成"極屬例外",[①]册書是"下級機關作成的簿籍,附上呈送狀以後向上級機關申報",[②]"發信人是廣地南部候長,因此收信人應該是廣地候官"。[③]邢義田也認爲,該册"幾乎不可能是正式文書應有的現象",因此懷疑這份册書是出於某種特殊的目的,從保存的月言簿和四時簿底本中選取需要的部分,分由兩位書手再謄抄一份而編成的"副本"。因爲這份簿册的構成太過例外,"收件者到底是誰? 我以爲仍然待考"。[④] 以上討論之所以認爲該册的構成"例外",前提都是將這份册書有意無意地看成一份"完整"的、以運行爲目的的文書。但無論如何,恐怕沒有任何一個機構會要求製作或接收這樣一份時間跨度較大,内容却又殘缺不全、毫無規律可言的文書,因此,换個角度,從檔案保存的目的來看,這份册書或許只是一份不需再繼續運行的,以存檔爲動機而合併同類事項的"死文書"。文書的製作時間當在所含的最後一份四時簿的時間"永元七年六月"之後,製作者可能是廣地南部候長,也可能是廣地候官,出於檔案保管的目的,他們將幾年來留存的"兵物"簿籍彙編成册,或是由於檔案殘缺,故而只能呈現出這種"例外"的狀態。倘若非要把這份册書當作需要運行的文書,那它只能被看作是沒有呈文的"附件"部分,雖然其所含的五份原本獨立運行的文

---

① 永田英正:《居延漢簡研究》,張學鋒譯,桂林:廣西師範大學出版社,2007 年,第 261—262 頁。

② 永田英正:《居延漢簡研究》,張學鋒譯,桂林:廣西師範大學出版社,2007 年,第 266 頁。

③ 永田英正:《居延漢簡研究》,張學鋒譯,桂林:廣西師範大學出版社,2007 年,第 261 頁。

④ 參邢義田:《漢代簡牘公文書的正本、副本、草稿和簽署問題》,《"中研院"歷史語言研究所集刊》第 82 本第 4 分,臺北:"中研院",2011 年,第 641—647 頁。

書都有各自的呈文和附件，但全册還是缺少總的概括性的呈文。

　　最後，還有一種出於特殊目的製作的"簿籍"，也可能没有呈文。古代墓葬中常出土兩類簿籍，一類是自名爲"某簿"的，一般書寫在寬大的木牘之上，目前所見都没有呈文。如尹灣漢墓出土的《集簿》和《武庫永始四年兵車器集簿》，均書寫在寬大的木牘之上；①天長漢墓出土一塊木牘，A面爲"户口簿"，B面爲"算簿"；②荆州松柏漢墓則出土了更多的簿籍，僅已公布的35號木牘之上就有寫有三種，一面爲"南郡免老簿""南郡新傅簿"，另一面則爲"南郡罷癃簿"。③這類簿籍基本與墓主的履歷有關，可揭示和彰顯墓主的身份與地位。④墓葬中的這種簿籍，無論在墓主生前是否實際運行過，但在墓主死後，由於不以運行爲目的，實際也是"死文書"，自然無需呈文。

　　另一類爲記録隨葬品清單的木牘或册書，主要稱爲"遣策"或"衣物疏"，⑤有的有呈文，有的則無呈文。如湖北江陵鳳凰山漢墓M10中出土的一方木牘，先逐條記録隨葬"衣器物"，其後有一段"敢告地下主"的叙事性文字，⑥侯旭東將後一段文字視爲呈文，而將隨葬品清單的部分稱爲附件。並説："這種排列方式甚至到十六國北朝乃至唐初的墓葬中的'隨葬衣物疏'還是如此。目前所見的很多都是先列的隨葬品清單，後附移文。"⑦

　　在以往的研究中，學界一般將鳳凰山M10這塊木牘中"敢告地下主"的這種叙事性文字，稱爲"告地書（策）"，而將其前記録隨葬品的名籍稱爲"遣

---

① 連雲港市博物館、東海縣博物館、中國社會科學院簡帛研究中心、中國文物研究所：《尹灣漢墓簡牘》，北京：中華書局，1997年，第77—78、103—118頁釋文，第13、17頁圖版。

② 該牘編號爲M19：40-1，見天長市文物管理所、天長市博物館：《安徽天長西漢墓發掘簡報》，《文物》2006年第11期，第11、16頁釋文，第14頁圖二三、二四。

③ 荆州博物館：《湖北荆州紀南松柏漢墓發掘簡報》，《文物》2008年第4期，第29—32頁釋文，圖版見封二1、2。

④ 還有一些簿籍，雖無自名，但也與此相關。如尹灣漢墓中的整理者擬名的《贈錢名籍》等。

⑤ 參寶磊：《漢晉衣物疏集校及相關問題考察》之《緒論》第一節《漢晉衣物疏的界定》，武漢大學博士學位論文，2016年，指導教師：陳偉，第1—3頁。

⑥ 參湖北省文物考古研究所編：《江陵鳳凰山西漢簡牘》，北京：中華書局，2012年，第89—91頁。

⑦ 以上參侯旭東：《西北所出漢代簿籍册書簡的排列與復原——從東漢永元兵物簿説起》，《史學集刊》2014年第1期，第72頁正文及注⑦。

策",尤其是在告地書和隨葬品名籍分開書寫的情況下。以此而言,侯旭東實際討論的是告地書(呈文)和遣策或衣物疏(附件)同書於一牘的情況下二者之間的關係。而德國學者傅敏怡(Michael Friedrich)則根據告地書和遣策之間可關聯的内容及出土時的相對位置,集中考察了分開書寫的告地書和遣策之間的關係,認爲"幾乎所有的告地書在某種程度上都與隨葬品和遣策有關聯,這也就印證了紀安諾(Enno Giele)的推斷,即告地書最初是作爲隨葬品的封面"。① 這種考察在文書學上的關鍵意義是爲分別書寫的獨立成簡的告地書和獨立成册的遣策之間建起了一種内在的聯繫。因此,我們可比對現實中通行的文書格式,在邏輯上將告地書視爲"呈文",將只記録各種名籍的遣策視爲"附件",從而將原本分開書寫的告地書和遣策關聯起來,視作一份完整的册書。江陵高臺 M18 出有甲、乙、丙、丁四方木牘,甲爲封函、丙爲呈文(告地書)、乙爲死者的户籍材料,可視爲附件之一,丁則爲記録隨葬品名録之遣策,也爲附件之一,四牘可視爲一份完整的文書。② 江陵鳳凰山 M168 也出土告地書竹牘一枚,遣策竹簡 66 枚,雖然竹牘上似無可編聯的痕迹,但也不影響從邏輯上將這兩部分看作是一份完整的册書。③ 荆州謝

---

① "遣策和'告地書'出土的時候連接在一起,並存於三座墓葬之中,如鳳凰山 10 號墓的遣策内容和'告地書'是寫在同一塊木牘上;謝家橋 1 號墓的遣策和'告地書'裝在同一個絲袋中;高臺 18 號墓則是和三塊木牘綁在一起,其中一塊寫的是接收人的地址,另一塊則是人物清單,與'告地書'中出現的人物相同,最後一塊則是遣策。這種現象不應當僅僅是巧合就可以解釋的。在鳳凰山 168 號墓中,遣策和'告地書'放置在槨室的邊廂,其中還有一些遣策的散簡,這些散簡原來應該是和'告地書'放在一起的。毛家園 1 號墓中遣策和'告地書'的放置位置仍不清楚。孔家坡 8 號墓中没有發現遣策,但是其中六個奴隸,一架有華蓋的馬車,三匹馬的數字記録與'告地書'中的記載相符合。只有胡場 5 號墓和馬王堆 3 號墓的'告地書'没有與遣策直接連在一起,胡場 5 號墓没有遣策,而馬王堆 3 號墓的'告地書'則與遣策在空間上分隔。"參傅敏怡(Michael Friedrich):《論馬王堆 3 號漢墓"告地書"》,李婧嶸譯,《湖南大學學報(社會科學版)》2010 年第 4 期,第 46 頁。

② M18 出土 35 甲、乙、丙、丁木牘"出土時 4 塊木牘基本疊置,略有錯位,其中,甲在上,丁在下,乙與丙居中且正面相向而疊,丙疊於乙之上,背面可見絲綢捆縛痕迹"。參湖北省荆州地區博物館:《江陵高臺 18 號墓發掘簡報》,《文物》1993 年第 8 期,第 16—19 頁。黃盛璋認爲四牘爲一個整體,之所以將遣策放在告地書之後,"當包含有一同告地下之意"。參黃盛璋:《江陵高臺漢墓新出"告地策"、遣策與相關制度發覆》,《江漢考古》1994 年第 2 期,第 41—44 轉26 頁。又黃盛璋:《雲夢龍崗 6 號秦墓木牘與告地策》,《中國文物報》1996 年 7 月 14 日。

③ 參湖北省文物考古研究所編:《江陵鳳凰山西漢簡牘》,北京:中華書局,2012 年,第 181—205 頁。

家橋西漢墓 M1 出土有告地書竹牘 3 枚,遣策 208 枚,竹牘和遣策上均有編繩痕迹。牘文中有"牒百九十七枚"之語,而遣策竹簡中正好有 197 枚用來記録具體的隨葬物品,另 11 枚則爲分類統計簡。① 江陵毛家園 1 號漢墓的情形與此相類似,告地書木牘云"今牒書所與徙者七十三牒",而遣策竹簡共 74 枚,劉國勝推測其中 1 枚當爲"小結"簡,二者當可編册。② 另外,馬王堆三號墓出土有"告地書"和遣策,陳松長認爲原定爲"告地書"的木牘,實際是主持葬儀"讀賵驗對"的實用文書,③而李家浩則通過對關鍵字詞的改釋,認爲此牘仍爲虛擬的告地書。④《長沙馬王堆漢墓簡帛集成》即將此告地書木牘排在遣策的最前面,當是視二者爲一個整體。⑤ 這些告地書和遣策共出的情況均可證明,二者在内容上相關,甚至在形式上亦可編聯,可構成一份附件和呈文皆備的完整册書。

以上是遣策簿籍附件有呈文即告地書的情況,但也存在只有附件名籍而無告地書的情況。以可編聯"遣策"册書而論,江陵鳳凰山西漢墓群中,M8 出土 176 枚(含殘簡)竹簡,就是只有各類器物的"名籍",而没有告地書呈文;⑥

---

① 謝家橋告地書和遣策出土時"包裹在灰褐色蒲草内放置於東室,保存完好。⋯⋯簡牘均呈黄色,質軟,墨書於篾黄一面,約在整長的三分之一和三分之二處有兩道繩編"。參荆州博物館:《湖北荆州謝家橋一號漢墓發掘簡報》,《文物》2009 年第 4 期,第 41 頁,部分遣策竹簡和 1 號竹牘圖版見第 36 頁圖二二、圖二三。三枚竹牘圖版見楊開勇:《謝家橋 1 號漢墓》,《荆州重要考古發現》,北京:文物出版社,2009 年,第 191 頁。劉國勝也注意到此告地書和遣策的關係,他説"至於'牒百九十七枚'的遣策,也有可能用作告地書正文的附件"。見劉國勝:《謝家橋一號漢墓〈告地書〉牘的初步考察》,《江漢考古》2009 年第 3 期,第 121 頁。
② 參劉國勝:《讀西漢喪葬文書札記》,《江漢考古》2011 年第 3 期,第 117 頁。此牘圖版和釋文見湖北省博物館編:《書寫歷史——戰國秦漢簡牘》,北京:文物出版社,2007 年,第 75 頁。
③ 詳參陳松長:《馬王堆三號漢墓木牘散論》,《文物》1994 年第 6 期,第 64—70 頁;陳松長:《馬王堆三號漢墓紀年木牘性質的再認識》,《文物》1997 年第 1 期,第 62—64 轉 61 頁。
④ 李家浩:《毋尊、縱及其他》,《文物》1996 年第 7 期,第 89—90 轉 74 頁。
⑤ 參裘錫圭主編,湖南省博物館、復旦大學出土文獻與古文字研究中心編纂:《長沙馬王堆漢墓簡帛集成》,北京:中華書局,2014 年,第六册第 227 頁《三號墓竹簡遣策釋文》,第二册第 258 頁圖版 1 號。按一般帶附件的册書的體例,呈文應該排在册書末尾。
⑥ 這批簡的内容爲"遣策",記載隨葬品的名稱、質地和數量,有的簡頂端畫一橫道,下書"右方⋯⋯籍"。這批簡出時,自然分爲兩堆,衣物簡爲一堆,其他器物簡爲另一堆。從相互叠壓的情況觀察,原簡是卷束在一起的。簡上殘留有編繩,上下各一道,但已散亂。參湖北省文物考古研究所編:《江陵鳳凰山西漢簡牘》,北京:中華書局,2012 年,第 13—59 頁。

M9 出土 69 枚竹簡,從内容看,可分爲六組,分別記木俑及車(馬)俑、漆木器、竹器等名目,也當爲没有呈文的遣策;[1]M167 出土 74 枚木簡,爲一卷完整的遣策,亦無呈文。另外,書寫於大木牘之上,如廣西貴縣羅泊灣一號漢墓出土的《從器志》、[2]尹灣漢墓 M6 出土的《君兄衣物疏》《君兄繒方緹中物疏》《君兄節司小物疏》及 M2 出土的《衣物疏》也僅爲隨葬物品名籍,並無類似於告地書的呈文。[3] 至於只有告地書呈文而無遣策名籍的情況則少見,也相對特殊一些,如隨州孔家坡漢墓只見"告地書"木牘,未有具體的隨葬名籍出土,但牘文中間部分記有奴婢的人數,以及車、馬的數量,且與出土實物相合,[4]因此,與鳳凰山 M10 中出土的那方木牘"衣物疏"相比,此告地書其實只是將隨葬品名籍擇要融入了呈文。胡場 5 號墓有"告地書",無隨葬品名籍,但有一枚僅在右下角書有"傷(喪)人各隋其實"六字的木牘,簡報認爲"其具體物品見同出的木簽、木觚所載"。[5] 故而亦可看作是將附件的名籍部分省略而已。

總之,墓葬中的這兩類文書,不管是可自名爲"某簿"的這些無需運行的文書,或者是虚擬的以期在陰間運行的"告地書(策)"及其附件名籍,它們在文書的類型和構成上,與現實通行的文書基本完全相同。

基於以上主要對漢代通行文書以及墓葬文書結構的分析,可明確文書册書在結構上可分爲帶附件的册書和不帶附件的册書兩種類型,帶附件的

---

① 參湖北省文物考古研究所編:《江陵鳳凰山西漢簡牘》,北京:中華書局,2012 年,第 61—78 頁。

② 廣西壯族自治區文物工作隊:《廣西貴縣羅泊灣一號墓發掘簡報》,《文物》1978 年第 9 期,第 34 頁釋文,圖版肆 3 號木牘(M1∶161)。

③ 連雲港市博物館、東海縣博物館、中國社會科學院簡帛研究中心、中國文物研究所:《尹灣漢墓簡牘》,北京:中華書局,1997 年,第 129—132、151—152 頁釋文,第 23、24、74 頁圖版。

④ 湖北省文物考古研究所、隨州市考古隊:《隨州孔家坡漢墓簡牘》,北京:文物出版社,2006 年,第 197 頁釋文及注釋。

⑤ 參揚州博物館、邗江縣圖書館:《江蘇邗江胡場五號漢墓》之"文告牘""喪葬物品牘"圖版、摹本及釋文,《文物》1981 年第 11 期,第 17—18 頁。黄盛璋:《邗江胡場漢墓所謂"文告牘"與告地策謎再揭》,《文博》1996 年第 5 期,第 54—59 頁。田天認爲"傷(喪)人各隋其實"之中的"隋"不當按《簡報》讀爲表祭品的"隋",而應讀爲"隨"。參田天:《江蘇邗江胡場五號漢墓木牘的再認識》,《出土文獻》第三輯,上海:中西書局,2012 年,第 298—299 頁。

册書又可分爲以簿籍爲附件的册書和以呈文爲附件的册書兩種亞型。另外,簿籍類册書在某些特殊的情況下,也可能無需呈文,而僅以簿籍形式單獨存在。這樣的分類方法和認識,對於認識文書的結構大有幫助,也更有利於册書復原具體實踐的順利展開。

第二節　册書構成標誌要素及相關考察

對五一簡而言,不管在哪種類型的册書中,首簡、尾簡和標題簡作爲册書標誌性的、重要的組成部分,無論在書寫格式上還是語言風格上都極具特色,因此,在實踐中還是比較容易就能從大量散亂的簡牘中將它們分別出來。另外,在形制上和册書兩行簡區分明顯的簽牌(木楬),雖然産生在册書的存檔環節,不屬於運行中册書的組成部分,但其内容卻往往和册書密切相關。因此,通過對這些具有鮮明特徵的首簡、尾簡、標題簡以及簽牌進行調查,就能對五一簡册書的類型、内容、數量等基本情況有宏觀的把握。爲了方便文意解讀,也需要對要考察的相關簡文進行標點,但由於簡文殘損,缺乏上下語境,下列對多枚散簡的標點,有時並不十分準確。

一、首簡

所謂"首簡"和"尾簡"是一個相對的概念,並不是絕對指册書的第一枚和最後一枚簡,而是指一個相對獨立和完整的叙事文書的開頭和結尾。對於不帶附件的"叙事性文書"即只有"呈文"的册書而言,"首簡"和"尾簡"一般是册書的第一枚簡和最後一枚簡。但對於有附件的册書而言,由於附件一般排在呈文之前,情況則要複雜一些:如附件是不能單獨運行的"簿籍",那麼"首簡"和"尾簡"是指排在後面的"呈文"部分的第一枚簡和最後一枚簡;如附件也是"叙事性文書",即該册書實際是由兩份"叙事性文書"組成,那麼在"呈文"和"附件"部分則會各存在一個"首簡"和"尾簡"。因此,在進行册書首簡、尾簡調查的時候,要注意區分"呈文"部分之"首簡""尾簡"和"附件"部分之"首簡""尾簡"的不同。而同爲"呈文"部分的首簡、尾簡,帶附件和不帶附件,可能在表述結構上也會有一些細小的差別。

1. 只有呈文的册書首簡

作爲不帶附件的一般叙事性文書,其首簡一般兩面書寫,A 面書寫的内容一定包括:時間(紀年＋月份＋月朔＋具體日期)＋責任人(多人)＋叩頭死罪敢言之＋具體事項。很多情況下會出現"文書中套用文書"的現象,即在"具體事項"中引用其他文書,如"府書""廷書"等。B 面則一定會對文書主要責任人的用印情況加以説明,並預留出收文時間及收件人等待補充信息的位置。如一般會按固定格式,上欄右行寫"文書主要責任人(身份＋姓名)名印",左行寫"某月　日　郵人以來",中欄寫"史　白開"等字樣。見表1。此"名印"一般會和 A 面責任人一致,但也偶有用他人"名印"的情況存在,如簡 1421,A 面報告人爲"兼左部賊捕掾副",B 面記録的印文則爲"兼左部賊捕掾陽"。

表 1　不帶附件的呈文的首簡情況統計

序號	釋　　　　文
1	永初三年八月戊午朔十六日癸酉,待事掾副叩頭死罪敢 ☑ /廷移府書曰: 男子袁立自言,麎亭長王固捕得賊殺人　　☑ /88A 待事掾尹副名印 八月　日　郵人以來　　　史　白開　　☑ /88B
2	永初二年七月乙丑朔廿七日辛卯,北部賊捕掾向、游徼汎叩頭死罪敢言之。廷下/詔書曰:告[司]①隸校尉、部刺史,甲戌詔書:罪非殊死,且勿案驗,立秋如故/128A 北部賊捕掾烝向名印 七月　日　郵人以來　　　史　白開/128B
3	廷移府書曰:言考實男子由夷殺妻,廥(?)捕得,物故。姦詐。盡今失期, ☑ /129A 兼北部賊捕掾江酆名印　　史　白開　　☑ /129B②

---

① "告"下應脱"司"字。

② 此簡左右縱裂,僅存其半。整理報告注:"物故"或可釋爲"拘校"。

（續表）

序號	釋　　　文
4	……死罪敢言之。/……考問……齋,辟皆曰:/141A 左部賊捕殷崇名印　　　史　白開/141B①
5	永初二年三月丁卯朔**廿七日癸巳**,□鄉□□□□□□□□□□□叩頭死罪 敢言之。/**廷移府**、連道**書**……/201A ……/201B②
6	永初元年正月癸酉朔廿日壬辰,東部勸農賊捕掾遷、游徼尚、駟望亭長范 叩頭死罪敢言之。/廷書曰:言男子吳輔鬬傷弟妻廉,亡,逐捕有書。輔以 微辨賊傷廉,所犯無/230A 東部勸農賊捕掾黃遷名印　　　史　白開/230B
7	……□/廷移府記曰:女子隗好自言,同(略)□/329+5778A③ 守史陳勝名印　　　史　白□/329+5778B
8	永初二年五月丙寅朔十八日癸未,直符右倉曹史豫叩頭死罪敢言之。/廷書 曰:女子雷旦自言,夫良前爲廣亭長,他坐殼獄。書佐張董從良少夏防/341A 兼右倉曹史謝豫名印　　　史　白開/341B 五月　　日　　郵人　以來

① 一般書寫格式爲"郵人以來",此處"郵人"後有空位,當是爲填寫郵人姓名所留。

② 此簡字迹漶漫,大多不可辨識,原釋文漏誤較多。"永初二年三月丁卯朔"可以肯定,其下已釋出日期對應的地支"巳"字。查朔日表,符合條件的有"十五日辛巳"和"廿七日癸巳",殘筆日期的第二個字有較長的橫畫,不似"五"字,與"七"的橫畫較吻合,所以此處的日期很可能是"廿七日癸巳"。"叩頭"之上原釋"惶恐"二字,不合文例,此簡爲呈文的首簡,所以此處的字當爲從"心"旁的人名,不當爲尾簡才會出現的"惶恐"二字。左行"廷移府連道書"原釋爲"廷□□連道言",根據彩色圖版字形可補"移府"二字,相似的文例有簡1671"廷移府羅書曰",因此,原釋的"言"字也當改釋爲"書"字。另外,本簡的背面也亦應有字,惜已完全磨滅。

③ 此爲新綴合。A面右行可據B面内容補"守史勝叩頭死罪敢言之"諸字。

序號	釋　　　文
9	永初二年閏月^①乙未朔四日戊戌，東部郵亭掾茂叩頭死罪敢言之。/廷移 府記曰：男子石官自言，同丘男子區伯、伯子男儀以今年四月中，共/381A 東部郵亭掾張茂名印 閏月　日　郵人以來　　　史　白開/381B
10	永初四年正月丙戌朔十八日癸卯，東部勸農賊捕掾酆、游徼虁叩頭死罪敢 言之。廷下/詔書曰：比年陰陽鬲并，水旱饑饉，民或流冗，蠻夷猾夏，仍以 發興，姦吏/412A 東部勸農賊捕掾王酆名印 正月　　日　　郵人以來　　　史　白開/412B
11	永初二年七月乙丑朔十九日癸未，桑鄉守有秩牧，佐躬，助佐鮪、种敢言 之。廷下/詔書曰：甲戌詔書：罪非殊死，且勿案驗，立秋如故。去年雨水 過多，穀傷民/414A 桑　鄉　小　官　印 七月　日　郵人以來　　　史　白開/414B
12	永元十六年十月丁亥朔廿日**戊午**，^②南部游徼栩、柚、州，例游徼京，緪溪例 亭長福叩頭死罪敢言之。/廷前以府唐掾書，陰微起居逐捕殺獨櫟例亭 長、盜發冢者男子區義，/426A 南部游徼張栩名印 十月　日　郵人以來　　　史白開/426B
13	永元十四年六月庚午朔廿四日癸巳，長賴鄉嗇夫競，助佐封、昌叩頭死罪 敢言之。/廷移府書曰：男子由商自言，蠻夷越薅長由意、意弟舒殺商季父 □，亡。會/537+786A 長賴鄉嗇夫彭競名印 六月　　日　郵人以來　　　史　白開/537+786B
14	永元十六年六月戊子朔廿八日乙卯，廣亭長暉叩頭死罪敢言之。前十五 年男子由併，殺桑鄉男子黃徽，匿，不覺。併同産兄肉復盜充丘男子唐爲 舍。今年三月不處/664+542A 廣亭長毛暉名印 六月　日　郵人以來　　　史　白開/664+542B

---

① 永初二年閏七月小。
② 本簡紀年中，“廿日”對應的干支應是“丙午”。

（續表）

序號	釋　　　文
15	永初三年八月戊午朔八日甲子，①東部賊捕掾陽、游徼范、杅亭長郁叩頭死罪敢言之。/廷書：效功亭長龔均捕得傷李𦬒者吳統。書到，亟考實辦狀，正處/1383A 東部賊捕掾連陽名印　　　史　白開/1383B 八月　日　郵人以來
16	永初三年四月庚申朔四日癸亥，兼左部賊捕掾副、游徼虎、庚亭長盖叩頭死罪敢言之。前/言人事書：男子郭初寄在張少舍，匿不出，疑姦人，輒收 考實姦情，正/1421A 兼左部賊捕掾陽名印②　　　史　白開/1421B 四月　日　郵人　來③
17	永元十五年十月壬辰朔廿二日癸丑，北部賊捕掾休、游徼相、長賴亭長勤叩頭死罪敢言之。/廷移府、羅書曰：蠻夷男子周賢當爲殺益陽亭長許宮者，文齏、齎子男洞、倉等要證/1671A 北部賊捕掾陳休名印　　　史　白開/1671B 十月　日　郵人以來
18	永元十五年正月丁酉朔十九日乙卯，兼左部勸農賊捕掾馮、游徼蒼、御門亭長元叩頭死罪敢言之。/廷書曰：言考男子羅捽以矛刺陳綏，凡創九所，綏以捽辜物故。捽持矛亡，之南鄉前竹中，棄/1719A 兼左部勸農賊捕掾秦馮名印　　　史　白開/1719B 正月　　日　　郵人以來
19	延平元年七月丙子朔十五日庚寅，北部、桑鄉賊捕掾綏、竝，游徼戎、厚，廣亭長封、肥例亭長暘叩頭死罪敢言之。男子謝光與弟奉，奉射肥例亭長謝暘馬，光刺暘，奉/1752＋1755A 北部賊捕掾李綏名印④　　　史　白開/1752＋1755B 七月　日　郵人以來

① 本簡紀年爲"永初三年八月戊午朔八日甲子"，本月"七日"爲"甲子"，"八日"爲"乙丑"，所以簡文中"八日"和"甲子"必有一誤。

② 本簡中文書責任人爲"兼左部賊捕掾副"，但B面用印却爲"兼左部賊捕掾陽名印"，這與一般文例不符。此"陽"應指"連陽"，此處不似誤書，或爲副暫時用連陽的印信以行文書事。

③ "來"字前或脱"以"字。

④ 本簡左上角缺失，根據後文，A面左行上端可補"長暘叩頭"四字；B面右行上端可補"北部賊捕"四字。他簡中元興元年有"北部賊捕掾李綏"。

序號	釋　　文
20	永元十七年二月乙酉朔廿一日乙巳，右部勸農賊捕掾悝、游徼光、市亭長則叩/頭死罪敢言之。帶肆女子陳任詣則告，辤：履所有青絲苙之市，解置肆前/₂₁₇₂A 右部勸農賊捕掾向悝名印 二月　　日　　郵人以來　　　　史　　白開/₂₁₇₂B
21	永初四年七月癸未朔四日丙戌，臨湘鄉嗇夫范，助佐朗、崇敢言之。廷下/詔書曰：大司農□言：東園掾翔、護漕掾浩①、守大倉令給事謁者郎中興、領橐官令/F315A、《選釋》28A 臨　湘　鄉　小　官　印 七月　　日　郵人以來　　　　史　　白開/F315B、《選釋》28B
22	永初元年八月庚子朔廿一日庚申，廣成鄉有秩呑②、佐种、助佐賜叩頭死罪敢言之。/廷移府記曰：男子王石自言，女子溏貞以永元十四年中，從石母列貸錢二萬，未/F325-1-45A、《選釋》106A 廣　成　鄉　印 八月　　日　郵人以來　　　　史　　白開/F325-1-45B、《選釋》106B
23	延平元年二月己酉朔廿七日乙亥，左部勸農賊捕掾浩、游徼興、庚門③亭長栩叩頭死罪敢言之。/廷書：男子樊柱自言，與姊醜爭財物，醜母物故，父孟御所有婢財産柱/F325-1-54A、《選釋》107A 左部勸農賊捕掾毛浩名印 二　　月　　郵人以來　　　　史　　白開/F325-1-54B、《選釋》107B
24	永元十六年六月戊子朔七日甲午，南鄉有秩踊、助佐普叩頭死罪敢言之。/廷書曰：安成男子區意自言，故小武陵鄉佐孫倉以永元十四年/F325-1-105A、《選釋》50A 南　鄉　小　官　印 六月　　日　郵人以來　　　　史　　白開/F325-1-105B、《選釋》50B

---

① "浩"字原釋爲"洛（?）"。據圖版改。

② 此字不識，爲上"天"下"右"，用作人名。

③ "門"字，《選釋》釋爲"勹"字。據文例及圖版改。

（續表）

序號	釋　　文			
25	永元十六年十月丁亥［朔］①十四日庚子，庚亭長綱叩頭死罪敢言之。/廷書曰：男子張仲證告②劉□忍有舅父王敬宅。敬姊子丁伯舜：敬、仲亡，不詣遷所。敬/F325-4-54A、《選釋》68A 庚亭長樓綱名印 十月　日　郵人　來　　　　　史　　白開/F325-4-54B、《選釋》68B			
26	永初二年閏月③乙未朔廿八日壬戌，領訟掾充、史淩叩頭死罪敢言之。女子王劉自言：/永元十七年四月不處日，劉夫盛父諸，令盛贖母基持劉所有衣凡十一種，從/F325-5-9A、《選釋》70A 領訟掾葛充名印 閏月　日　郵人以來　　　　　史　　白開/F325-5-9B、《選釋》70B			
27—30	（略）/2628A、B	（略）/2631A、B	（略）/2650A、B	（略）/2899＋3876＋4406A、B
31—34	（略）/3094＋5554A、B	（略）/3240＋3394A、B	（略）/4795A、B	（略）/4833A、B
35—38	（略）/4876A、B	（略）/5166A、B	（略）/5248A、B	（略）/5373A、B
39—42	（略）/5779A、B	（略）/6090A、B	（略）/6133A、B	（略）/6153＋6139A、B
43—46	（略）/6142A、B	（略）/6144A、B	（略）/6146A、B	（略）/6605A、B
47—50	（略）/6616A、B	（略）/6657A、B	（略）/6672A、B	（略）/6781A、B
51—54	（略）/6783A、B	（略）/6843＋6809＋6838A、B④	（略）/F316A、B	（略）/F325-1-4A、B
55—58	（略）/F325-1-24A、B	（略）/F325-1-75A、B	（略）/F325-1-81A、B	（略）/F325-1-102A、B
59—62	（略）/F325-1-116A、B	（略）/F325-2-18A、B⑤	（略）/F325-3-40A、B	（略）/F325-4-12A、B
63—66	（略）/F325-4-16A、B	（略）/F325-4-20A、B	（略）/F325-5-3A、B	（略）/F325-74A、B
67—68	（略）/6770A、B⑥	（略）/F325-60A、B⑦		

① 按文例，本簡紀年中"丁亥"後脱"朔"字。

② 按殘字形及文例，此字當爲"告"字。

③ 永初二年閏七月小。

④ 此簡B面似有墨迹，或爲習字簡。

⑤ 此爲殘段，A面似無字。

⑥ 此簡B面無字，可能已磨滅。

⑦ 此簡B面恰缺失上段有字部分。

根據以上信息,可確定例 1 至例 66,都具有不帶附件的呈文首簡的格式,其中例 52 可能爲"習字簡",另外例 67 至例 68 雖爲殘簡,但從其殘存的文字内容和殘缺的位置判斷,也極有可能符合這樣的格式。也就是説,在全部五一簡中,除去例 46 習字簡外,應該至少存有 67 枚左右文書的首簡,其代表的含義,是五一簡中應存在 67 份左右不帶附件的一般叙事性文書或文書的片段。

2. 帶附件的呈文部分的首簡

這一部分文書的首簡,可以主要通過"寫移書"類册書的情况,並結合其他帶有附件的呈文的情况來考察。"寫移書"類呈文一般都帶有明顯的"謹寫移""謹移"等字眼,表明其前,也就是呈文的右邊還帶有附件,即"寫移"的具體内容。而其他帶有附件的呈文,則會有"右……如牒"等類似字眼對附件的情况予以提示。見表 2。

表 2　帶附件的呈文部分的首簡情况統計

序號	釋　　　　文
1	……長沙大守審丞虞告中部督郵書掾常,**謂**臨湘**寫移**。書/……辟有增異,正處,關副言,會月廿日,如南郡府書/₁₁₄₊₁₀₅①
2	延平元年十月乙巳朔八日壬子,兼獄史封、行丞事永叩頭死罪敢言之。/**謹移**案診男子劉郎大奴官爲亭長董种所格殺爰書、象人一讀。/₁₂₃
3	三月七日辛未,長沙大守審丞虞告兼賊曹掾崇,史信,中、東、西部勸農掾、督郵/書掾常、良、黨,上湘賊捕掾康、督盜賊綏,謂臨湘、醴陵、攸、酃、湘南**寫移**/₃₅₅₊₃₅₇
4	七月一日庚子,連道長均守丞叩頭。**移**/臨湘**寫移**。書御,唯令史白長吏,部其鄉吏明削除/_{384A} 已/_{384B}
5	正月十四日戊辰,攸長豹丞种叩頭。**移**/臨湘**寫移**。書御,令史白長吏,詳自推處逐捕除等,如詔書/₄₀₇

① 此爲新綴合。簡 114 的揭剥序號應爲 106-1,整理報告誤爲 160-1。

（續表）

序號	釋　　文
6	二月八日丙辰，長沙大守兼中部勸農督郵書掾育有案問，**寫移**/臨湘。書到，亟考實姦詐，明正處，言府，關副在所，會月十五日。毋妄拘毄/₆₀₀
7	二年正月八日丙戌，長沙大守審丞當告兼賊曹掾湯、史安、兼中部勸農督郵書掾育，/**謂**臨湘**寫移**。案：縣前言□等亡錢三千，今言三千四百，自多四百，湯、安及故督郵信、竟/₆₉₄
8	元興元年十一月庚辰朔十七日丙申，長沙大守中部案獄掾豐有案問，**移**/臨湘。民自言，辟**如牒**，諦如辤。倉部吏追捕受取民錢物衆多狼藉，詔/₁₅₀₇
9—11	（略）/₃₂₅₀ 　　（略）/_{4863＋4892} 　　（略）/₅₁₆₉
12	永元十五年十一月壬戌朔十八日己卯，左部賊捕掾宫、游徼饒、庚亭長扶叩頭死罪/敢言之。**謹移**男子袁常失火所燔燒民家及官屋名直錢數**如牒**。前以處常/_{1286＋996A} 左部賊捕掾殷宫名印 十一月日郵人以來　　史　白開/_{1286＋996B}
13	（略）/₂₆₄₉
14	六月十七日辛亥，①臨湘令守丞宫叩頭死罪敢言之。中部督郵/掾費掾治所，**謹寫言**。宫惶恐，叩頭叩頭死罪死罪敢言之。兼掾陳暉、兼令史陳昭、王賢/_{682A} 臨　湘　丞　印　　待吏　白開/_{682B} 六月　日　郵人以來
15	延平元年九月乙亥朔卅日甲辰，兼行丞事弘、兼獄史良叩頭死罪。**謹移**象人、爰書一**檀**，敢言之。/_{1854＋3085＋1098A} 兼行丞事區弘名印　　史　白開/_{1854＋3085＋1098B} 十月　日　郵人以來
16—17	（略）/_{5698＋5697} 　　（略）/₆₂₃₇
18	永初三年正月壬辰朔　日　，②臨湘令丹守丞皓敢言之。**謹移**耐罪/大男張雄、舒俊、朱循、樂竟、熊趙辤狀**一編**，敢言之。/_{437A} 　掾祝、商，獄助史黃護/_{437B}

---

① 永初二年六月十七日爲辛亥。
② 此處缺待填寫的具體日期和對應的干支。

（續表）

序號	釋　　　　　文
19	十一月九日乙未，長沙大守渡行丞事、益陽守長信，**謂**臨湘**寫移**。書到，實核，正/處。如前會日，南郡府書、律令。　掾珍、守属競、書佐條 　　十一月十日發/576
20	閏月十五日庚辰，長沙大守中部勸農督郵書掾邸、待事史佑督察，有案問，**寫移**/臨湘。書到，實核，正處，言府，關副在所，會麥秋後五日，如律令。　閏月十六日開/666+674
21—24	（略）/5268+5250　　（略）/5624　　（略）/6058　　（略）/6085
25	☐言之。**謹移**☐/☐☐敢言之。　☐/2509
26	（略）/6739
27	（略）/F325-5-48
28	九月四日己丑，邸長丞融叩頭。**移** 臨湘**寫移**。今遣住兄叔山及少，齎致書迎取柱喪錢物。書/F325-1-29、《選釋》100
29	（略）/F292-1
30	……**鄉移**……/……**區茂**……/169①
31	……長沙大守中部……**移**☐☐/……小吏或難……/198
32—36	（略）/5224A　（略）/6108②　（略）/6722③　（略）/F325-5-39+F325-5-29　　（略）/6017
37	永初七年八月乙丑朔十二日丙子，南鄉有秩選、佐均、助佐襃敢言之。逢門里女子路英詣/☐☐……別爲戶，**謹愛書聽受如檄**。選、均、襃叩頭死罪敢言之。/36A 南　鄉　小　官　印　　　史　白開/36B④ 八月　日　郵人以來

① 疑此簡爲"寫移書"。

② 此件較殘，無"謹移"等明顯爲"寫移書"的關鍵字眼，但從僅存的"守丞"和"白長吏"判斷，很可能爲"寫移書"類呈文部分的首簡。相關辭例可參看"七月一日庚子，連道長均守丞叩頭。移/臨湘寫移。書御，唯令史白長吏，部其鄉吏明削除/384A"。

③ 此件較殘，從"正處，言府，關副在所。無"等判斷，此簡很可能爲"寫移書"類呈文部分的首簡。相關辭例可參看表2例6，即簡600。

④ 此簡背面字迹已磨滅，整理者按簡背無字處理，未列出背面圖版。今細檢背面圖版，發現上端確有墨迹殘筆，尚能析出"月"形，B面黑體字即爲按文例補充之內容。

（續表）

序號	釋　　　　　文
38	延平元年三月戊寅朔六日癸未，行長沙大守文書事大守丞當，**謂**/臨湘。民自言，辤如牒，即如辤。書到，**爰書聽受**，麥秋考實姦詐，明分別/₆₇₁ᴬ □　兼掾昆、守属袞、書佐汜/₆₇₁ᴮ
39	延平元年正月己卯朔廿四日壬寅，守史勤叩頭死罪敢言之。前受遣調署伍長，輒/與御門、庾門、逢門亭長充、德等并力循行。案文書，史黄條前皆署以書言，輒復/₁₀₂₂ᴬ 守 史 周 勤 名 印　　史白開/₁₀₂₂ᴮ 正 月 日 郵 人 以 來
40	（略）/₅₈₉₀①

通過對表中收録的簡文進行對比，不難發現，"寫移書"類呈文的首簡較多，也最易分辨，除表明所帶附件性質爲"寫移"外，還具有其他一些明顯的特徵。如在行文用語上，"寫移書"根據行文方向、場合的不同，其常用套語也略有區別：長沙郡下行文書用"告……謂……寫移"或"寫移臨湘"等，如例1"長沙大守審丞虞告中部督郵書掾常，謂臨湘寫移……"、例6"長沙大守兼中部勸農督郵書掾育有案問，寫移臨湘"，文書責任人因代表上級，所以無"叩頭死罪敢言之"等語，其結尾一般則用"如府書、律令"等套語。平行文書則不用"告……謂……寫移"，只用"移……寫移"這種形式，如例5"攸長豹丞種叩頭。移臨湘寫移……"，文書責人後無"敢言之"，結尾一般用"如詔書、律令"等。上行文書則用"謹移""謹寫移"等敬語，文書責任人需"叩頭死罪敢言之"，如例15"兼行丞事弘、兼獄史良叩頭死罪。謹移象人、爰書一檄，敢言之"。

至於例36，從"出粟斛斗數"判斷，其後缺文當是"一編"或"一牘（牒）"，説明它很可能也是帶附件的呈文的首簡，但是否爲寫移書，則不太好判斷。

例37至例40的情況可能與上述"寫移書"類首簡有所不同，但從内容和書寫格式分析，可確定這四枚簡爲首簡應該没有問題，而且或許都是帶有附

---

① 此簡另一面無字。

件的呈文的首簡。例 37 的表述中有"謹爰書聽受如牘",例 38 則有"民自言辤如牒,即如辤。書到,爰書聽受",且例 38 背面還有"兼掾昆、守属衷、書佐氾"等相關責任人的記録,這些都説明這兩枚簡所在的呈文很可能帶有"爰書"一類的附件。例 39 經周海鋒復原,是一份帶有"簿籍"附件的呈文的首簡。[①] 例 40 呈文完整,其附件應該就是尚書僕射充給長沙太守的文書。因此這四枚首簡所在的呈文應該都帶有附件,只不過不是以"寫移"的方式運行而已。

帶附件的呈文部分的篇幅和一般不帶附件的呈文相比,明顯短小了很多:例 14 至例 24 的呈文内容首、尾完整,説明其呈文部分僅有 1 枚簡。例 25 雖殘,但從所存的兩個"[敢]言之"判斷,其完簡上呈文部分的内容也應是完整的。而從文例的完整性看,例 1 至例 13 雖不完整,但其後也應僅缺 1 枚尾簡,如例 1 後缺"律令",例 2 後缺"敢言之"等。在書寫格式和結構上,帶附件的呈文首簡可單面書寫,也可雙面書寫,單面書寫的如例 1 至例 11、例 19 至例 24,雙面書寫的如例 12 至例 17,雙面書寫的格式與不帶附件的呈文首簡相比,也大致相同。一些呈文首簡在時間的表達上有所省略,比如省去對年份的記録,猜測這可能是因爲其所帶附件中已經有了相關年份記録的緣故。還有一些在簡面上寫有"啓封日期",或除文書責任人以外的其他相關責任人的信息。通過這些特徵,對信息或缺的例 26 至例 35 諸簡文進行甄别,可判定它們也都是帶有附件的"寫移書"類呈文的首簡。

3. 附件部分的首簡

對於附件爲簿籍的册書來説,簿籍的首簡並不太好鑒别。對於有標題的簿籍來説,標題簡是否爲首簡,到底居前還是居後,從以往的經驗來看,也並無定式。[②] 對於没有標題簡的簿籍來説,其内容多爲平行或並列的事項,在文字上一般也没有可以判斷其先後順序的依據,因此也就無從判斷簡文

---

① 參周海鋒:《〈長沙五一廣場東漢簡牘〉文書復原舉隅(二)》,簡帛網 2020 年 4 月 17 日。
② 如西北簡中《勞邊使者過界中費》册,其標題簡居前。但同時也有許多署"右"的標題,如"右候官簿""右五命上大夫增勞名籍"等,則表明其標題居後。可參李均明、劉軍:《簡牘文書學》,南寧:廣西教育出版社,1999 年,第 127—130 頁。

排列的順序。而且五一簡中有關簿籍的材料很少，也沒有多少可供借鑒的例證。① 對於以呈文爲附件的册書，其附件部分的首簡應該與呈文部分的首簡大致相同，正是因此，導致很難從這麽多相似的"首簡"中，將附件爲呈文部分的首簡離析出來。在五一簡册書復原的實踐中，已發現至少有一枚簡可確定爲附件的首簡，即 6587 簡。可以確定這條簡文就是已被討論過的"連道奇鄉受占南鄉民逢定事"册書附件的"首簡"，這份文書原爲呈文，但在後來的傳遞中，實際又作爲"寫移書"類册書的附件運行。② 與不帶附件的呈文的首簡相比，這枚首簡單面書寫，缺少背面的責任人，以及待填補的文書到達日期等信息。這一點或許可看作是它和呈文部分的首簡的區別。

二、尾簡

同首簡的情況相似，尾簡也有不帶附件的呈文的尾簡、帶附件的呈文部分的尾簡和附件部分的尾簡的區別。借助前文對首簡的調查實踐，對尾簡的考察也可依照類似的方法和步驟進行。

1. 不帶附件的呈文尾簡

不帶附件的叙事性文書即只有呈文的册書的尾簡，在書寫結構上和這一類文書的首簡相呼應，一般總是會以"文書主要責任人＋職事無狀＋惶恐＋叩頭死罪死罪敢言之"來結尾，其中"職事無狀"或可省缺，或可用同類語詞替代，但其他要素一般都是必須出現的。相較於首簡中的"死罪敢言之"的套語，尾簡中"死罪"一般會重複一次，表述爲"死罪死罪敢言之"。根據以上特點，這類文書的尾簡其實還是比較容易區分的。例 1 至例 105 就是這樣的尾簡，見表 3。另外，對於有殘缺的簡文，"唯"字也是確定尾簡的標誌之一，叙事性文書的結尾，文書責任人一般會使用"唯廷"的表述，"廷"字轉行頂格書寫，表示"希望縣廷如何如何"，其後續内容一般非常簡短，因此，有

---

① 目前僅有周海鋒復原的《調署伍長人名數書》的附件爲"簿籍"，參周海鋒：《〈長沙五一廣場東漢簡牘〉文書復原舉隅（二）》，簡帛網 2020 年 4 月 17 日。但此册書的復原從命名到編聯或存在一些問題，我們會在第三章的相關章節予以具體討論。

② 以往對該册書的討論也存在一些問題，我們在第三章相關部分也會對該册書有所討論。

"唯"字出現的簡,一般不是尾簡就是尾簡的前一簡,即册書的倒數第二簡。例65等爲尾簡就是據此作出的判斷。

但難點在於,這種呈文如爲附件,因呈文大都具有相同的書寫格式和用語,就很難從衆多相似的尾簡中區分出哪些是不帶附件的呈文的尾簡,哪些是作爲附件的呈文的尾簡。對此,目前採取的辦法是,如不能證明這類尾簡所在的文書爲附件,就暫將之當作不帶附件的一般叙事性文書即呈文的尾簡看待。如前述"連道奇鄉受占南鄉民逢定"文書中,可確定其以呈文爲附件,亦可確定簡5937爲附件部分的倒數第二枚簡,那麼其後缺尾簡的文字一定是"叩頭死罪死罪敢言之"。因此,可確定"叩頭死罪死罪敢言之"這枚簡爲附件的尾簡。但倘若没有已知的前提,就暫將"叩頭死罪死罪敢言之"這枚簡當作不帶附件的呈文的尾簡。

表3　不帶附件的呈文的尾簡情況統計

序號	釋　　　文
1	蒙闊略,盡力考實,辟有增異,正處言。真、歆、賜職事惶恐,叩頭死罪敢言之。 　守右尉追豫章劫人賊①/₁
2	惶恐,叩頭死罪死罪敢言之。 　守左尉胤追殺人賊廣亭部/₁₄₇₂
3	縱、武、衆疑有姦詐,唯/廷財部吏考實。兔惶恐,叩頭死罪死罪敢言之。/₈₄
4	謁言,壽鬭殺人,亡命。命、封等前别處壽,命□□故,②唯/廷盛、虎奉使留遲無狀,惶恐叩頭死罪死罪敢言之。/₈₇
5	☑……職事……敢言之。/₁₀₈
6	十五日事竟,輒言不敢須期。憚職事留遲惶恐,叩頭死罪死罪敢言之。/₃₁₈
7	廷謁言府,盡力實核,有增異,正處,復言。信、□職③惶恐,叩頭死罪死罪敢言之。/₃₁₉

① 按殘筆和文例,可補"賊"字。其下或仍有字迹,如例2文例"守左尉胤追殺人賊廣亭部"。
② 按一般文例,後一個"命"字可能爲人名,則其後應點"、"號。"命"後"盛(?)"字不可信。"故"前一字似爲"物"字。
③ 疑"職"下脱"事"字。

（續表）

序號	釋　　文
8	亭長逐捕順及赦,後餘亡卅日無功,正法。蒙、寶、龍職事留遲無狀,惶恐/叩頭死罪死罪敢言之。/326
9	復言。綏、竝、厚、戎、封、陽職事無狀,惶恐叩頭死罪死罪敢言之。/328
10	……揖、就惶恐,叩頭死罪死罪敢言之。/372
11	(略)已劾。盡力推起逐捕鱣,必得。考實,有後情,/(略)死罪死罪敢言之。/5753+394①
12	飢,當案驗逯召,輕微耗擾,妨奪民時,其復假期,須收秋,毋爲煩苛。書/謹到。牧、躬、鮪、种惶恐,叩頭死罪死罪敢言之。/402+417
13	異,正處,復言。朗、泓、均職事惶恐,叩頭死☐/404
14	鄳、夐惶恐,叩頭死罪死罪敢言之。/410
15	☐□完厚吏,任各五人,盡力考實姦詐,麥秋正處言,不敢出秋後。/☐頭死罪死罪敢言之。/449+5876+5867+4344+3778+2574
16	陰微逐捕秩,必得。考實,有後情,正處,復言,不敢出二年正月。胤惶恐,騏、尚、/皋職事無狀,叩頭叩頭死罪死罪敢言之。/459
17	送吏刺船上下者,盡力實核,有異,復言。奉、羌、种、尊、充、漢、就、豐、廣職事惶恐,/叩頭死罪死罪敢言之。/510+461②
18	盡力考實,正處言,不敢出十一月廿五日。譚、宮職事無狀,惶恐叩頭死罪死罪敢/言之。/472+505
19	叩頭死罪死罪敢言之。/479
20	謹已劾。猪所犯在丙戌贖罪詔書前,時賊捕掾向悝盡力逐捕猪,必得,以後情□□。音職/事無狀,惶恐叩頭死罪死罪敢言之。/524
21	寶謹已劾。盡力廣設方略,陰微求捕嵩,必得爲故。推辟何、充、倉等還,實/核,辟有增異,正處,復言。奉、配、寶惶恐,叩頭死罪死罪敢言之。/528
22	罪敢言之。/548③

---

① 此爲新綴合,5753爲未發表内容。

② 此綴合見汪蓉蓉：《〈長沙五一廣場東漢簡牘〉綴合(三)》,簡帛網2019年6月4日。

③ 此簡"罪敢言之"四字頂格書寫於木兩行右側,其他地方無字,依版面格式可確定爲尾簡。他簡若有類似情况,不再出注。

（續表）

序號	釋　　文
23	異，正處言。遷、尚、熊**職事無狀，惶恐叩頭死罪死罪敢言之**。**六月十一日**/₅₇₇
24	併妻妃辟，隨夫家客田。㐭、妃疑不知情。暉謹詭具任五人，將歸部考實殺人、/小盜，具位證左，復處言。暉**職事留遲，惶恐叩頭死罪死罪敢言之**。/₆₅₅
25	前解，移書泉陵，推求叔，逐捕叔，必得，□^①□。（略）/种、渠**職事惶恐，叩頭死罪死罪敢言之**。/_{672＋3458＋3444}^②
26	入人廬舍，賊殺人，發覺，持犯法兵亡，數罪。亭長樂均前已劾。盡力推本逐捕昌、軍，必得。考實，有/後情，正處，復言。暉、樊**職事無狀，惶恐叩頭死罪死罪敢言之**。/₉₂₂
27	**罪敢言之**/₉₂₅^③
28	□^④已具狀。會赦不自改新，而父子復盜光、猪芻禾，盜贓皆五百以上。澹亡，垳挾菫^⑤毒，即敏、光等、證。盡力捕澹，必得，正處，復言。鄧、伉、純**職事無狀，惶恐叩頭死罪死罪敢言之**。/₉₃₇
29	廷報醴陵，詳自實核。統、鮪、翼**惶恐，叩頭死罪死罪敢言之**。/_{1093＋1475}
30	直發覺，持犯法兵亡。賁謹已劾。盡力推起，逐捕倉，必得。考實，得以後情，/正處，復言。綏、孫、賁**職事惶恐，叩頭死罪死罪敢言之**。/₁₀₉₉
31	廷謁傳前解，嚴小武陵、曲平亭長伉、寶舉劾龍、誧及何人。□、祉**職事無狀，惶恐叩頭死罪死罪敢言之**。/₁₁₀₃
32	廷謁傳祉、興等解言府。盡力推辟妾，逐召平、孝等，必得。參錯，辟有後情，正處，/復言。鄧、純**職事誠惶誠恐，叩頭死罪死罪敢言之**。/₁₁₀₈
33	推辟實核道上過客，有識知一男子主名者，正處，復言。勳、宗、饒、信**職事無狀，惶恐叩/頭死罪敢言之**。/₁₂₉₃

---

① "□"原釋爲"以"，不確。

② 此爲新綴合，3458＋3444 爲未發表內容。

③ 此簡僅存右半。

④ "□"原釋爲"料（?）"。

⑤ "菫"，原釋爲"薰"，今統一隸定爲"菫"，下同。

序號	釋　　　文			
34	☑ 兵亡，盡力逐捕護、斗、臭，必得。考實，有曾異，以後情，正處，復言。興、誦、倫職事惶恐，叩/☑ 死罪敢言之。/1391＋1398＋1427			
35	情。① 寶、御、种惶恐，叩頭死罪死罪敢言之。/1473			
36	三羊傅伯舍。大與華爭言，大取非其兵傷人，叔、服、租沽酒，不過平。② 前失不處寶姓。唯/廷謁傅前解。統、副、佑惶恐，叩頭死罪死罪敢言之。/1487			
37	死罪死罪。奉得書，視事以來，承前後吏，亭不調直，使傳送者盡力，脩所職有異，復/言。豊職事無狀，惶恐叩頭叩頭死罪死罪敢言之。/5555＋2219			
38	考問留遲，惶恐叩頭叩頭死罪死罪敢言之。/2688＋2221＋2225			
39	惶恐，叩頭死罪死罪敢言之。/2624＋2554			
40—43	（略）/2651	（略）/2661	（略）/4431＋3180	（略）/3245＋3387
44—47	（略）/3253	（略）/4029	（略）/4225＋4226＋4661	（略）/4293
48—51	（略）/4367＋4351＋4370	（略）/4138＋4874	（略）/4347＋4800	（略）/4427
52—55	（略）/4757	（略）/4875	（略）/4895＋5560	（略）/4926
56—59	（略）/4972	（略）/4985	（略）/5259③	（略）/5635
60—63	（略）/5741	（略）/5752＋5747	（略）/5845	（略）/5965＋5966
64—67	（略）/5989	（略）/6001④	（略）/6064	（略）/6065
68—71	（略）/6089	（略）/6096	（略）/6128	（略）/6157＋6790
72—75	（略）/6158	（略）/6466	（略）/6619	（略）/6658
76—79	（略）/6659	（略）/6667	（略）/6687＋F325-1-84	（略）/6714
80—83	（略）/6767	（略）/6769	（略）/6779	（略）/6810
84	（略）/6830＋6824＋6818＋6823			

① 此“情”字前（上一簡）缺文的相關辭例爲“有後情”“以後情”“得以後情”等。

② 由於簡文缺失，“不過平”三字暫如此標點。

③ 此簡存右下角。

④ 此簡缺下半。

（續表）

序號	釋　　　　　　　文
85	明證。邯所訟非水泉,立秋考實,處言。宗叩頭死罪死罪。甲子詔書:罪非殊死,且復/假期。請收秋處言,不敢出十月十日。**宗惶恐,叩頭死罪死罪敢言之。** /F325-1-8,《選釋》89
86	廷謁言府。咎在興訓橐無素,**誠惶誠恐,叩頭**（略）/F325-1-67 + F325-5-60①,《選釋》115(F325-1-67)
87—88	（略）/F325-1-82　　　（略）/F325-1-118
89	□膫、姬名數户下。譚比自言,**豢**還驪、姬等。② 又譚所訟辟訟事在鄉,當爲治决。請以譚、汎屬/南鄉有秩明等治决,處言。□、□、勤**職事留遲無狀,惶恐叩頭死罪死罪敢言之。** /F325-2-1,《選釋》53
90—93	（略）/F325-2-15　　（略）/F325-3-4　　（略）/F325-3-14 + 3-30 + 3-11　　（略）/F325-3-29
94—97	（略）/F325-4　　（略）/F325-4-4　　（略）/F325-4-6　　（略）/F325-4-23 + 4-51
98—101	（略）/F325-4-53　　（略）/F325-41 + 89 + 58 + 95　　（略）/F325-42　　（略）/F325-5-6
102—105	（略）/F325-5-36　　（略）/F325-26　　（略）/F325-76　　（略）/F325-83
106	▨ **死罪敢言之。** /118③

2. 帶附件的呈文部分的尾簡

和帶附件的呈文部分的首簡相應,這一部分的尾簡,大約也可分爲兩種,一種是"寫移書"類呈文的尾簡。從前面對表 2 的分析可知,帶附件的"寫移書"類的呈文一般都比較短小,許多呈文僅有 1 枚簡,可謂首簡即尾簡。呈文較長者,從文例推斷,一般也只有 2 枚左右。完整的"寫移書"類呈文爲分析其通用成分及關鍵語句、字詞提供了可能:"寫移書"呈文的首簡一般有"寫移"等字樣,尾簡則可分爲兩類,一類如下行、平行文書,以"如府書律令""如詔書律令"等套語結尾;一類如上行文書,以"惶恐叩頭死罪死罪敢

---

① 此爲新綴合,此簡仍缺右半。右半末字案文例當是"唯"字。

② "膫""姬""豢"等字據圖版補改。

③ 此簡僅存右下角,亦可能爲首簡,暫置此處。

言之"或僅以"敢言之"結尾。表 2 中例 15"延平元年九月乙亥朔卅日甲辰，
兼行丞事弘、兼獄史良叩頭死罪。謹移/象人、爰書一檳，敢言之。/₁₈₅₄₊₃₀₈₅₊
₁₀₉₈ₐ"即是如此。並且尾簡的結尾處經常也會署有啓封日期或相關責任人等
信息，這些都是比較容易辨別的。

　　表 4 中例 1 至例 22 應該都是帶附件的"寫移書"類呈文的尾簡，當然例
1 僅存下半，從殘存內容推測，該簡既是尾簡，但也可能是首簡，即這份册書
的呈文部分可能就這一枚簡。例 21、22 雖然殘失嚴重，但從存有啓封和相
關責任人的記録判斷，殘存的部分應該就是呈文的結尾部分。

表 4　帶附件的呈文部分的尾簡情況統計

序號	釋　　　文
1	☑……意□……蒼……處言。□/曹……如律令。 ……書佐興①/₂₀₈
2	定名數，無令重。叩頭叩頭，如詔書、律令。 七月七日開　　掾慮、助史昆、著/₃₈₇
3	言，會月廿九日。如府書、律令。 十一月廿四日發/₅₉₁
4	敢言之。謹移象人、爰書一檳。章敢言之。/₉₂₉
5	在所，會月十日。如府書、律令。 十一月三日發/₂₁₈₃
6	毋失期、解、會。推起實核姦詐，如自期。毋拘觳無罪、毆擊人，如/律令。/₂₅₇₀
7—10	(略)/₄₉₇₉₊₄₉₈₀₊₄₄₂₈₊₃₀₈₇　　(略)/₄₀₈₃　　　(略)/₄₇₉₇₊₄₈₄₉　　(略)/₄₈₅₄₊₄₈₆₈₊₄₉₀₀
11—14	(略)/₄₈₆₇　　　　(略)/₄₈₈₃　　　(略)/₅₁₆₈　　　(略)/₅₇₃₇
15—17	(略)/₆₁₁₁　　　　(略)/₆₇₂₀　　　(略)/₆₇₈₀
18	年廿四，爵公士。謹移人名如牒。范、朗、崇職事惶恐，叩頭死罪死罪敢言之。②/F313、《選釋》30

---

① "佐興"，原釋爲"□與"，據圖版及文例改。

② "廿"字原釋爲"卅"，"朗"原誤爲"郎"，據圖版改。

（續表）

序號	釋　　文
19	拘毃無罪、毆擊人，**如律令。** **四月廿九日**/_{F325-1-18,《選釋》94}
20	（略）/_{F325-86}
21	☑**日開** ☑□**書佐馴**/₂₅₀₂
22	（略）/₅₄₇₂
23	廣、長短所依，衣**各如録。勤、奉敢言之。**/₁₂₈₁
24	覆核其未偏者。復集調**署**，**謹右別人名如牒。**盡力勑録，悉令住**標**/楬，有 增咸，復言。勤奉使**留遲，惶恐叩頭死罪死罪敢言之。**/₁₀₂₁^①
25	（略）/₆₁₃₁
26	受所監臧，到六十。以縣官事他賊毆人，無疵瘠，數罪。戒以劾。前失不 分別處。**謹傅議解左。**唯/廷言府，謁傅前解。錯、甫、戒**惶恐，叩頭死罪** **死罪敢言之。**/₉₅
27	（略）/₆₇₆₄
28	踈。**傅解左，**副文。唯/廷謁報耒陽，嚴與部、鄉。閭、豊、昭**職事惶恐，叩** **頭叩頭死罪死罪敢言之。**/_{F325-1-32,《選釋》103}
29	被崇財。主不如赦辟。赦巧弄譚辟，留落主者吏，欲蒙交幸，當案正，以前 處赦罰。**謹傅議解左。**唯/廷謁傅前解。宮、就、文**職事留遲，惶恐叩頭死** **罪死罪敢言之。**/_{F325-2-17,《選釋》58}
30	（略）/_{F325-4-10}
31	**附祉議解左，**曉遣劉。充、淩**惶恐，叩頭死罪死罪敢言之。** **桼月。基非劉親母，又非基衣，未實**^②**也。**/_{F325-5-11,《選釋》71}
32	（略）/_{F311}^③

---

① "署、謹、人、名、標"諸字皆據圖版及文意補改。
② "未實"二字原未釋。
③ 該簡首字"左"，前缺的上簡的簡文可能是"傅議解"三字，故暫將"左"當作"傅議解左"看待。

　　例24至例32則是一般帶附件的呈文部分的尾簡,這類呈文的結尾部分和不帶附件的呈文以"惶恐叩頭死罪死罪敢言之"結尾的方式相同,但簡文中都有一些明顯的字句提示該呈文還帶有附件,如例24"謹右别人名如牒",表明其附件在呈文的右邊即前面。例25至例32"傅(附)議解左"等,或提示附件在呈文的左邊即後面還有"附件"。但此"附件"是否爲獨立的附件,可能需要針對不同的簡文具體討論。① 這些關鍵的字句不僅指明該呈文帶有附件,對於討論呈文和附件之間編聯的先後順序,也具有廣泛的指導意義。

三、標題簡

　　標題簡也是五一簡中比較有特色的一類,通常都會簡明扼要地提煉出册書中事項的主題。如一般叙事性文書的標題簡都會包含文書責任人、事項當事人、所呈報事項,甚至還有對事項性質的判定等要素。一個更鮮明的特徵是,標題簡一般都會以"某書"結尾,如表5中所見有各種"解書""假期書""關書""詔書謹到書""爰書""竟解書""塞却書""辭狀書""罪名書""傅前解書""除前解書""匿衣物書""服書"等,當是根據呈報事項和目的不同而在命名中有所區别。在内容上,標題中一般不含有對"時間"的記録,推想應該是爲避除繁複,因爲册書正文中已經有明確的時間表述。另外標題簡中也常會標注文書的行進方向,如"詣左賊""詣獄""屬曹""詣尉曹";大多也會標有啓封記録,如"某月某日開"等。有的簡面上還有對所呈報内容的"批注",如例3"得平"、例79"有刺不如☒"等。雖然這些文字大都不是標題簡中原有的内容,而是後來附加上去的,即所謂"二次書寫"的内容,但却可以將此作爲判斷其是否爲標題簡的評判標準之一。在版面書寫格式上,標題簡也獨具特色,標題一般會分兩行佔據木兩行的上欄,中欄一般書寫文書的行進方向,下欄則爲啓封記録,中欄和下欄的内容有時也會有所省缺。例49和例53,以及例97至例101,雖殘缺嚴重或字迹漫漶,但根據上述特徵和格式

---

① 關於"傅議解左"是否表示呈文後帶有獨立附件的問題,在本章的小結,以及第五章關於"女子王綏不當復還王劉衣"的一份册書中還要繼續討論,在此暫將其視爲"有附件"的册書的提示用語。

判斷,極可能都屬於標題簡。

有的標題還會透露册書是否帶附件。如例 24"守史勤言調署/伍長人名數書/₁₀₄₂"、例 37"上滋驛佐霸言七月旦出/粟給食驛馬二匹簿書/₂₁₈₂",説明册書所帶的附件爲"簿籍"。例 56"(略)/₄₈₁₈"、例 57"(略)/₄₈₂₄₊₄₈₀₉"、例 65"(略)/₅₆₂₉₊₅₂₆₆"三例標題中都有"謹移"二字,説明其附件是"寫移書"類的"爰書、象人書"。另外結合表 2 中例 15 寫移類呈文"延平元年九月乙亥朔卅日甲辰,兼行丞事弘、兼獄史良叩頭死罪。謹移/象人、爰書一檀,敢言之。/₁₈₅₄₊₃₀₈₅₊₁₀₉₈A"的表述,一些標題簡如例 43 和例 55 中雖然没有"謹移"二字,但由於其標題主旨是某"爰書"和"象(豫)人書",因此,這兩例也應同例 56、57、65 一樣,是"寫移書"類册書的標題。

表 5　標題簡情況統計

序號	釋　　　　文
1	……考實 ……解書① 　詣右賊曹　□月□日開/₁₆
2	右部賊捕掾備言考實 男子尹士不在界中書/₁₂₇
3	左部賊捕掾崇等言考實男 子周勳不調(?)賣黔□出書　　得平/₁₃₈
4	□□□□□□界中 □男子□□書/₂₀₃
5	小武陵鄉助佐佑言所 主租絫墨畢簿書/₃₀₅
6	● 兼左部賊捕掾則言逐捕不知 　何人燒石衺等宅假期書　　詣左賊　八月廿七日/₃₂₄
7	從掾位惺言考實倉曹史 朱宏劉宮臧罪竟解書　　十二月七日　到/₃₆₇

---

① 原僅釋"解"字,依圖版,似可補"書"字。

（續表）

序號	釋　　文
8	守案筭丞言民 要道自言關書　八月七日/₃₇₅A 守案筭丞言民 要道自言關書/₃₇₅B①
9	桑　鄉　言 詔書謹到書/₃₉₈
10	東部勸農賊捕掾郢 言詔書謹到書　　正月廿二日開/₄₁₁
11	兼南部游徼栩言格殺亭長賊區義 同産兄絫與捕者吏格鬬格殺絫解書　十月廿三日開/₄₂₈
12	左部賊捕掾蒙言考實　　　・詣左賊 故亭長王廣不縱亡徒周順書　　　十二月十八日開/₄₄₀
13	廮亭長殖言格殺　　六月十三日到/₄₄₃₊₃₃₉₇② 耐罪大男區敢解書
14	桑鄉賊捕掾珍言考實　　詣左賊　五月廿二日丞開/₅₀₀ 女子陳謁詣府自言竟解③
15	兼左部賊捕掾統言考實男子 周代盜刑偄物報醴陵解書　　五月廿五日丞開/₅₀₆
16	北部賊捕掾休言羅吏 將周賢歸羅書　　十月廿八日開/₅₀₇
17	兼左部賊捕掾馮言逐捕殺 人賊黃康未能得假期解書　十二月廿八日開/₅₃₀
18	行丞事朗兼獄史尉 言男子龍孟殺鄧石爰書　九月廿日/₅₇₉

---

① 此標題簡兩面書寫，兩面内容相同，較爲特殊。
② 此爲新綴合。3397 簡上留存的文字爲“日到”二字。
③ “竟解”後或脱“書”字。

（續表）

序號	釋　　文
19	北部賊捕掾綏言考實傷 由追者由倉竟解書　　　十二月十日開　詣左賊/651
20	廣亭長暉言傅任將殺人賊由併 小盗由肉等妻歸部考實解書　　　六月廿九日開/654
21	・西部賊捕掾奉言實核　　　☑ 　界中不調直使送吏解書　　　☑/665
22	・兼桑鄉賊捕掾奉言考實 　男子謝知自言塞却解書　　　**八月廿**六日**發**/669＋4041①
23	兼左部勸農賊捕掾馮言逐捕不知何 人所盗羅捽矛者未能得解書　　　**正**②月廿四日　開　詣獄/924
24	守史勤言調署 伍長人名數書　　　正月廿五日發/1042
25	東部賊捕掾錯言亭長馮 （略）/1083＋3329③
26	・東部賊捕掾陽言考 　傷人者吳統竟解書　　　八月十四日發丞/1118
27	殺男子王……書/1131④
28	兼左部賊捕掾**副言**⑤逐捕殺王豚亡 者李錢未能得詭唐璜金錢假期書　　　六月廿九日發　詣左賊/1137＋1150
29	兼左部勸農賊捕掾祉言考實　　　詣左賊/1278 臧物直錢數多少願謁傅前解⑥

① 此爲新綴合。669原漏釋下部較淡的墨迹“八月廿”三字。
② “正”原釋爲“三”，誤。依據册書復原結果，此標題簡中的時間應與册書首簡的時間基本一致，當爲“正月”。參周海鋒：《五一簡“逐捕不知何人所盗羅捽矛者未能得解書”淺析》，《出土文獻》2020年第4期，第20頁。
③ 此爲新綴合。
④ 此簡僅存左半。
⑤ “副言”原釋爲“郭□”，依圖版改。
⑥ “傅前解”後或脱“書”字，標題簡多以“某書”結尾，例62文例有“……除前解書”。

序號	釋　　文			
30	待事掾祉言考實亭長 樂誧受鄧登錢牛塞却解書/1350			
31	兼左部賊捕掾錯言考實 故亭長王演却解書　　　　七月廿九日開		詣左賊/1445	
32	兼左部賊捕掾副言考實劫人賊 陳孝偖王叔異竟解署南郡書　　六月廿九日發		詣左賊/1484	
33	兼北部賊捕掾暘言考守史陳汎 等捕格劫人賊周馮舜狀書　　四月四日開/1511 + 1388 + 1389			
34	兼左部賊捕掾則言實核 女子李淺失火假期書　　七月十九日/1753			
35	税官言捕得蘭魚者張武李粲以付都亭長 薛邯絶匿不言願部吏考姦詐解書　　□月十五日開/1856 + 1878			
36	□□鄉言傷鄉佐□□者趙　　　　　☑ 良良□廣(?)同□□若(?)□書　　　☑/2152			
37	上滋驛佐霸言七月旦出 粟給食驛馬二匹簿書/2182			
38	……解書/2196			
39	直符右倉曹史豫言考實女子雷　　　　　　☑ 旦自言書佐張董取旦夫良錢假期書　　五月廿日開☑/2208			
40	☑□月□□日開/2224 + 2251			
41	兼左部賊捕掾則言考男子范 初不與少貴共盜趙壽繪解書　　詣左賊　　□月□日開/2625 + 2553			
42—45	（略）/2627	（略）/2873	（略）/3179	（略）/3247
46—49	（略）/3248	（略）/3325 + 3340 + 3342	（略）/4021	（略）/4044
50—53	（略）/4187	（略）/4327 + 4043	（略）/4424 + 2929	（略）/4671
54—57	（略）/4797	（略）/4807A、B①	（略）/4818	（略）/4824 + 4809

① 此標題簡較特殊，爲兩面書寫，兩面文字內容相同。

序號	釋　文			
58—61	（略）/4866＋4817	（略）/4869	（略）/4975	（略）/5155
62—65	（略）/5160	（略）/5563＋5551	（略）/5567＋3092	（略）/5629＋5266
66—69	（略）/5740	（略）/6050	（略）/6068	（略）/6069
70—73	（略）/6140	（略）/6637	（略）/6639	（略）/6664
74—76	（略）/6684	（略）/6730	（略）/6786	
77	兼左部勸農賊捕掾种言　　　☐ 考實蠻夷李根知塞却書　　☐ /F292-7，《選釋》23			
78	（略）/F312			
79	南鄉言女子周 覆①自言須立秋書　　二月十二日發　　　　有刺不如☐ /F325-1-7、《選釋》88			
80	都鄉言考實男子 吕齋自言解書　　十月廿三日開/F325-1-9、《選釋》90			
81	（略）/F325-1-56			
82	效功亭長徐豐②言男子胡通 不債男子薛便爲少書　　　十一月五日開/F325-1-57、《選釋》109			
83	南山鄉言民馬忠自言　八月廿八日發/F325-1-63、《選釋》112 不能趣會假期書			
84—87	（略）/F325-1-92	（略）/F325-1-137	（略）/F325-2-19	（略）/F325-2-21＋2-22
88—91	（略）/F325-2-25＋3-42	（略）/F325-3-1	（略）/F325-3-3	（略）/F325-3-20
92—95	（略）/F325-3-62	（略）/F325-4-40	（略）/F325-4-5	（略）/F325-5-10
96—97	（略）/F325-70	（略）/F325-5-44		
98	☐潙鄉…… ☐☐……　　　　　五/28③			
99	☐……月十一日☐/354			
100—101	（略）/6678　　（略）/F325-5-65			

---

① "覆"原釋爲"復"，據圖版改。

② "豐"字原釋爲通行字"豐"，依正式整理報告體例，統一隷定爲"豐"。

③ "五"下當還有字迹，今已磨滅。按其簡面書寫格式，當爲標題簡。

四、簽牌(木楬)

五一簡所見簽牌均屬常見類型,可分爲有穿孔和無穿孔兩種。有穿孔的簽牌,上端削製成半圓形、三角形或梯形;無穿孔的簽牌在上端兩側一定有刻槽用以繫繩,刻槽之上也可削製成半圓形、三角形或梯形。個別簽牌不作削製,僅有穿孔或刻槽。簽牌因穿孔或刻槽橫向割斷了木材的縱向纖維,若受到外力擠壓,極容易從穿孔或刻槽處縱向分裂,因此五一簡中可見大量僅存左半或右半的簽牌。《簡報》認爲五一簡中有一種"凸"形簽牌,[①]其實並不存在,簽牌上端兩側刻槽之上的部分縱裂散失後,就會形成"凸"形。由於簽牌的形制和木兩行、大木牘、封檢等判然有別,即使是僅存一半的簽牌,觀察其上端是否有孔洞或刻槽痕迹,結合其文字内容,就能比較容易地將其和其他木質殘片區分開來。

五一簡中的簽牌均爲文書楬,且大都爲"本事"簽牌,有些僅稱"本"或"事"的表述,都可看作是"本事"的省略。表6中除最後一例文字不易釋讀,下端削尖,推測可能爲另外一種可直接"插入"卷册的簽牌外,其餘165例從形制或内容上均可判定爲簽牌。這些簡文中,有超過120例明確有"本""事""本事"字樣,可證大都爲"本事"簽牌。

表6　簽牌(木楬)情况統計

序號	釋　　　　文
1	□　完爲城旦這良/6A 吳□本事/6B[②]
2	右賊諸犯法兵事/7A 右賊諸犯法兵本事/7B[③]

---

① 見長沙市文物考古研究所:《湖南長沙五一廣場東漢簡牘發掘簡報》簽牌中的A型,圖11:6,《文物》2013年第6期,第12—13頁。

② 此簡僅存其半。

③ 此簡僅存其半。

（續表）

序號	釋　　　文
3	……☑/……☑/23A ……☑/……☑/23B①
4	……屠牛本事/64A ……/64B
5	延平元年二月/這守□□□/68A 這守等本/68B②
6	謝壽本事在此中/70A 謝壽本事在此中/70B
7	東門捕得殺/人賊景苟本/1717＋116A 東門亭捕得/殺人賊景苟本/1717＋116B
8	男子謝佑殺周/莨亡本事/駟望亭主/125A 男子謝佑殺周莨本/事/125B
9	……/163A ……/163B③
10	……渚（？）鄉嗇/175A □夫詳……/175B④
11	潙鄉張需自言府/220A 記下在此中/220B
12	府移治所書傷/亭長謝暘賊率/言本事/316A 府移治所書傷/亭長謝暘賊/率事本事/316B
13	連道奇鄉受占南/317A 鄉民逢定本事/已下/317B
14	西部蔡陽男子/337A □有（？）疑殺□賊/……事/337B

① 此簡形制爲簽牌，上端尚存有穿繩用的小孔，下端殘失，其上至少有兩行墨迹。簽牌一般兩面書寫，整理報告缺另一面圖版。

② 此簡僅存其半。

③ 此簡形制爲簽牌，上端尚存有穿繩用的小孔，僅存其半，已無墨迹，整理報告缺另一面圖版。

④ 此簡形制爲簽牌，字迹模糊，原釋文"詳"字下分兩行書寫，右行墨迹或爲補寫的文字。

（續表）

序號	釋　　　文
15	左　永元十六年/十二月左倉曹/350A 賊　史朱宏劉宮/卒張石男子劉/得本/350B
16	延平　府移九江成德書收責/……/352A 元年　……/張英代張宗所貸直/352B
17	絶 府移漢中/353A 府南鄭書收/責徒趙仲貸食本/353B①
18	丈田史黄宫李/418A 宗本事秋考/實/418B
19	言府移書南/郡南陽劫人賊王/423+444A 叔異陳孝偖亡徒孟/建當咸課本事/423+444B②
20	府記故左賊/445A 史董普户曹史/445B③
21	桑鄉□□/475A 董毒二分/475B④
22	陽馬亭部不何人/481+2558A⑤ 盜男子周方禾/衣物本事/481+2558B
23	永元十六年九月/麃亭部殺鄧世/501A 賊這勸本事/501B
24	府下詔□□/508A □/508B⑥

---

① 原釋"南郵"當爲"南鄭"，A、B面順序亦顛倒。參周海鋒：《〈長沙五一廣場東漢簡牘（壹）〉選讀》，簡帛網 2018 年 12 月 26 日。

② 此簡由汪蓉蓉綴合。參汪蓉蓉：《〈長沙五一廣場東漢簡牘〉綴合（二）》，簡帛網 2019 年 6 月 4 日。

③ 此簡僅存其半。

④ 此簡僅存其半。

⑤ 此爲新綴合。"不"字後應脱"知"字。

⑥ 此簡僅存其半。

（續表）

序號	釋　　　文
25	知何人奴婢本/547A □□□□□/547B①
26	永元十六年南郡/江陵王山自/586A 言本事/586B
27	⋯⋯**本事**②/六月十日/599A 殺人賊庇/599B
28	男子謝孟殺/由綏本/廣亭主/629A 男子謝孟殺/由綏本/629B
29	男子區京殺謝昌/本事在廣亭部/656A 男子區京殺謝昌/本事/656B
30	延平元年/九月鄙男/子殷憙自/660A 言本事/在此中/南亭主/660B
31	賊　委輸掾史移書逐/673A 左　捕正代橋充/本事/673B
32	延平元年陽馬亭/部男子范主自/刺物故本事/758A 延平元年陽馬亭/部男子范主自/刺物故本事/758B
33	下潜亭部男子/樊兜傷圖奉本/883A 下潜亭部男子/樊兜傷圖奉本/883B③
34	延平元年桑鄉/888A 本事/888B④
35	□□□□□/995A 繒者男子□□□等/本事在此中/995B⑤

① 此簡僅存其半。
② 此簡僅存其半。“本事”二字原未釋，依殘筆補。
③ 此簡僅存其半。
④ 此簡僅存其半。
⑤ 此簡僅存其半。

（續表）

序號	釋　　　文
36	澩陽鄉男子黄間/_{999 + 1002A} 以下 自言本事在此中/_{999 + 1002B}
37	月男子番/章自言守/_{1112A} 史秦福本/本事/_{1112B}①
38	長瀨鄉男子黄過/自言本事/_{1786 + 1113A} 長瀨鄉黄過自言/本事/_{1786 + 1113B}
39	渚下尉曹史/……/_{1136A} 事在此□/_{1136B}②
40	延平③年十月/莫鄉男子誦/贖自言本/_{1275 + 1428A} 事/在此中/_{1275 + 1428B}
41	□　……/殺五橋賊胡統/本事在此/_{1292A} 　　　延平元年九月/殺五橋賊胡統/_{1292B}④
42	延平元年十月男子/黄仲自言南鄉□/_{1447A} 言本事在此/_{1447B}⑤
43	☑……/☑明自言本事/_{1499A} ☑□亭部男/☑……/_{1499B}
44	南鄉男子鄧魚自言男/子區置略將兄子女汝/去本事在此中/_{1515 + 1516A} 南鄉男子鄧魚自言/男子區置略將兄/子女汝去本事/_{1515 + 1516B}
45	延平元年府記/□澩陽女子馮它/_{1539A} 澩陽馮它自言/本事/_{1539B}⑥
46	十五年廣成鄉男子唐壽自/_{1546 + 358A} 言本事在此中/_{1546 + 358B}⑦

---

① 此簡僅存其半。

② 此簡僅存其半。

③ 延平只有元年,此"年"字後應脱"元"字。

④ 此簡僅存其半。

⑤ 此簡僅存其半。

⑥ 此簡僅存其半。

⑦ 此爲新綴合。

（續表）

序號	釋　　　文
47	……/1547A 亭部男子□/1547B①
48	永元十五年左/1714A 尉對本事/1714B
49	效功亭長龔/1732A 均捕得傷者②吴統/1732B
50	江夏男子吕陽/自言本事/1762A 在此中/1762B
51	南鄉女子黄綬自言/本事在此中/1852＋1863A 南鄉女子黄綬自/1852＋1863B③
52	南昌書考張客/2146＋5770A 子本事/2146＋5770B
53	遷例（?）□本/2159A 事在此中/2159B④
54	府移由奉書逐捕殺/人賊陳懼本事/2206＋5964A 府移由奉書逐/捕殺人賊陳懼本/2206＋5964B
55	傷妻者張尚本/事在此中/2211A 傷妻者張尚本/事此中/2211B
56	延平元年南鄉/2218A 自言本事/2218B⑤

---

① 此簡僅存其半。

② “傷”“者”之間或脱“人”字，文意當爲“傷人者”。簡1118爲標題簡，簡文爲“東部賊捕掾陽言考/傷人者吴統竟解書”，與此件或爲一事。

③ 此處釋文A、B面順序與整理報告相反。從形制上考慮，此木楬仍不完整，故宜以信息較完整的一面爲A面，其右邊或缺紀年信息。

④ 此簡僅存其半。

⑤ 此簡僅存其半。

（續表）

序號	釋　　　文
57	府記潙鄉小史栩/2229A ……/本事/2229B①
58	☑男子棋冉自言長夏例/亭長董和本事/2517+2669+2402A ☑男子棋冉自言本事/2517+2669+2402B
59	十五年南鄉女子趙/2494A 姎(?)自言御門亭長王/廣本事/2494B
60	永元十七年三/月北部賊/捕掾言不/2501+3160A 知何人燒(?)□□/□□本事/在此中/2501+3160B
61—64	（略）/2635A、B　　（略）/2951A、B　　（略）/2952A、B　　（略）/3162A、B②
65—68	（略）/3239A、B　　（略）/3244A、B　　（略）/3251A、B　　（略）/3327A、B
69—72	（略）/3332A、B　　（略）/3345A、B　　（略）/3382A、B　　（略）/4042A、B
73—75	（略）/4051A、B　　（略）/4184A、B　　（略）/4239A、B
76	南鄉女子李廉自/4299+570A 言逢門亭長郝宣/本事/4299+570B③
77—80	（略）/4349+4371+4672A、B④（略）/4368A、B（略）/4379+4015A、B（略）/4422A、B
81—84	（略）/4719A、B　　（略）/4814A、B　　（略）/4820A、B　　（略）/4822A、B
85—88	（略）/4846A、B　　（略）/4884A、B　　（略）/4946A、B　　（略）/4990A、B
89—92	（略）/5254A、B　　（略）/5256A、B　　（略）/5562A、B　　（略）/5564A、B
93—96	（略）/5746A、B　　（略）/5768A、B　　（略）/5769A、B　　（略）/5774A、B
97—100	（略）/5783A、B　　（略）/5786A、B　　（略）/5888A、B　　（略）/5897⑤

① 此簡僅存其半。
② B面似無字，或已磨滅。
③ 此爲新綴合。
④ 此簡綴合後，仍缺其半。
⑤ 此簡僅存其半，另外一面現無字。

（續表）

序號	釋　　文			
101—104	（略）/5910A、B	（略）/5915A、B	（略）/5942A、B	（略）/6003A、B
105—108	（略）/6047A、B	（略）/6073A、B	（略）/6074A、B	（略）/6075A、B
109—112	（略）/6076A、B	（略）/6077A、B	（略）/6078A、B	（略）/6079A、B
113—116	（略）/6080A、B	（略）/6099A、B	（略）/6100A、B	（略）/6101A、B
117—120	（略）/6110A、B	（略）/6135A、B	（略）/6145A、B	（略）/6151A、B
121—124	（略）/6193A、B	（略）/6234A、B	（略）/6643A、B	（略）/6353A、B
125—128	（略）/6457A、B	（略）/6624A、B	（略）/6645A、B	（略）/6675A、B
129—132	（略）/6693A、B	（略）/6725A、B	（略）/6726A、B	（略）/6747A、B
133—136	（略）/6750A、B	（略）/6778A、B	（略）/6817A、B	（略）/6825A、B①
137—138	（略）/6844A、B	（略）/F325-1-3A、B		
139	南陽男子焦/……/F325-1-5A、《選釋》121A ……/在此中/F325-1-5B、《選釋》121B			
140	南鄉男廖次自言本/事在此中/F325-1-43A、《選釋》122A 南鄉男子廖次自言/本事/F325-1-43B、《選釋》122B			
141	南鄉男子吕/F325-1-44A、《選釋》123A 齋自言本事/F325-1-44B、《選釋》123B			
142—145	（略）/F325-1-48＋3-18A、B　　（略）/F325-1-51A、B　　（略）/F325-1-70A、B　（略）/F325-1-73A、B			
146—148	（略）/F325-1-91A、B　　　（略）/F325-1-93A、B　　（略）/F325-1-117A、B			
149	南鄉言女子范/榮自言本/F325-1-119A、《選釋》82A 南鄉言女子/范榮自言本/F325-1-119B、《選釋》82B			
150	（略）/F325-1-127A、B			
151	女子王劉自/F325-1-132A、《選釋》83A 言本/F325-1-132B、《選釋》83B			

① 此簡有火燒痕,僅存上端穿孔周圍的部分。

序號	釋　　文
152	（略）/ F325-1-135A、B
153	女子張基自言/ F325-2-33A、《選釋》84A 本事/ F325-2-33B、《選釋》84B
154—157	（略）/ F325-2-41A、B　　（略）/ F325-3-57 + 6-18A、B　　（略）/ F325-4-48A、B　　（略）/ F325-5-17A、B
158—159	（略）/ F325-5-57A、B　　（略）/ F325-57A、B
160	男子烝宫言馴塱/亭周舊本事/ F325-6-5 + 221A 男子烝宫言馴塱亭/周舊本事/ F325-6-5 + 221B①
161—164	（略）/ F325-6-6A、B　　（略）/ F325-6-13A、B　　（略）/ F325-52A、B　　（略）/ F325-5-59②
165	（略）/ F325-6-1③
166	崇（?）勝等□□□□□☑ / 232④

　　從簽牌的內容來看，其與册書的關係非常密切，也是對册書內容的總結和提煉，這一點和標題簡非常相似，而且在一定程度上確實也能起到“標題”的作用，甚至在有些方面，還有標題簡所不具備的要素。如一些簽牌上往往會有對時間的記錄，另外還有一些簽牌會標明所涉事項的責任機構，如例8有“馴塱亭主”、例15上端A、B面寫有可連讀的“左賊”等。但無論如何，簽牌的作用並不能等同於册書的標題。

　　從文書運行的程序來看，簽牌當產生於存檔環節，是相關人員出於檔案管理便利的目的，對相關存檔册書所做的標識。從表6中簽牌的名稱來看，有一些並不足以概括整個册書的內容。一些“某人本事”的簽牌只是單純地以人名命名，如例26“永元十六年南郡/江陵王山自/言本事/₅₈₆”、例46“永元

---

① 此爲新綴合。

② 此件形制爲簽牌，現無字，似用殘斷的兩行改製而成。

③ 此件爲簽牌形制，上有封泥槽刻痕，一面無字。

④ 此件爲草書，兩面書寫，但字迹已不可清楚辨識。其上端一側去角，下端削尖，形制與五一簡中常見的木楬不同，但與里耶簡中一頭削尖的簽牌相似。

十五年左/尉對本事/₁₇₁₄"等；一些簽牌則是以事類命名，如例 2"右賊諸犯法
兵事/右賊諸犯法兵本事/₇"。更爲重要的是，許多簽牌的名稱中都有"在此
中"的提示，這在東漢以前的簽牌中似乎未見，無論"在此中"的確切含義是
指在某一册書中，還是指在某一存放卷宗的"竹笥"中，這種表述暗含的意思
都是：簽牌名稱所提示的並不是册書的全部内容，而只是册書某一方面的内
容。"某事在此中"的表述也可看作是"史家寫作"和"日常寫作"相互影響和
滲透的結果，《史記》《漢書》《後漢書》中都有與"某事在此中"相同或類似的
表達。① 這樣的描述出現在日常寫作的簽牌之中，一方面説明簽牌所記録的
内容確有其事，揭示其"本事"記録在法律或行政意義上的"書證"作用，另一
方面，這樣的提示，無疑也具有檔案管理層面分類管理、便於檢索的功用。

　　李均明通過對西北簡的分析認爲，"簡牘卷宗之標題多書於楬"，而且
"楬書標題與册書及木牘文件標題的區別在於前者涵蓋的範圍（包括内容與
時間）比後者大。以簿籍爲例，簿籍册的標題多限於某月，即月度報告之類；
而楬書簿籍標題多署年度；只有季度報告之'四時簿'，既見於册書標題，亦
見於楬書標題"。② 結合五一簡的情況，簽牌應是存檔環節檔案卷宗全部或
部分内容的標題，故而與運行中册書的標題涵蓋的範圍不同，其與運行中的
册書的標題有着本質的區別。因此，在册書復原的過程中，對於一些表達較
完整，文字内容甚至和册書標題一致的簽牌，因其產生環節的緣故，也應該
認識到，其與册書自帶的標題簡，是性質完全不同的兩類"標題"，絶不能將
之等同於册書的自帶標題。

---

① 如《史記》卷四《周本紀》"其事在周公之篇"、卷五《秦本紀》"其事在商君語中"、卷十《文帝紀》
　"事在吕后語中"、卷二十三《禮書》"事在袁盎語中"等。參《史記》，北京：中華書局，1959 年標
　點本，第 132、203、413、1160 頁。《漢書》卷八十九《循吏傳·黄霸》"語在《勝傳》"、卷九十七下
　《外戚傳下》"事在《莽傳》"等。參《漢書》，北京：中華書局，1962 年標點本，第 3629、4009 頁。
　《後漢書》卷十上《皇后紀上》"事在《竇融傳》"、卷十下《皇后紀下》"事在《百官志》"、卷十六《鄧
　禹傳》"事在《馮異傳》"、卷十八《陳俊傳》"事在《弇傳》"等。參《後漢書》，北京：中華書局，
　1965 年標點本，第 415、457、604、690 頁。這種方法爲後世史家、注家繼承。當然，此處所謂的
　"史家寫作"側重指向自古以來注重用文字記録重大歷史事件的傳統，而這些傳統往往與日常
　記録交織在一起，互有影響。
② 李均明、劉軍：《簡牘文書學》，南寧：廣西教育出版社，1999 年，第 130—132 頁。

第三節　册書復原的兩種方式：編聯與集成

册書復原一般有"編聯"和"集成"兩種方式。所謂編聯，主要針對幾種類型的册書，包括"典籍類"書籍，如出土的多種道家、儒家、兵家著述；涉及日常選擇用的"術數類"文獻，如各種《日書》、各種《曆日》等；律令、案例類册書，如張家山漢簡《二年律令》《奏讞書》、嶽麓秦簡中涉及各種律令的册書等；病方册書等也可用這種方式加以復原。還有就是公文書中呈報事項一類的文書。這些册書在文字及語義上，具有完整的邏輯和先後衔接關係，帶有强烈的"叙事"或"論述"特性，或多或少都會包括時間、地點、人物、事項、結果，以及對該事項的看法或評價、建議等要素。對這類册書的"編聯"，關鍵在於需要逐一確定各散簡在册書中的前後次序或具體位置，以達到完全復原的目的。

而所謂"集成"，主要是針對已確定諸散簡所記録的内容與册書密切相關，但却由於其他原因，無法確定各散簡在册書中的具體位置，而只能將其大概"並列"排放在一起的方式。這種整理或研究方式，在古籍整理中就是"輯佚"，在出土文獻整理和研究中，尤其是"簿籍"類文書簡牘的研究中，一般稱爲"集成"。在國内，銀雀山漢簡整理組較早地採用了這種方式，其《凡例》説"有的簡不能確定它在篇中的先後位置，有的簡很像是屬於某篇的，但又不能完全肯定。這些簡都附列各篇之後，在釋文中用星號把它們和各篇本文隔開"。[①] 在册書復原中，銀雀山漢簡整理組的這種做法就是"集成"。在以"簿籍"爲主要内容的册書中，"集成"整理或研究的方式，得到了最廣泛的應用。仍以金關簡中出土時編繩猶存的《勞邊使者過界中費》册書爲例，原册由9枚簡編聯在一起，中間幾枚僅記有所食"粱米""即米""鹽豉"的數量，並無文意上的衔接關係。假若該册書出土時編繩已不見蹤迹，這幾枚簡

---

① 銀雀山漢墓竹簡整理小組：《銀雀山漢墓竹簡（壹）》之《凡例》五，北京：文物出版社，1985年，第9頁。

也僅僅是成堆出現,恐怕也只能確定這9枚簡應該同屬於《勞邊使者過界中費》册書,但並不能確定其中記録"所食之物",即73EJT21：3至73EJT21：8號諸簡的前後順序。由於這些以"物"爲主要記録對象的並列内容,在文字上往往並不能形成有效的語義銜接和前後邏輯關係,若缺少考古信息如出土位置、相對空間關係等佐證,或簡牘本身不自帶順序編碼,就根本無從判斷到底是"梁米"簡在前,還是"即米"簡在前。因此,以"簿籍"爲内容的册書的復原,目前主要採用"集成"的辦法,將這些並列的内容歸攏到一起。近年來學界關於走馬樓簿籍簡的研究,基本都屬於這類集成式研究。

"集成"相對於"編聯",是一種"讓步"的做法,只是大概恢復了册書的主要内容,並不能算真正意義上的"復原"。對"簿籍"册書而言,其間具有並列關係的簡文即使調換順序,也並不會影響對整個册書的理解和閲讀,因此,這也是研究者在"當下"所能選取的最合適的復原方式。

以五一簡的整理實踐而言,所見的册書大多爲呈報事項的文書,這類册書可單獨運行,也可作爲另一份"呈文"的附件運行。相對的,作爲附件,以"簿籍"爲主要内容的"簿籍類"册書在五一簡中較少見。所以在整理研究方式上,五一簡册書當以"編聯"的方式爲主,但"集成"的方式也不可或缺。

册書復原研究中還有一些重要的問題需要考慮,比如對册書完整性的界定。從册書構成來説,有的册書僅有"呈文",有的册書則帶有"附件"。從册書在不同"進程"中的作用和所反映出的製作者的目的來看,册書的"面貌"也是會發生變化的。前文所述的《永元器(兵)物簿》,顯然不會是册書在呈報進程中原本的樣子,而只能是出於"檔案保存"目的按類别製作的"存檔本"。這三份月言簿和兩份四時簿,在實時的運行中,本是按月和按季呈報的五份獨立册書,但在檔案保存環節却被彙編成一份册書。這些不同層次、不同面貌的册書,都是真實的存在,所以在册書復原時,是要將之復原成册書運行時的面貌,即五份册書單獨成册,還是要復原到作爲檔案留存的一份册書的面貌,都是需要考慮的問題。

五一簡中尚未見有複雜的"簿籍類"册書,但在"呈文類"册書中,却有類似的情況存在。如針對某一些複雜的事項，會形成多份不同的册書，而且這些册書有可能責任人相同，内容關聯，只是從呈報時間或簡牘形制上判斷，相關的内容應分屬不同的册書。這些册書在運行時肯定是單獨成册的，但在檔案留存環節，却因事項相同而有可能被刻意"放置"或編聯在一起。現存的簽牌大多以"某人本事"命名，其下極可能就包含不止一份有關"某人"的册書。所以在五一簡册書的編聯復原過程中，也會碰到究竟要恢復到哪個層面才算復原出一份完整册書的問題。

此外，涉及册書的編聯形態，還有兩個重要的方面需要考慮：其一，不同形制的簡牘之間，如木兩行和竹簡，及與大木牘之間是否存在編聯關係。從目前五一簡的情況判斷，大部分木兩行和竹簡在書寫時，都留有編繩的空位，且編繩痕迹明顯，所以木兩行和木兩行、竹簡和竹簡之間可以編聯，毋庸多言；木兩行和竹簡之間也可編聯，周海鋒已經復原出一份以木兩行爲呈文，以竹簡爲附件的册書。① 懸泉出土的西漢"簿籍類"册書《傳車亶轝簿》②，由 10 枚簡組成，編繩完整，前 9 枚爲木簡，最後一枚爲木兩行，也説明形制不同的簡牘是存在編聯可能的。三國吴簡中也存在一些類似的情況，亦可以參考。其二，五一簡中的一些大木牘，如寫有"君教諾（若）"字樣的大木牘，大多分三欄書寫，並有意留出編繩的空位，而且在"空位"的左右兩側，多有刻槽，有些大木牘還留存清晰的編繩殘迹。那麼這種大木牘原本是和木兩行編聯在一起，還是大木牘和大木牘編聯在一起？大木牘之間的編聯是處於同一水平面並排編聯，還是上下叠壓捆扎在一起？③ 這些都是需要具體思考、討論和解決的問題。

---

① 參周海鋒：《〈長沙五一廣場東漢簡牘〉文書復原舉隅（二）》，簡帛網 2020 年 4 月 17 日。案：該册書按標題簡應名爲《守史勤言調署伍長人名數書》。
② 該册書各簡的編號爲 I90DXT0208②：1—10。
③ 出土所見木牘亦見有上下叠壓的存放形式，張忠煒曾對這些木牘進行了集中討論：多個墓葬中單板木牘的存放形式，或以布帛包裹，或以繩捆扎，如江陵高臺 18 號漢墓出土的四方木牘，其中兩方背面可見絲綢捆綁痕迹，學者認爲有可能原來是捆扎在一起的。可參張忠煒：《兩千年前遷陵縣收到的三份文書——里耶 9-2289 號牘的反印文及相關問題》，《文匯報·文匯學人·學林》2019 年 5 月 17 日。

第四節　冊書復原的基本步驟

　　五一簡目前已經出版了六卷，包括列在附録中的"無字簡"共公布了2600多枚簡牘的圖版和釋文，未整理公布者尚有4200餘枚。[①] 整理組最初曾按順序對4800多枚簡牘做過釋文，但由於是初稿，錯誤較多，並不能直接引用，所以關於五一簡的冊書復原工作，仍需要從頭做起，至少要對未出版的簡牘按整理的基本步驟，先進行圖版處理、釋文、綴合等工作後，再開始編聯和復原工作。由於研究的工作重心主要是木質簡牘，所以第一步即是從全部的簡牘圖版中析出所有的木質載體，並對圖片進行處理，然後再進行釋讀、綴合，最後進行冊書編聯復原的研究。

1. 圖版處理

　　由於數量衆多，五一簡在進行紅外掃描及彩色拍照時，均以"版"爲單位，每一版拍攝和掃描的簡牘數量因簡牘的大小不同而數量不等。每枚簡牘皆需正、反兩面，進行彩色拍照和紅外掃描，也就是説，每枚簡牘至少會有4張影像。對於一些形制特殊的"異形"簡牘，還可能需要從側面等多個角度進行掃描和拍照。因此，若以單枚簡牘計算，五一簡的圖片總量至少在27440張（6862枚×4）以上。

　　首先需要從這麼多張圖片中區分出所有的木質載體。這項工作不能在庫房依據實物進行，只能通過圖片來分揀，對有疑問者再調看實物加以驗證。一般來説，大部分比較完整的木質簡牘由於在形制上與竹簡有較大區别，很容易挑出，但對於一些殘碎的簡牘，比如木兩行縱裂斷開，殘存部分的

---

① 五一簡整理出版時，包括無字簡，每個出土號都對應一個整理號，如有綴合的情況，則直接用整理號相加作爲新綴合簡的整理號。若前卷中綴合了後卷中的殘簡，則後卷中不再出現被綴合的殘簡；前卷出版時未綴合的殘簡，在後卷中被綴合，則被綴合的殘簡不僅會在前卷中出現，也會以綴合後的樣貌出現在後卷中。所以在數字統計上，被綴合的殘簡有重複出現的情況，每卷所收録的簡牘數，因爲有綴合的情況存在，也會和預計的有些出入。如第二卷，預計收録401—800號，共400個出土號的簡牘，實際收録了405個，包括前卷的2個和後面的3個出土號簡牘。

形制與竹簡很相似，就不太容易分辨出到底是木質簡牘還是竹簡了。這時就得依靠經驗進行辨別：木簡或木牘由於本身較厚，因此在視覺上，立體感更強一些，顏色往往更深，由於木質密度較大，簡牘表面也顯得較爲平整；而竹簡則較薄，顏色較淺，常凹凸不平，簡面上常可見較均勻的"條紋"和"小顆粒"，這是表面的纖維組織同時縱向、橫向斷裂後呈現的效果。有一些竹簡殘片在保存過程中，由於受到上下玻璃夾片的擠壓，表面已經非常平整，看着和木質殘片已没有什麽差别，這種情況就更需要仔細甄别。另外，若殘簡上有墨迹的話，竹質載體上的筆畫一般不如木質載體上的筆畫連貫和流暢，會呈現出"時斷時續"的特點，這也是由於竹簡表面纖維斷裂，附着其上的墨迹也隨之斷裂後呈現的視覺效果。

從圖版中析出所有的木質簡牘後，需要對圖片進行處理，主要包括去底色（摳圖）和調色，一些開裂、有裂縫的簡牘則需要將裂開的部分合併在一起，一切以能看清楚墨迹爲原則。圖片處理過程中，對一些簡牘本身具有的獨特信息，如刻槽、殘斷處的茬口，以及外露的編繩殘迹等要刻意保留，但也不能人爲地用技術手段誇大或模糊這些信息，應儘量客觀、如實地反映簡牘本來的面貌。

2. 文字釋讀

圖版處理完成後，即可開展簡文的釋讀工作。作爲整理研究中的工作稿，這份釋文應包括盡可能多的要素，除了簡號和釋文外，還要輔以對簡牘形制、殘損情況、殘損位置等信息，以及對簡文性質的初步判斷等情況的文字説明，並儘量用"固定"的語句進行描述。如可按形制標注爲"兩行、封檢、簽牌、大木牘"，亦可就内容進行標注，如數量較多的"君教"類木牘，可直接注明"君教"等；殘損程度和殘損位置可用"完整、上殘、下殘、左殘、右殘、存中段"等表示，還可以説明得更詳細一些，如"上欄存 1/3""右行下欄缺"等；其他信息如一些特殊書體的文字可標注"草書""習字"等，另外有幾枚可編聯的木兩行，天頭留空較大，可標明"天頭大"。對於明顯可編聯的木兩行，首簡和尾簡是最容易判斷的，可分别標明"首簡"或"尾簡"。一些不確定的信息，可加"?"，並用突出的顔色顯示。在釋文中也可使用一些固定的符號,如斷簡符"☑",或直接改良吐魯番文書中使用的一些符號,對簡牘殘缺的部分用"▢▢▢"表示,用"▢▢▢"的長短表示缺失部分的長短。

在文字的隸定上,也儘量使用統一的標準從嚴隸定,對於衆多的異體字,最好能在字庫中找到最接近的字樣,而不要全部轉換成通行的寫法。若需要插入"圖片字"或用內碼重新造字,也需要在該字後用"固定"的文字方式加以説明。如新造的圖片字"絗",可標注"絗(亻+胡)",以保持和反映書手的書寫面貌,而具有相同書寫面貌的用字,往往就意味着是同一書手所爲,其內容或有關聯,或可以進行綴合及編聯。對於不確定的文字,也可使用顔色或符號突出顯示。圖片是不能檢索的,所以上文强調需要用"固定的文字説明",是爲了用"固定的關鍵詞"進行檢索,爲下一步的綴合和編聯工作做準備。

另外,在文字釋讀中,還應採用紅外和彩色影像密切結合的方式。雖然紅外掃描是目前普遍採用的整理簡牘的手段,紅外技術也確實可以將一些肉眼看不到、普通攝影難以捕捉到的墨迹顯現出來,但這種技術生成的影像是平面的、黑白的,它不能立體、生動地反映簡牘在色澤、材質以及紋理上自然的狀態。簡牘表面多變的色彩、污漬、劃痕或者坑洞,在紅外影像下,只會呈現出黑或白的顔色,其中黑色的部分,可能就會和墨迹混淆,無法分辨,給釋讀造成一定的干擾。還有本身變形、起翹嚴重的簡牘,放在紅外的工作"平臺"進行掃描時,由於無法準確對焦,"起翹"部分的文字就會"虛化"。這些缺點表現在圖版中,有時就會出現彩色圖版反而比紅外圖版字迹更爲清楚的情況。如簡67右行最開始的三個字,彩色圖版顯然更清晰,爲"封安陸"三字。彩色圖版中"封"字右旁"寸"訛爲"刀","陸"字左旁缺一部分,依上字"安",可肯定爲"陸"字;而紅外圖版的三個字,除"安"字略有輪廓外,其餘二字若不依照文例,恐怕是不敢輕易釋讀的。此例説明,在簡文釋讀中,並不能單獨依賴紅外影像,還必須參照彩色圖版,才有可能做出準確的釋文。

3. 分類綴合

釋文完成後,就可以開始殘簡的綴合。關於簡牘綴合,一般會從簡牘的材質、茬口、紋理、字體、出土號、文字內容等方面予以綜合考量。需要說明的是，五一簡是被廢棄後才扔至井窖內的，在廢棄之前或已出現散亂。"1 號窖內①—③層均出土簡牘，簡牘在窖內分布不均，僅少量區域堆積較爲集中，如第①層西側臨坑壁處，爲數十枚較集中的木牘，其餘大多堆積散亂無序。"①五一簡採用了整體或局部提取的發掘方法，然後在室內進行揭剝。盛放簡牘的"大盆中除簡牘外夾雜有大量的淤泥、細碎木片、木屑、碎磚瓦石等雜物。該批簡牘不是成册堆積，隨意丟棄性較大，且木牘竹簡夾雜一起，擺放較雜亂。……大量的淤泥與雜物覆蓋了下層簡牘，基本無法辨認擺放狀況"，②因此，不同於墓葬簡和一些井窖簡，五一簡的出土號對於簡牘綴合和編聯的作用並不十分明顯。當然，從最後的結果來看，一些簡牘的綴合以及册書的復原還是能體現出一些出土號之間的關聯性的。

基於五一簡的現狀，爲方便綴合，可先將木質簡牘按形制分爲木兩行、大木牘、合檄、封檢、簽牌、木簡、削衣等類別，然後從各類別中再析出完整的簡牘，最後再對剩餘的殘斷簡牘按類別進行綴合。綴合主要考慮兩個方面，第一是茬口。所有的茬口都具有可視性，平整的茬口沒有特點反而不易拼接，斷裂處若有參差的茬口或字體殘筆完全吻合和彼此銜接，那麼綴合基本就正確無疑，當然最後還要參考簡長，以及文字內容的貫通來驗證。簽牌的拼接也可利用其獨特的外觀進行檢索，不同於規則的木兩行或木牘，每個簽牌的外形都被削製成大體相似，但實際却獨一無二的樣子，利用一般左右對稱的規律就可以快速地找到殘失的另一半。爲了追求效率，還可以在各大類之內，根據殘片殘缺位置的不同再進行分類，如左殘、右殘、上殘、下殘等，拼接時，左殘主要和右殘進行比對，上殘主要和下殘進行綴合，拼接的效率因使用程序化的步驟會明顯提高許多。

第二是文字內容，即主要依據簡文中的用語和突出的關鍵詞來查找綴合的綫索。五一簡中的文書都比較規整，其文字有許多程式化的套語和格

---

① 長沙市文物考古研究所：《湖南長沙五一廣場東漢簡牘發掘簡報》，《文物》2013 年第 6 期，第 9 頁。

② 莫澤：《長沙五一廣場東漢簡牘的整理保護》，《中國文物報》2018 年 8 月 3 日。

式。若知曉其慣用的文例，就能做到只要看到上文，就能大概知道下文的内容，因此，就可以根據已知推斷出"未知"，從而用文字檢索出殘缺的部分。另外，五一簡中有大量人名、地名等關鍵詞，根據這些關鍵詞，也可以把相同或相近的文字内容歸攏到一起，以方便綴合拼接。通過檢索找到綫索後，再找出相應圖版一一核驗，正面要拼接，無字的反面也要拼接，因爲反面經常會保留一些茬口或紋理的信息，兩面拼接無誤後，方可確定綴合是否成功。

所有的拼接都是用電子圖版在電腦上進行。利用電腦的好處是，可以一遍遍地試驗，容錯率較高。但也有一些不利因素，比如五一簡的每張圖版都比較大，數十兆(MB)到幾百兆不等，普通電腦若同時打開幾十張圖版，會吱吱嘎嘎響個不停，就像破敗的房子，隨時要倒塌一樣。還有，五一簡的圖版，是分三次採集的，而每次數據存儲的參數會有一些差別，這就導致，若將不同批次採集的圖版放在同一個畫面，有些圖版就會出現放大或縮小的現象，這些都給前期的綴合工作帶來不少困難。另外，利用電子圖版進行圖像處理，稍有不慎就會改變圖像的參數，不能確保每張圖版和原簡牘百分之百一致，這一點有時也會給綴合和編聯帶來一些困擾。現在想來，若有條件的話，也可以像老一輩出土文獻整理者那樣，打印出一套或幾套原大圖版，既方便隨手查看，也方便與電子圖版相互校驗。

關於綴合的成果，見附錄《五一簡殘簡綴合情況統計》。其中凡是與《長沙五一廣場東漢簡牘》第一至第六卷相同的綴合，都是集體成果，還有極個別的綴合是長沙市文物考古研究所工作人員或整理組在進行掃描和拍照的時候完成的，但現已不太容易析出。

4. 册書編聯

册書的編聯主要依據文書的結構進行。特定的文書有特定的結構，在格式上也有固定的套語。以"呈文類"册書爲例，簡單的結構一般是以"時間＋職官(身份)＋文書責任人＋叩頭死罪敢言之"開始，然後叙述具體的事項，最後再以"文書責任人＋叩頭死罪敢言之"結尾。複雜一些的結構會在叙述具體事項的時候，先引用别的文書的内容，比如"府書""廷書""寫移書"上的内容，然後再描述文書責任人接到這些文書後針對該事項所採取的措施,這就是"文書中套用文書"的現象。引用上一份文書的内容,既是"書到即報"制度的體現,同時也會使"叙事"部分的内容有前因後果,更符合事件發展的邏輯和順序。

册書中相應部分的"首簡"和"尾簡",一般都會出現文書責任人的名字,而同一册書中的責任人姓名總是一致的,根據這一點,即可找出同一册書中的"首簡"和與之呼應的"尾簡",並爲册書搭建起基本的框架。至於除去"首簡"和"尾簡"之外中間部分的内容,可以利用釋文,通過一些關鍵字、詞的檢索,來逐步補充和完善。以木兩行的容字量來看,滿格書寫的情況下,往往能包含許多内容,如首簡中一般不僅會出現文書責任人的名字,還會出現事項"當事人"的名字,因此可設定當事人的名字爲關鍵字進行檢索,把寫有相同名字的簡文集中在一起。除了人名,這樣的關鍵詞還有很多,可以是時間,可以是地點,也可以是某個特殊的詞語或用字,還可以是簡牘形制方面的特點。另外,册書中間部分的寫作,其實也涉及很多套語和習慣用語,也可根據這些用語進行上下文的檢索。將所有相關材料擺放在一起後,再找出各簡文對應的圖版,從簡牘形制、書寫風格、文字内容等方面來排查,確定其是否屬於同一册書。編繩痕迹也是確定諸散簡是否屬於同一册書的依據之一,五一簡中所有帶有編聯痕迹的簡牘,均爲兩道編繩,1/3 簡長處一道,2/3 簡長處一道,其編繩位置的高低,編繩空位部分的寬窄,都是判斷的重要依據。

當然,以上這些方法的運用並不是可以截然分開的,也沒有一定的先後順序,可能在釋文過程中就能完成綴合和上下簡文的編聯,也可能看到文字的書寫風格就能確定哪幾枚簡屬於同一册書。但無論先後,它們總會相互結合着共同促進册書的編聯復原。

第五節　對五一簡册書復原的幾點認識

通過以上對五一簡册書基本類型的分析,對各類型册書的首簡、尾簡、標題簡和與册書内容密切相關的簽牌(楬)等要素的考察,以及對册書復原方式和復原步驟的總結和歸納,我們對五一簡册書的基本形態和内容有了一些大概的瞭解。在此基礎上,結合已經完成的一些册書的復原實踐,也可在五一簡册書的整體面貌和編聯復原方面形成如下認識:

一、五一簡中保存了大量册書。從表 1 至表 6 的統計可知,五一簡中約有不帶附件的册書首簡 67 枚,帶附件的呈文首簡 40 枚,共約 107 枚册書的首簡;約有不帶附件的册書尾簡 106 枚,帶附件的呈文尾簡 32 枚,共約 138 枚册書的尾簡;標題簡和籤牌分别有 101 枚和 166 枚。考慮到以上統計中首簡、尾簡和標題簡的内容有屬於同一册書的情況,也有不屬於同一册書的情況,因此尚不能確定五一簡木質載體中含有册書的準確數量。但是綜合來看,將含有實質性内容的册書的總量定在 100 份左右,應該是比較接近事實的。

二、五一簡屬於遺址類"井窖簡",和"墓葬簡"有很大不同。墓葬中的簡册不管出於何種製作目的,出土時是否散亂,在内容上一般是完整的,在保存較好的條件下,從理論上講都有極大可能恢復出册書的本來面貌。而五一簡作爲"遺址(井窖)簡",尤其是廢棄的"井窖簡",情形則完全不同。雖然大部分木兩行都存有明顯的編繩痕迹,一些册書的復原結果也證明,同一册書的出土號(揭剥號)相連或相近,説明它們有可能是在編聯狀態下被"扔"進井窖之中,但也存在一些册書在被廢棄時就已經散佚的可能。還有其他多種情況,如在五一簡所涵蓋的二十多年的時間内,[①]1 號井是否爲唯一的放置廢棄簡牘的井窖,歷史上該井窖是否經過擾動等,都會成爲影響五一簡册書完整性的因素。因此從宏觀上説,五一簡的册書根本就不具備完全復原的基礎,而從目前所掌握情況來看,事實也大致如此,除少量可以完整復原的册書外,大多都是不能被完整復原的册書。

三、五一簡中有帶附件的册書和不帶附件的册書兩種類型。帶附件的册書,有以呈文爲附件的,也有以簿籍爲附件的,其中以簿籍爲附件的册書

①《簡報》介紹五一簡的時代約在和帝永元二年(90)至永初五年(111),今見已發表的材料中簡 36 中有"永初七年(113)"的記録,是目前所見最晚的一個紀年,其時間跨度在 23 年左右。

較少,從對標題簡的統計情況來看約有 3 例。至於帶附件的册書中呈文和附件的編排關係,一般都是附件在前,呈文在後。"簿籍類"册書中"簿籍"在前,以叙事性"呈文"爲附件的結構中,也是作爲附件的叙事性"呈文"在前。

對於一些有特殊提示作用的簡文,如"右别人名如牒""傅議解左"等,其"呈文"是否帶附件,可能還要認真考慮。由於没有太多的完整册書實例,僅從字面理解,"右别人名如牒"可能是指將一份單獨的"名籍"作爲附件,排放在呈文的"右"側,在已經復原的《守史勤言調署伍長人名數書》册書中即是如此。以此類推,"傅議解左"應該是指將一份單獨的"議解"作爲附件放在呈文的"左側"。但在後文中復原的有關"女子王綏不當復還王劉衣"案的一份册書中,相關簡文却顯示,所謂"傅議解左"也可能是指將"議解"融入正文,抄録在册書的"左"側,這樣的"議解"實際並不是一份單獨的"附件",而是正文的一部分。這也提示我們,對於類似的情況,可能還要仔細分析,並不能一概而論。

四、五一簡中有許多"標題簡",一般就是相應册書自帶的標題。這類簡文依内容及版面書寫格式都比較容易區分。對於不帶附件的册書,標題簡一般排在册書末尾;對於帶附件的册書,則要加以區分,標題是附件的標題,還是整個册書即"附件 + 呈文"的總標題:如標題簡爲整個册書的總標題,一般居於整個册書之後,[①]如標題簡爲附件的標題,則居於呈文之前,但應排在附件的前面還是後面,則需要具體討論。[②] 目前學界關於五一簡册書的復原研究,最大的問題之一,就是對標題簡不够重視,或没有充分利用標題簡提

---

① 居延簡中的標題簡,有居於册書之前的情況。如《永元器(兵)物簿》是由五份不同時間的"附件 + 呈文"的簿籍類册書編聯而成,每份"附件 + 呈文"簿籍册書的標題簡,如"廣地南部言永元五年七月見官兵斧礎月言簿"等,都居於簿書之前。

② 册書標題簡的情況比較複雜,一些標題簡會標明其和册書的相對位置,如"右爰書"等,但還有相當數量的標題没有標明相對位置,這種情況就得根據其他信息判斷標題簡與册書的相對位置。另外還有一些特殊情況,如《居延新簡》中有一份由 EPF22·222—EPF22·235 組成的《捕斬匈奴虜反羌購償科别》册書除有總標題外,還有兩個分標題,分别爲"右捕匈奴虜購科賞"和"右捕反羌科賞",根據兩個分標題提示的相對位置,推測總標題應居於册書之前。另外侯旭東認爲"帶有'··'的標題簡居於册書之首",見侯旭東:《西北所出漢代簿籍册書簡的排列與復原——從東漢永元兵物簿說起》,《史學集刊》2014 年第 1 期,第 69 頁。

供的信息，關於這一點我們在後面的章節中還會繼續討論。另外，並不是每份冊書都有標題簡，出土材料中，不帶標題簡的冊書也並不少見。

五、重視啓封記録、簽署和批文等後書文字的位置。在五一簡冊書首簡的背面，常留有待填寫的日期和啓封人的“空位”，但實際情況是，相關的啓封記録無一例外地没有出現在首簡之上，却見於冊書的結尾部分。① 根據以往的認識，相關責任人的簽署和批文等一般都會出現在冊書的結尾部分，在五一簡冊書中，也都出現在結尾部分的尾簡和標題簡之上。反推之，我們也可認爲，在五一簡中，啓封記録、簽署和批文等内容所在的簡，應該就是冊書的結尾部分。上述第四點認識中，我們之所以認爲標題簡一般排在後面的原因之一，就是標題簡上常常會有啓封記録和批文等文字内容。

六、不同形制簡牘的編聯問題。要理解冊書作爲文書在運行過程中的變化形態，處在不同的運行階段，就會有不同的編聯形態。五一簡已復原的“寫移”類冊書中，有竹簡和木兩行編聯爲同一冊書的例子。而就大木牘、“君教”木牘以及簽牌而言，大木牘或與冊書内容相關，但一般不與冊書編聯；“君教”簡因有刻槽、編繩痕迹，其内容也多爲“議解”，所以有和冊書編聯的可能；簽牌當産生於冊書運行結束之後，是冊書作爲檔案被“存檔”過程中才出現的，因此當與運行中冊書的編聯復原無關。從簽牌中常見的“在此中”判斷，簽牌與冊書應該不是一一對應的關係，一個簽牌可能對應同一事項的多份冊書，多個簽牌也可能同時對應一個冊書。因此，簽牌並不是運行中冊書的標題。

---

① 冊書的收捲方式，以五一簡而論，一般都是自左向右捲起，自右向左展開。因此，冊書首簡背面（B面）預先寫好的文書責任人用印及待填寫的收文日期等文字，會被首先看到的内容。西北簡中，則會寫“某人以來”（缺少“某人開”等内容），爲收文機構或責任人的二次書寫，一般認爲這些文字應排在冊書末尾的位置。

第三章　對已復原册書的
檢討和反思

　　自五一簡第三、四卷出版後,除了一些學者在對以"事項"爲中心的討論中涉及散亂簡牘的編聯和集成外,也有一些學者意識到,材料已經纍積到可以對一些册書進行復原研究的程度,並開始了真正意義上的編聯復原嘗試。本章中,我們選取了四份已經基本復原的册書,其中前兩份爲不帶附件的册書,後兩份爲帶附件的册書,且一份以"呈文"爲附件,一份以"簿籍"爲附件,擬對其作全面剖析,或是語言文字的重新解讀,或是文書結構的重新界定,或是編聯順序的重新調整,或是册書名稱的重新擬定,指出五一簡以往册書復原實踐中存在的問題,舉一反三,以期對其他册書的復原工作能有所啓示和幫助。

第一節　廣亭長暉言傅任將殺人賊由併、
盜由肉等妻歸部考實解書

　　周海鋒是較早有意識對五一簡册書進行復原編聯的研究者之一,前文已述,在五一簡正式整理報告第一、二卷和第三、四卷發表後,他就立即推出了有關多個册書的復原研究文章。本册書最早即由周海鋒復原,他按内容之間的關聯性將見於正式整理報告第二卷的簡 664 + 542、652、655、654,共 4 枚木兩行按順序排列在一起,組成一份完整的册書。但限於體例,周海鋒未對册書編聯的具體情況加以説明。① 我們在論證其他問題的時候,也對這份册書的内

---

① 周海鋒:《〈長沙五一廣場東漢簡牘〉文書復原舉隅(一)》,簡帛網 2018 年 12 月 26 日。

容有所引用,但也並未展開討論。① 因此,下文擬對這份册書進行詳細解讀。

册書首簡背面的文字,如用印説明、預留的到達日期及啓封記録等,會被審閱者首先看到,其實質相當於文書封函上的内容,與文書的正文並不能直接編聯。因爲具體的到達日期及啓封人等信息需文書到達後方能填寫,故一般將這些簡背文字排在册書的末尾。② 但爲了不割裂首簡正背兩面文字的關聯性以及方便查看各散簡在册書中的準確編聯位置,在本章及以下章節有關册書復原的釋文中,一般將這些内容排在首簡正面内容之前,即册書最前面的位置。

廣亭長毛暉名印
　　　　　　　　史　　白開 /664+542B
六月 日郵人以來

　　　永元十六年六月戊子朔廿八日乙卯,廣亭長暉叩頭死罪敢言之。前十五年,男子由併/殺桑鄉男子黄徼,匿,不覺。併同産兄肉復盜充丘男子唐爲舍。今年三月不處 /664+542A 日,併、肉各將妻、子俱於郡下燔溪上,士食湘中游徼家田,姓棋,不處名。到其/年六月不處日,爲吏所捕得。暉叩頭死罪死罪。輒考問肉妻弄,及 /652 併妻妃,辭:隨夫家客田。弄、妃疑不知情。暉謹詭具任五人,將歸部考實殺人、/小盜、具位證左,復處言。暉職事留遲惶恐,叩頭死罪死罪敢言之。/655
廣亭長暉言傅任將殺人賊由併、
小盜由肉等妻歸部考實解書　　　　六月廿九日開 /654

　　簡文中有一些語句需要解釋。"士食湘中游徼家田"句中,"士"應通"事"。《詩·豳風·東山》"制彼裳衣,勿士行枚",毛傳:"士,事。"③《論語·

---

① 我們在討論文書正文中責任人的姓名是否帶姓氏的問題時,曾引用過此册書,並在注文中説"關於此册書復原的情況,我們以後會專文予以討論"。見楊小亮:《關於"王皮木牘"的再討論》,《出土文獻》2020 年第 4 期,第 14—15 頁。
② 五一簡中目前似尚未見到在册書首簡背面原先預留的空位處填寫文書到達日期和啓封人的樣例。到達日期等信息一般會寫在册書末尾的部分如標題簡之上。
③《毛詩正義》卷八一二,《十三經注疏》上册,北京:中華書局,1980 年影印本,第 396 頁上欄。

述而》"富而可求也,雖執鞭之士,吾亦爲之",《鹽鐵論·貧富》作"雖執鞭之事"。① "事食",以事食之,通過做事來養活自己。從下文由肉妻弄及由併妻妃的供詞"隨夫家客田"來看,所謂"事食……田",就是"客田",即佃種別人的土地。《晉書·潘岳傳》載:"譙人公孫宏少孤貧,客田於河陽,善鼓琴,頗能屬文。"②按五一簡的常用句式,與"事食……田"相近的表述就是"以客田爲事"。因此,由併、由肉等與棋姓游徼之間,應該只是簡單的"傭賃"關係。

後文"考實殺人、小盜、具位證左"句中,"證左"指證人。《史記·五宗世家》:"天子遣大行騫驗王后及問王勃,請逮勃所與姦諸證左,王又匿之。"③《漢書》作"天子遣大行騫驗問,逮諸證者,王又匿之"。④《王莽傳》也有"召會吏民,逮捕證左"。⑤ "具",常可表示"徒具形式"之意,如"具文"可指徒具形式的"空文"。《漢書·宣帝紀》"上計簿,具文而已,務爲欺謾,以避其課",顏師古注"具文":"雖有其文,而實不副也。"⑥"具臣"指備位充數之臣,《漢書·翟方進傳》"上無惻怛濟世之功,下無推讓避賢之效,欲當大位,爲具臣以全身,難矣",師古曰:"具,謂具位之臣,無功德也。"⑦因此"具位"也可表示"徒具其位",如上引顏師古注,又如《新唐書·蘇味道傳》:"然其爲相,特具位,未嘗有所發明,脂韋自營而已。"⑧由於妃、弄二人是由併、由肉的妻子,二人與案情的關係大約有不知情、知情不報和參與犯罪三種可能,因此,"具位證左"的意思是,考實妃、弄二人對於由併"殺人"、由肉"小盜"的事實是真的"不知情",還是知情不報,或者是實際參與了犯罪却"冒充"無辜的證人。

另外,由於理解的不同,關於這句話也有不同的句讀。第一種即是上文的標點,考問的賓語是由併"殺人"、由肉"小盜"以及二人的妻子是否"具位

① 王利器校注:《鹽鐵論校注(定本)》(新編諸子集成第一輯),北京:中華書局,1992年,第221頁。
② 《晉書》卷五十五《潘岳傳》,北京:中華書局,1974年標點本,第1503頁。
③ 《史記》卷五十九《五宗世家》,北京:中華書局,1959年標點本,第2103頁。
④ 《漢書》卷五十三《景十三王傳》,北京:中華書局,1962年標點本,第2434—2435頁。
⑤ 《漢書》卷九十九中《王莽傳》,北京:中華書局,1962年標點本,第4140頁。
⑥ 《漢書》卷八《宣帝紀》,北京:中華書局,1962年標點本,第273—274頁。
⑦ 《漢書》卷八四《翟方進傳》,北京:中華書局,1962年標點本,第3422頁。
⑧ 《新唐書》卷一百一十四《蘇味道傳》,北京:中華書局,1975年標點本,第4203頁。

證左"三個並列的事項。第二種可標點爲"考實殺人、小盜具位證左",即考實的賓語是"具位證左",而"殺人、小盜"是"具位證左"的定語,這句話的意思就變成只是考實由併、由肉二人的妻子是否可作爲二人犯罪行爲的證人。結合簡文,由併、由肉二人已被捕,而將二人的妻子帶回亭部的主要目的是爲了查清案情,所以我們取第一種標點法。

這是一份由廣亭部上報到臨湘縣廷的上行文書。册書的責任人爲廣亭長毛暉,上報時間爲永元十六年(104)六月廿八日,啓封日期爲一天後即六月廿九日。文書責任人廣亭長毛暉上報:永元十五年(103),由併殺男子黃徵後隱匿,由併同產兄由肉盜唐爲舍。永元十六年三月,由併、由肉俱攜妻、子到燔溪上,以租種湘中棋姓游徵家田爲食,到六月的某天爲吏所捕。這是文書的第一個層次,以"暉叩頭死罪死罪"結束。文書的第二層次是匯報案情的後續發展情況:由併、由肉兄弟被抓以後,廣亭長毛暉(受命或按程序)考問犯人由併、由肉二人的妻子妃和孭。妃、孭言,並不知曉由併殺人和由肉偷盜的事實。但毛暉不相信妃、孭的言辭,於是讓二人尋找五名擔保人,並將二人帶回到亭部訊問,待考問清楚後,再將結果向縣廷上報。孭、妃二人此時是被當作"疑犯"看待的,因此需要"保人"。由"暉謹詭具任五人"推測,五個保人應是由孭、妃二人自行尋找,擔保的事項是疑犯"不逃亡""徵召可得",即"保證嫌疑人能隨時被召喚"。① 這也反映了漢代關於"擔保人"有着嚴格的司法程序。

至於標題簡中的"解書",在傳世文獻中,作爲固定詞組最早應出現在《三國志》中。《魏書·孫禮傳》:"今二郡爭界八年,以朝決之者,緣有解書、圖畫,可得尋案摘校也。"②《梁書·南康王績傳》:"績時年七歲,主者有受貨,

---

① 參李均明:《東漢時期的候審擔保——五一廣場東漢簡牘"保任"解》,《湖南大學學報(社會科學版)》2017年第5期,第1—4頁。李均明認爲:五一廣場東漢簡牘中有許多與候審擔保相關的案例。此類擔保,簡文稱之爲"任"或"保任"。被擔保的大多是訴訟過程中待審的被告,也涉及在押服刑的犯人。擔保者有親屬,也有同事或同鄉;被擔保人有官員也有老百姓。擔保人通常需要出具書面保證。
② 《三國志》卷二十四《魏書·孫禮傳》,北京:中華書局,1985年標點本,第692頁。案:原文"解書"與"圖畫"間無頓號,但依其上下文意,"解書"與"圖畫"應爲兩事,實應頓開。

洗改解書,長史王僧孺弗之覺,績見而輒詰之,便即時首服,衆咸歎其聰警。"①出土文獻中,當以五一簡所見諸多"解書"爲最早,走馬樓三國吳簡中也有較多關於解書的材料。西北漢簡中出現了大量上級向下級問責的文書,通常以"解何"爲標誌,但並未出現"解書"一詞。

綜合出土文獻與傳世文獻的材料,我們認爲《文心雕龍》中"解"的指向就是五一簡中所謂的"解書"。其《書記》篇曰:"百官詢事,則有關刺解牒……解者,釋也。解釋結滯,徵事以對也。"②因此,"解書"應是下級官吏針對上級官吏的問訊,就行政或法律事務進行申辯或解釋的實用文體,至遲在東漢時就已成爲一種成熟的文書形式。解書可單獨運行,亦可作爲附件運行,其應用範圍非常廣泛。從五一簡的各種帶有"解書"字樣的標題簡來看,可用於對具體事務進行説明和解釋,如"廄亭長殖言格殺耐罪大男區敢解書/₄₄₃₊₃₃₉₇",區敢犯"耐"罪,罪不至死,却被格殺,因此廄亭長殖需要對此事的緣由和經過進行解釋、説明。亦有所謂"竟解書",表示案已調查完畢,並附有對案的處理建議,即所謂"議解"。當然,五一簡中也常常會有改變原先的處理意見的情況,如"除前解"等。對於這些,我們也曾專門進行過討論。③ 另外一些不帶"解書"字樣的標題,如"兼左部賊捕掾則言實核女子李淺失火假期書/₁₇₅₃"等也應看作是"解書"的一種,用於解釋案爲何未能在期限内辦理完畢,而申請延期,實際也是爲了表達某種建議或訴求的"解書"。

在本册書中,所謂"解書",是文書責任人廄亭長毛暉向縣廷説明已經(按照命令或程序)開始對證人(罪犯之妻)進行審訊,以説明案件的進展情況,這也正是此份文書的主要目的。

本册書復原示意如圖 2,僅涉及 4 枚兩行簡,其形制相同,字體風格統一,文書層次清晰,結構完整,内容也較簡單,因此在册書編聯中,是比較容

①《梁書》卷二十九《南康王績傳》,北京:中華書局,1973 年標點本,第 427 頁。

② 黄叔琳注,李詳補注,楊明照校注拾遺:《增訂文心雕龍校注》,北京:中華書局,2000 年,第 347 頁。

③ 參楊小亮:《從五一廣場東漢簡牘談對"解書"的初步認識》,《甘肅省第三屆簡牘學國際學術研討會論文集》,上海:上海辭書出版社,2017 年,第 366—373 頁。

| 654 | 655 | 652 | 664+542A | 664+542B |

圖 2 《廣亭長暉言傅任將殺人賊由併、盜由肉等妻歸部考實解書》冊書復原示意圖

易的。但在册書的命名上,還應以册書自帶的標題"廣亭長暉言傅任將殺人賊由併、盜由肉等妻歸部考實解書"作爲册書的標題。對標題簡不够重視,或者説對標題簡的性質及作用的認識不够清晰,是現階段五一簡册書復原中的一個普遍現象,也是在後續册書復原實踐中應該注意的問題。

第二節 從掾位悝言考實倉曹史朱宏、劉宮臧罪竟解書①

這份册書的大部分資料已經發表,所以在册書編聯方面是目前被討論最多的册書。《選釋》最早公布過一些内容如簡 301、361、366,並指出它們在内容上或有聯繫。② 陳劍在審閲五一簡第一、二卷校樣時,也曾來信指出:關於"倉曹史朱宏、劉宮臧罪"案(367),目前所見相關的木兩行最多,其中至少有兩組可連讀,分别爲"347 + (333 + 334)"和"231 + 301 + 344 + 370",簡378 也與本册書相關。五一簡第一、二卷出版後,李均明在討論職務犯罪時,也將與本册書相關的 344、347、350、361、365、366、367、370、378、379,共10 枚木兩行按揭剥順序排列在一起,但未進行編聯。③ 曲禎鵬④、張亞偉⑤、

---

① 關於這份册書復原的基本情況,我們曾在韓國慶北大學《東西人文》刊物上發表過。見楊小亮:《五一簡〈從掾位悝言考實倉曹史朱宏、劉宮臧罪竟解書〉編聯復原研究》,동서인문 (15 호) 06 양소량,2021 年 4 月,第 157—174 頁。

② 此處爲正式整理號。這三枚木兩行在《選釋》中的編號分别爲一三二、一四二、一四三。

③ 李均明:《長沙五一廣場東漢簡牘所見職務犯罪探究》,《鄭州大學學報(哲學社會科學版)》2019 年第 5 期,第 82—87 頁。此外,亦有其他學者在五一簡第一、二卷發表前後討論過該册書的相關内容,如李蘭芳:《〈長沙五一廣場東漢簡牘選釋〉札記數則》,簡帛網 2017 年 5 月 2 日;唐俊峰:《東漢早中期臨湘縣的行政決策過程——以五一廣場東漢簡牘爲中心》,黎明釗、馬增榮、唐俊峰編:《東漢的法律、行政與社會——長沙五一廣場東漢簡牘探索》,香港:三聯書店(香港)有限公司,2019 年,第 162—163 頁;黃浩波:《簡牘所見秦至東漢幾個時期的金錢比價》,上海華東政法大學第九屆"出土文獻與法律史研究"國際學術研討會會議論文,2019 年 10 月 12 日。

④ 曲禎鵬:《長沙五一廣場"考實倉曹史朱宏、劉宮臧罪竟解書"——兼論東漢"解書"及其相關問題》,山東大學歷史文化學院"山東大學第二屆先秦秦漢史研究生暨青年學者論壇"會議論文,2019 年 4 月。

⑤ 張亞偉:《五一廣場東漢簡"左倉曹史朱宏、劉宮、卒張石、男子劉得本[事]"簡册復原》,簡帛網 2019 年 4 月 30 日。

温玉冰①、崔啓龍②等則專門從册書復原的角度,對該册書進行了討論。

　　就所編聯的内容而言,在已發表的材料中,研究者已將這份册書涉及的231、301、333 + 334、344、347、361、365、366、367、370、378、379,以及編號爲350的簽牌,共 13 枚簡(14 個簡號)收羅殆盡。其中張亞偉未收 231 號簡,而温玉冰增收了 1 枚 368 號"君教"木牘。詳見表 7。在簡牘編聯的順序上,温玉冰和張亞偉的排序大體相同,也較爲正確,但均將 366 簡排在了同一個錯誤的位置。另外在册書的命名上,二人明顯受到 350 號簽牌的影響:張亞偉將簽牌當成册書的名稱,而温玉冰雖指出 367 簡爲標題簡,但在一份册書同時擁有標題簡和簽牌的情況下,他選取了標題簡和簽牌中的關鍵字,從案件的角度給册書另外起了一個名字。

表 7　四位研究者的編聯意見比照表

姓　名	編　聯　順　序
曲禎鵬	[缺] + 231 + 301 + 344 + 370 + [缺] + 366 + [缺] + 347 + (333 + 334) + [缺] + 361 + [缺] + 378 + 379 + 365 + [缺] + 367
張亞偉	[缺] + 347 + (333 + 334) + [缺] + 366 + [缺] + 301 + 344 + 370 + [缺] + 378 + 361 + 379 + 365 + [缺] + 367
温玉冰	[缺] + 347 + (333 + 334) + [缺] + 366 + [缺] + 231 + 301 + 344 + 370 + [缺] + 378 + 361 + 379 + 365 + [缺] + 367、368
崔啓龍	[缺] + 378 + 361 + 379 + 365 + [缺] + 347 + (333 + 334) + [缺] + 231 + 301 + 344 + 370 + [缺] + 366 + [缺] + 367

　　下文擬補充一些與册書相關的簡文信息,對這份涉及簡數較多,但實際並不複雜的册書重新進行編聯和復原,同時對簡文中一些基本的問題予以簡單考釋和梳理。結合已有的編聯成果,先將册書中可直接連讀的内容分三組釋讀如下:

---

① 温玉冰:《朱宏、劉宫臧罪案復原研究》,簡帛網 2020 年 6 月 9 日。
② 崔啓龍:《五一廣場簡"朱宏、劉宫臧罪案"簡册復原再議》,簡帛網 2020 年 6 月 20 日。

第一組：6605＋347＋（333＋334）

（略）/₆₆₀₅B

　　（略）/₆₆₀₅A 核，正處言。悝叩頭死罪死罪。輒收宏及史劉宫，知狀廷門卒張石，髡鉗徒何脩、王种、/李牧、黄勤、屈赦、桓真、傅种、侯寶、廖國、宋珍、張閏、哆若、鄧肜、袁歆，完城旦徒周紆、徐淩、/₃₄₇ 黄達、番建，鬼新魯本，節訊宏妻南等。考問，辤皆【曰：宏、】宫各以故吏，宏今年十一月/二日，宫其月五日，各調署視事。石，縣民，債代廷門卒，【月直】錢二千。种、淩、勤等前各他/₃₃₃₊₃₃₄

　　第一組共有 3 枚簡。簡 6605 是未發表的内容，是册書的首簡。首簡中的紀年爲"永元十年十二月丙戌朔六日辛卯"，然而永元十年十二月朔庚申，六日爲乙丑，明顯與簡文不合。首簡"十"字後應脱"六"字，"十年"當爲"十六年"，永元十六年（104）十二月朔丙戌，六日爲辛卯。350 號籤牌記載的内容是"永元十六年十二月左倉曹史朱宏"，亦可證"永元十年"當爲"永元十六年"。簡 347 中的"若"字，原釋爲"右"。此字恰處於裂縫處，上部"艹"形已不見，但從第三組簡文中首次出現的人名"若"可判斷，二者爲同一人，"右"字當改釋爲"若"字。簡 333 與簡 334 原遥綴，中間部分有缺。缺失的部分右行按文例可在"皆"下補"曰宏"二字。周海鋒於此補"服宏"二字，①張亞偉從之。但"服"字不合文例。五一簡中的辤例一般爲"辤具服"，而不會用"辤皆服"，而且在此處只有"曰"字才能引出後面接續的調查内容，五一簡中也多有"辤皆曰"文例。② 缺失部分的左行郭偉濤補"月直"二字，則全句爲"石，縣民，債代廷門卒，月直錢二千"，可從。③

----

① 周海鋒：《〈長沙五一廣場東漢簡牘（壹）〉選讀》，簡帛網 2018 年 12 月 26 日。

② 温玉冰也指出此處當爲"辤皆曰"。

③ 郭偉濤以簡 2593"崇十一月八日債作駼駕卒，月直錢二千"爲參照，認爲"駼駕卒和廷門卒的備價相接近"。其中"債"字原釋"積"，郭偉濤據文意改，亦可從。此前段艷康在討論五一簡的"債代"問題時，引《漢書·昭帝紀》元鳳四年詔"三年以前逋更賦未入者，皆勿收"注如淳曰："更有三品，有卒更，有踐更，有過更。古者正卒無常人，皆當更迭爲之，一月一更，是爲更卒也。貧者欲得顧更錢，次直者出錢顧之，月兩千，是爲踐更也。天下人皆直戍邊三日，（轉下頁）

　　第一組簡文爲册書的開始部分，比較完整。向悝是文書責任人，其身份爲"從掾位"，當爲散吏。[①] 向悝在永元十六年（104）十二月六日尚爲"從掾位"，而據另一份册書，[②]至遲在兩個月之後，即"永元十七年（105）二月廿一日"已變爲職吏"右部勸農賊捕掾"。因此，向悝在永元十六年十二月期間很可能就是"右部"賊曹的"從掾位"。首簡簡文顯示，女子尹澪告發倉曹史朱宏後，縣廷應該是指令右部賊曹負責調查辦理，於是右部賊曹的"從掾位"向悝才成爲案件和這件文書的責任人。自"從掾位悝叩頭死罪敢言之"以下至"悝叩頭死罪死罪"之前的這段文字，應是對縣廷文書的摘抄，其中前面的部分是尹澪告發的内容，列舉朱宏的罪狀有兩條，一爲"釀酒沽賣"，一爲"受徒飲食"，"實核，正處言"是縣廷的指示。"悝叩頭死罪死罪"之後的内容，是向悝調查的過程和考問的結果，可惜後面的内容因缺簡而不完整。

第二組：(6742＋5938＋3091)＋(2171＋5780＋231)＋301＋344＋370＋6822

（略）/$_{6742+5938+3091}$ 食共飲，食盡。其月廿七日，宏遣本迎南入縣，俱止寺舍。其月不處日，脩與种、勤、牧、真、傅种、/赦、國、珍、紆、淩、寶等十二人，俱撿錢千卅二，令達於市市牛肉廿斤、象肉十斤、鮐五斤，復從石沽/$_{2171+5780+231}$ 酒四器，直錢四百，俱持詣宏。宏曰："誰持來者？"脩、种、真等曰："持少禮，賀新婦入寺舍/也。"宏曰："可。"即呼勤、牧、种、真、紆、國、脩從作所歸曹中，置肉案上，頃資寫酒置杆中，以/$_{301}$ 酒杯抒賜勤、种、真、紆、國等各二杯所。宮從門下還，宏呼宮，宮即前與宏俱坐。脩

（接上頁）亦名爲更，律所謂徭戍也。雖丞相子，亦在戍邊之調。不可人人自行三日戍，又行者當自戍三日，不可往便還，因便往一歲一更，諸不行者出錢三百入官，官以給戍者，是爲過更。"也已指出此處的"錢二千"爲代役之傭值，但並未於此處直接補出"月直"二字。以上可分别參郭偉濤：《簡牘所見東漢中後期長沙地區物價初探》，《出土文獻研究》第二十輯，上海：中西書局，2021年；段艷康：《試論〈長沙五一廣場東漢簡牘選釋〉簡63中的"債代"》，簡帛網2020年6月5日。

① 郡、縣都有從掾位，皆"虛銜尊榮"之散吏。見嚴耕望：《中國地方行政制度史》（甲部），臺北：三民書局，1990年，第222—223頁。

② 這份册書名爲《右部勸農賊捕掾悝言盜陳任蠠者不知何人未能得假期書》，相關簡號爲"2172"。詳見第四章。

扚酒/飲官二杯。門下復傳,官即起應傳,遂不復還。宏遣真、种、勤等還作所,復令脩呼傳种、/₃₄₄淩、赦、珍、寶到,賜酒各二杯,遣還作。上餘酒肉,皆以自給。其月不處日,宏令丸市/牛肉五斤,斤直錢十七;魿三斤,直錢卅;胃三斤,直卅;胡果一斗,直十五;荵五把,直十五;生/₃₇₀(略)/₆₈₂₂

　第二組共有 6 枚簡。6742＋5938＋3091 與 2171＋5780＋231 爲新綴合和新增加的整簡。簡 344 中"門下"二字較模糊,原無釋,且被看作一個字,今依殘筆及下文"門下"補。① 簡 6822 爲未發表的殘簡,只存下半段。從編聯的角度考察,因簡 6822 上部殘缺,尚不確定是否可和簡 370 直接編聯,其間或還有缺簡,但依其内容,它與這一組可編聯的部分都是朱宏收受諸作徒"酒肉果蔬"的内容,因此暫將其與上面的内容直接編聯在一起。另外,本册書涉及的人名較多,第一組簡文中首次提到這些人名時,均稱其全名,後面再次提及時,則省去姓字。而對於"王种""傅种"這種若只稱名會引起混淆的情况,册書中採取了一個只稱名,另一個稱全名的解決辦法,如後文中的"种"指"王种",以和稱全名的"傅种"相區别。

第三組:378＋361＋379＋365

册七,官二千一百,發覺。考問,辭具服,與脩、若、丸等辭合驗,即脩、若、丸等證。·案宏、官/蒙恩在職,不思竭力盡忠、洒心自守,知詔書不得糜穀作酒,公教南讓酒;至令/₃₇₈脩、种、國等相賦撿、沽酒、受賕請,相與群飲食,**山徒取其錢**;令丸、達私市肉、胃、/鹽、豉,皆不雇直;知若無任徒,寬緩令爲養,私使炊讓,便處徒所,不當得爲。宏、官、吏、/₃₆₁盜賦、受所監臧皆二百五十以上。宏、石糜穀作酒,官俱飲;宏沽得錢三百七十,石得錢/六百;宏、官不承用詔書,不敬。數罪。石以律罰金八兩。男子劉得與官相知,無故入官寺,/₃₇₉留,再宿,干亂吏治,罰金四兩。兩

---

① 温玉冰也已補出"門下"二字。

直錢六百廿五,石并五千,得二千五百,属金曹收責,簿/入十二月。時
達隨供未還,不問。宏、宫**所山省徒錢**,掾劉仙自實核,未竟。唯/365

　　第三組共 4 枚簡。簡文"山徒取其錢"和"宏、宫所山省徒錢"中的"山
徒""山省徒"頗不可解。廣瀨薰雄將"山徒"理解爲一種身份,認爲其與漢代
"出錢代役"的"顧山"有關,指替人(在山中)代役從而賺取錢財的勞動
者。[①] 崔啓龍認識到這樣的解釋無法適用到"宏、宫所山省徒錢"句中,他傾
向於將"山(省)"看作一個動詞,而不是將"山徒"看作某種身份,他將"山"字
與後文"山省徒錢"結合考慮,認爲是指私自向刑徒收取代役錢的行爲。崔
説思路與簡文相合,因此,我們考慮"山"字用作動詞,或可破讀爲"删"字。
"山"可通"删",[②]縣名"山丹"或作"删丹"。那麽,所謂"山(删)徒取其錢",或
指宏、宫二人在文書上弄虚作假,通過"删改"作徒姓名、勞作日數等手段,以
榨取刑徒錢財;"所山(删)省徒錢"的含義也與此相因,指宏、宫二人通過各
種手段從作徒處獲得的錢財,這種行爲應屬於"文書犯罪"。這樣的解釋雖
然直接可通,但從文例上講,似乎也並未見有顯豁的例證。

　　第三組簡文中有"案"字,其後一般是對案情分析的文字;也有可作爲文
書末尾標誌的"唯"字,表明其後可能只缺 1 枚簡,内容應是"廷……,惶惶恐
叩頭死罪死罪敢言之"等套語。據此,可確定這段文字當處於册書後面的
部分。

　　向悝經過一番調查,詳細羅列了朱宏等人所犯的四條具體罪狀,分別是:

(1)蒙恩在職,公教南釀酒;
(2)至令脩、种、國等相賦斂、沽酒、受賕請、群飲食;
(3)令丸、達私市肉、胃、鹽、豉,皆不雇直;
(4)知若無任徒,私使炊釀。

---

① 廣瀨薰雄:《長沙五一廣場東漢簡牘中所見的"山徒"小議》,廣瀨薰雄:《簡帛研究論集》,上
　海:上海古籍出版社,2019 年,第 170—177 頁。
② 參張儒、劉毓慶:《漢字通用聲素研究》,太原:山西古籍出版社,2002 年,第 712 頁。

入罪的依據是宏、宫二人爲吏職，“盗賦、受所監臧皆二百五十以上”和“不承用詔書，不敬”，達到“數罪”的標準。這些都屬職務犯罪，李均明對此有過討論。後文中的劉得，因與劉宫相識，無故入官寺留宿，“干亂吏治”，被判“罰金四兩”，劉宫也屬職務犯罪。關於“盗賦”，在五一簡中也較多見，李均明認爲其或稱“擅賦”，與“非法支付或接受”有關。[①] 受其啓發，我們認爲還可將“盗賦”細分，視作“盗”和“賦”兩種並列的情况。所謂盗，在李均明所引的《漢書·景帝紀》元年七月詔書中有明確的界定，現再節引如下：

> 詔曰：“吏受所監臨，以飲食免，重；受財物，賤買貴賣，論輕。廷尉與丞相更議著令。”廷尉信謹與丞相議曰：“吏及諸有秩受其官屬所監、所治、所行、所將，其與飲食計償費，勿論。它物，若買故賤，賣故貴，皆坐臧爲盗，没入臧縣官。”[②]

詔書中很明確，官吏收受所管轄範圍內（所監、所治、所行、所將）其他人員的飲食而“不償費”和“受財物賤買貴賣”這兩種情况，均被視同爲“盗”。至於“賦”，即“擅賦”，這是對官吏擅自額外徵收賦税所論的罪行。《晉書·刑法志》引張斐律表：“斂人財物積藏於官爲擅賦。”[③]《唐律疏議》：“若非法而擅賦斂，及以法賦斂而擅加益，贓重入官者，計所擅坐贓論；入私者，以枉法論，至死者加役流。”[④]如果和簡文對應的話，“至令脩、种、國等相賦撿（斂）、受賕請”應該主要指“擅賦”，而“令丸、達私市肉、胃、鹽、豉，皆不雇直”的行爲則屬於“盗”的範疇。統言之，則如李均明所言，二者均涉及“非法支付或接受”。至於“相與群飲食”和“山徒取其錢”，以及公然違抗詔書的“不敬”行爲等，則屬於另外的罪行，因此朱宏、劉宫二人“數罪”並犯。但如何判罰，在目

---

① 以上可參李均明：《長沙五一廣場東漢簡牘所見職務犯罪探究》，《鄭州大學學報（哲學社會科學版）》2019 年第 5 期，第 84—85 頁。

② 《漢書》卷五《景帝紀》，北京：中華書局，1962 年標點本，第 140 頁。

③ 《晉書》卷三十《刑法志》，北京：中華書局，1974 年標點本，第 929 頁。

④ 長孫無忌等撰，劉俊文點校：《唐律疏議》卷第十三《户婚》，北京：中華書局，1983 年，第 251 頁。

前册書所見的内容中,尚無從知曉。

　　除以上三組可直接編聯的簡文外,尚有 1 枚木兩行、1 枚標題簡和 1 枚簽牌,其内容皆與册書相關,但按文意尚不能直接進行編聯。而我們與温玉冰、張亞偉關於本册書復原最大的不同,就在於對這 3 枚"散簡"的認識和安排上。3 枚簡的簡文分别爲:

等,宏念可讓爲酒。遣丸於市市米一斛,令若炊爲讓酒。酒孰,胡客從宏沽酒一杅,直/卅;歓復沽一杅,直卌。後不處日,閏復沽二器,直錢二百;脩復沽一器,直錢百;建沽一/₃₆₆

　　　　永元十六年
左　　十二月左倉曹/_{350A}
　　　　史朱宏劉官
賊　　卒張石男子劉
　　　　得本/_{350B}

從掾位悝言考實倉曹史
朱宏劉官臧罪竟解書　　　　十二月七日　　到/₃₆₇

　　對於 366 號木兩行,温玉冰、張亞偉將其置於第一組和第二組之間,而我們認爲,這枚簡應排在第二組和第三組之間。前文已述,第三組簡文中,向悝經過一番調查,詳細羅列了朱宏等人的四條罪狀,這四條罪狀並不是隨機排列,而一定是按照犯罪行爲實施的先後順序安排的結果。反推上去,第二組簡文對調查過程的描述,也一定是遵照着這樣的順序進行的。因此,只要對照第二組簡文中的調查事項和第三組簡文中分析罪狀的内容,就能比較容易地找出這枚木兩行的正確位置。事實上,第二組簡文中的"其月廿七日,宏遣本迎南入縣,俱止寺舍",正可與第一條罪狀對應。調查中雖没有明言"南釀酒"之事,但從第三組簡文列舉的罪狀來看,這一定是發生過的事實。而且從這份册書的發出日期"永元十六年十二月六日",和朱宏"調署視事"的時間"十一月二日",我們也能推斷出朱宏的妻子南到朱宏處的時間"其月廿七日",一定是十一月廿七日,那麽南釀酒應該是在這個日期之後。第二組簡文中的"脩與种十二人,俱撿錢千卅二",以及"令達於市市牛肉……"和"宏令丸市牛肉……"等則與第二、三條罪狀相應。第二組簡文中没有朱宏"令若炊釀"的内容,而這枚木兩行明言"令若炊爲釀酒",恰與第三組第四條罪狀相合。因此,我們可以肯定,這枚木兩行應排在第二組之後第三組之前,而不應出現在第一組和第二組之間的位置。

　　另外,根據這枚木兩行,我們懷疑第三組簡文中的統計數字可能存在誤書的情況。第三組簡文總計朱宏和張石沽酒得錢的數字分別是"三百七十"和"六百",從第二組簡文"[從]石沽酒二器,直錢二百/6742 + 5938 + 3091""復從石沽酒四器,直錢四百"來看,張石沽酒得錢確爲六百。但從這枚木兩行來推算,"胡客從宏沽一杆,直卅;歆沽一杆,直卅;閏沽二器,直二百;脩沽一器,直百;建沽一",不算建所沽酒的錢,朱宏已得三百六十錢。從五一簡的情況看,沽酒所用酒器的最小單位是"杆",直卅錢,還没有出現過直十錢的容具。所以我們懷疑朱宏沽酒得錢數可能是"三百九十",册書中誤爲"三百七十"。

　　至於 350 號簽牌和 367 號標題簡,均涉及册書的命名問題。張亞偉將簡 350 排在册書最前的位置,將 367 號簡排在册書的末尾,但仍以簽牌文字"左倉曹史朱宏、劉宫、卒張石、男子劉得本[事]"爲册書命名。温玉冰則比較矛盾,一方面他認識到 367 簡爲册書的標題簡,"或編聯於簡册末尾",另一方面,他則同意張亞偉的看法,認爲 350 號簽牌是一份"本事"册書的標題,完整題名或是"永元十六年十二月,左倉曹史朱宏、劉宫、卒張石、男子劉得本事"。他繼而認爲本册書所涉及的這些木兩行可能有些屬於"竟解"册書,有些屬於"本事"册書,最後因其書寫筆迹一致,遂將這些木兩行視爲 367 號標題簡"竟解書"下的内容。他在册書命名中,採用了"回避"的辦法,從案情的角度將這份册書命名爲"朱宏、劉宫臧罪案"。

　　我們以爲,350 號簽牌是册書運行結束後,在存檔環節產生的,作用當是繫掛在册書(或存放册書的容器)之上,以備查驗。因此它與運行中的册書無關,也與册書的編聯和復原無關。在第二章我們對簽牌和標題簡的考察中,明顯可發現"本事"二字一般只出現在簽牌中,應是在存檔環節才産生的一個通用詞語,概括性極强,目的只是爲了方便統計和查驗,而標題簡中並没有"本事"二字,因此五一簡中或許根本就没有,也不應該有可以用"本事"命名的册書。但簽牌的内容與册書内容明顯相關,這對於没有標題簡或缺失標題簡的册書的命名,仍有很大的參考價值。只是350號簽牌上的文字僅僅並列了"朱宏、劉宫、張石、劉得"幾個與案件相關的人名,未能涉及案情及案件性質,所以並不適合作爲本册書的標題。

367號標題簡則是册書原有的自帶標題,原本就是册書不可分割的部分,它與册書"正文"同時製作、編聯在一起,並一起運行和發揮效力。簡面上的"十二月七日到",就是上級機構收到向悝的這份報告後,在册書末尾所做的記録,也可證明標題簡原本就編聯在册書的末尾。因此,本册書的名稱也當依標題簡文字,名爲《從掾位悝言考實倉曹史朱宏劉宫臧罪竟解書》。"考實"表明這份册書的核心内容是對犯罪事實通過調查加以確認,"竟"字一般表示完結,但依本册書的内容,只是説明,相對於案件的整個審理過程,負責人向悝調查的部分已經結束,所以在向悝上報的這份册書標題中用了"竟"字。至於"宏、宫所山省徒錢"這部分罪行,由掾劉仙實核,仍"未竟",屆時劉仙也當有另一份"考竟"文書上報。這些都表明,"朱宏劉宫臧罪"案並未全部調查完畢,本册書也只是與案件相關的多份册書中的一份。

另外,温玉冰在復原的過程中,還將1枚"君教"簡即368號木牘與册書聯繫在一起。該簡簡面上端大字書"君教"二字,其下有大字批覆"諾"字,左下角有"已屬"二字。[1] 從案情復原的角度,將相關的簡文集中在一起無可厚非,但若從册書編聯復原的角度,則需要重新考慮。從文書的運行程序上看,向悝將這份文書上報後,縣廷或其代理人必須對這份文書作出批示,即

---

[1] 温玉冰根據唐俊峰的研究,認爲"已屬"或是屬吏根據"屬金曹收責"所作的追記。可參唐俊峰:《東漢早中期臨湘縣的行政決策過程——以五一廣場東漢簡牘爲中心》,黎明釗、馬增榮、唐俊峰編:《東漢的法律、行政與社會——長沙五一廣場東漢簡牘探索》,香港:三聯書店(香港)有限公司,2019年,第162—163頁。

"諾"字。而温玉冰將這枚"君教"簡與册書聯繫在一起,從程序上看是正確的。但問題在於,五一簡中與 368 簡相似的"君教"簡太多了,我們無法確定這枚"君教"簡正好就是針對這份册書進行批示的那一枚。由於文字太少,僅從字體、形制,甚至其簡號和標題簡 367 相接,就把它們聯繫在一起,應該是不够穩妥的。

更爲重要的問題是,從册書復原的角度,本册書是否還需要包括 1 枚這樣的"君教"簡,這與對文書形態的認識密切相關。我們知道,文書在流轉過程中的不同階段,會呈現不同的面貌。在一個簡單的單向的運轉週期裹,一般來説,文書的内容和簡牘數量都有可能會出現逐級纍加的態勢。以本册書爲例,假設其有一個非常簡單的單向流轉的過程,如圖 3 所示:

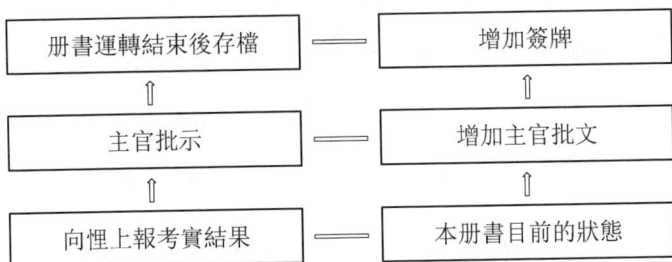

圖 3　文書流轉層級與文書内容關係示意圖

那麽,對於册書復原來説,本册書因爲所處運行階段的不同,至少會有三個形態:向悝上報的《從掾位悝言考實倉曹史朱宏劉宫臧罪竟解書》爲第一階段的形態。雖然無從得知等待主官批示的"君教"("諾"字留空)簡是在哪一個階段製作的,或在第一個階段中製作,即僅書"君教"二字的簡已預先編聯在第一階段册書標題簡之後;或在第一和第二階段之間,由具體收文機構在上報主官之前製作並和册書編聯在一起;又或者在第二階段主官使用預先批量製作的"君教"留空簡作批示後,相關機構才將之與册書編聯在一起,但批文"諾"字肯定是在第二階段才産生的。而且從衆多的"君教"簡的形制以及編繩痕迹來看,它們肯定是要和册書編聯在一起的。所以無論如何,只有在第二階段,才會出現增加了帶有"諾"字的"君教"簡或主官其他批文内容的册書形態。文書流轉結束之後,便進入存檔環節,文書的簽牌一般就産生在這一過程之中,這和標題簡産生在第一階段的情況完全不同。另外,簽牌的"編聯"方式和册書本身的編聯方式也有着明顯的不同,而且從簽牌"本事"文字的所指推測,其下轄的内容往往並不是一份册書,也可能同時對應在内容上互有關聯的多份册書。

通過以上討論和分析,我們認爲在册書復原過程中,可以根據材料的多寡和復原目的的不同,選擇性地將册書復原到某一個層級,但不能不加區分地將處在不同流轉階段的所有相關材料都"集成"在一起。具體到本册書,可信且穩妥的做法是只將册書復原到文書責任人向悝上報的階段,因此我們捨棄350號簽牌和368號"君教"簡,然後將已編聯及新增加和修正排序的木兩行重新編聯在一起,正確的簡序如下(復原情況參圖4):

6650 + 347 + (333 + 334) + [缺] + (6742 + 5938 + 3091) + (2171 + 5780 + 231) + 301 + 344 + 370 + 6822 + [缺] + 366 + [缺] + 378 + 361 + 379 + 365 + [缺] + 367。

推測這份名爲《從掾位悝言考實倉曹史朱宏劉宫臧罪竟解書》的册書大概由19枚木兩行組成,現存15枚(共20個簡號),尚缺4枚。

我們再對册書中出現的"糜穀作酒"的相關情況略作討論。這肯定與漢代的禁酒之制有關,但"禁酒"只是一個籠統的概念,爲便於討論,可根據與酒相關的活動的不同,將"禁酒"分爲三個層面來考察,分别是:禁私釀、禁私酤和禁群飲。

先討論禁私釀。文帝時曾下詔:"間者數年比不登,又有水旱疾疫之災,朕甚憂之。……以口量地,其於古猶有餘,而食之甚不足者,其咎安在?無乃百姓之從事於末以害農者蕃,爲酒醪以糜穀者多,六畜之食焉者衆與?"師古注:"醪,汁滓酒也。糜,散也。醪音來高反。糜音糜。"①水旱疾疫之年,

---

① 《漢書》卷四《文帝紀》,北京:中華書局,1962年標點本,第128—129頁。

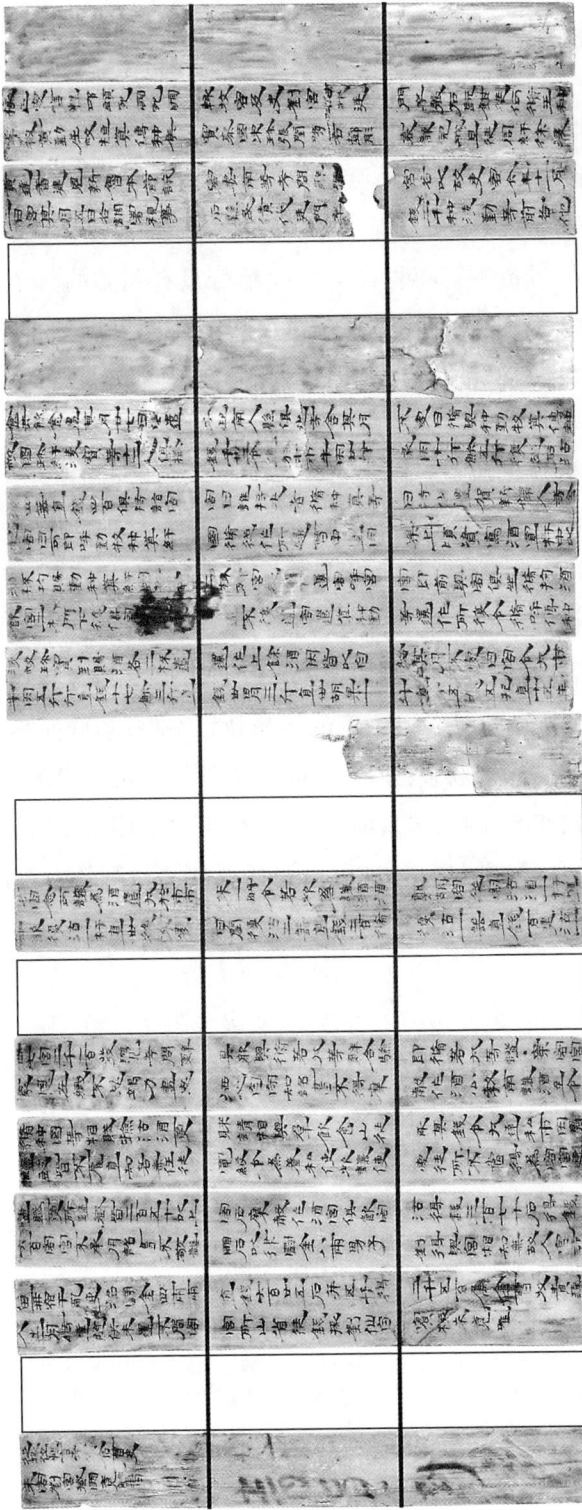

圖 4 《從掾位里言考實倉曹史朱宏、劉宫臧罪覓解書》册書復原示意圖

釀酒耗費口食,故需加以禁止。五一簡中多次出現"糜穀作酒"一詞,"糜"字也作靡、麿、麋等形,三字音形俱近,可通,其本字均當爲"靡",浪費、耗費之義。耗費糧食做酒,是被禁止的。

關於"禁私酤",景帝中三年對民間的此種行爲有明確的禁令,如《景帝紀》:"夏旱,禁酤酒。"師古曰:"酤謂賣酒也。"①武帝時又對酒實行了專賣,天漢三年,"初榷酒酤",應劭曰:"縣官自酤榷賣酒,小民不得復酤也。"韋昭曰:"謂禁民酤釀,獨官開置,如道路設木爲榷,獨取利也。"②至東漢和帝永元十六年,即本案發生當年的二月己未,"詔兗、豫、徐、冀四州比年雨多傷稼,禁沽酒"。③ 本案中"宏、宫不承用詔書"的"詔書"當直接與此"己未詔書"相關。④ 兩者對照,由於私釀與私酤往往是前後相接的行爲,説明詔書中應該包含了"不得糜穀作酒"和"禁沽酒"兩層内容。

以上所引有關漢代的禁酒之制,其實都比較模糊,禁私釀和禁私酤既缺少明晰的可操作的律文,也缺少可對應的具體執行案例;禁群飲雖有具體律條,如"三人以上無故群飲,罰金四兩",⑤但也難以找到可驗證的實際材料。而根據五一簡"靡穀作酒"的相關案例,我們不僅可以從中析出有關禁私釀、禁私酤方面的一些具體判罰規定,也可以對禁群飲的執行效力等問題加以驗證。爲討論方便,現將五一簡中已發表的有關簡文節錄如下:

(1) 石糜穀作酒,宫俱飲……石得錢/六百以律罰金八兩/379

(2) 靡穀作酒,乏詔,當以律罰金八兩/1062

(3) 男子逢尉麿穀作酒,以律罰金二兩/1276

---

① 《漢書》卷五《景帝紀》,北京:中華書局,1962年標點本,第146—147頁。

② 《漢書》卷六《武帝紀》,北京:中華書局,1962年標點本,第204頁。

③ 《後漢書》卷四《和帝紀》,北京:中華書局,1965年標點本,第192頁。

④ 李均明認爲"簡文所云禁酒令或指此詔書,當施行於全國"。參李均明:《長沙五一廣場東漢簡牘所見職務犯罪探究》,《鄭州大學學報(哲學社會科學版)》2019年第5期,第84頁。

⑤ 《漢書》卷五《文帝紀》"朕初即位,其赦天下,賜民爵一級,女子百户牛酒,酺五日",顏師古引文穎曰:"漢律,三人以上無故羣飲酒,罰金四兩。"北京:中華書局,1965年標點本,第110頁。

　　以上材料中，對於"靡穀作酒"及相關活動，皆處以罰金，但數額不等。通過對比，不難發現，其原因就在於"靡穀作酒"之後，是否"酤賣"及"群飲"。例(1)即本案中張石既私釀酒，又私酤酒，"宮俱飲"，"俱"字説明張石也參與飲酒，罰金八兩。例(2)罰金八兩，參考例(1)，應該是對"私釀""私酤""群飲"共處的罰金。例(3)罰金 2 兩，應該只是對"靡穀作酒"即"私釀"的處罰。以上材料可明確，對"私釀＋私酤＋群飲"的罰金是 8 兩，其中對"私釀"的罰金爲 2 兩，那麼對"私酤＋群飲"的罰金就應該是 6 兩，如果上引漢初律令"三人以上無故羣飲酒，罰金四兩"在此時也適用的話，則對"私酤"的處罰應該是 2 兩。但五一簡中還有一些簡文，並不支持"私酤"罰金爲 2 兩的推定。

（略）/4373

兼左部賊捕掾**副言**逐捕殺王豚亡

者李錢未能得詭唐璜金錢假期書　六月廿九日發 詣左賊/1137＋1150

　　這是一份册書中的 2 枚木兩行，目前我們也只找到該册書中的這 2 枚。簡 1137＋1150 爲標題簡，則册書當名爲《兼左部賊捕掾副言逐捕殺王豚亡者李錢未能得詭唐璜金錢假期書》。其中"副言"二字原釋爲"郭□"，誤。二字圖版分別作" "。第一字確實像"郭"字，可爲姓氏，但按文例，標題簡中一般不會出現文書責任人的姓氏，[1]去除干擾污漬，此字右邊原像"阝"旁的"丨"筆，其實是左邊"田"旁右側的豎筆，則此字當爲"副"。簡 1421 有"兼左部賊捕掾副"，簡 1484 亦有"兼左部賊捕掾副"。第二字按字形輪廓及文意，當爲"言"字。

　　據以上兩簡可知：案件的主犯爲李錢，他"靡穀作酒"，與王豚、唐璜"群飲"，又以口角爭辯賊殺王豚，後縱凶器逃亡。賊捕掾副未能捕得，所以上書請求延長抓捕時限。簡文言"(李)錢靡穀作酒，與豚、璜羣飲，以律罰金各二兩"，按文例，五一簡對於犯有"數罪"的情況，均逐條析罪，因此，"以律罰金

_____

① 文書責任人的全名一般會出現在册書首簡背面的用印記録中，册書正文中則只稱名。

各二兩"僅僅是對李錢"靡穀作酒"和"群飲"的判罰,與其他罪行無關。此例中,對於"私釀"和"群飲"的罰金各爲 2 兩,由於唐璜也參與了群飲,標題簡中"詭唐璜金錢"或即催促唐璜繳納這 2 兩罰金。這與漢初"無故群飲,罰金四兩"的律文有出入。但或許可表明,關於群飲的罰金已從漢初的"四兩"減少到五一簡所處時間段即公元 100 年前後的"二兩",這種變化,恰也反映了漢時的禁酒諸令是在對酒風大盛的社會習俗妥協讓步的過程中緩慢前行,也不失爲一種更務實的舉措。[①] 同時,結合這些材料,可明確"私釀"的罰金爲 2 兩,"群飲"的罰金也減少至 2 兩,那麼在"私釀 + 私酤 + 群飲"罰金共 8 兩的前提下,"私酤"的罰金就不應是我們上文中推測的 2 兩,而應是 4 兩。"私酤"罰金較"私釀"和"群飲"爲多,或許也與賣家因酤酒得利的事實相關。當然,是否如此,還可以繼續深入探討。

本案中,李錢至少身犯三罪:私釀、群飲、殺人,且逃亡在外,其中"殺人"爲重罪,漢律在判罰中有"二罪從重原則",[②]因此對李錢的判罰當以"殺人"罪爲主,至於所犯的私釀和群飲罪,則只處以補充主刑的附加刑罰金罷了。

第三節　連道寫移奇鄉受占臨湘南鄉民逢定書

根據已發表的材料,這份册書中的 4 枚木兩行和 1 枚簽牌已被多位學者編聯在一起,如汪蓉蓉等將木兩行 369 和 81 以及 317 號簽牌編聯,認爲是一份首尾皆缺的"本事"册書,同時也將木兩行 384 和 387 編聯,認爲是該"本

---

① 周天游曾對漢代的禁酒情況有過總結,他説:"漢世吏民酤酒,時禁時弛。……然此等禁令,乃官樣文章,並無多大實效。"可見漢世的禁酒與民風背道而馳。參袁弘撰,周天游校注:《後漢紀校注》卷十九《順帝紀下》,天津:天津古籍出版社,1987 年,第 539 頁。

② 張家山漢簡《二年律令·具律》"一人有數 ☐ 罪,以其重罪罪之"。水間大輔説:"本條當即所謂二罪從重原則。所謂二罪從重,指一人同時身犯二罪以上之際,當以所犯罪之最重者論處。此原則亦見於後世之唐律。"可參彭浩、陳偉、工藤元男編:《二年律令與奏讞書:張家山二四七號漢墓出土法律文獻釋讀》,上海:上海古籍出版社,2007 年,第 132 頁。

事"册書的呈文部分,應編聯在"本事"册書之後。[①] 由於簡文較直白,除簽牌外,這樣的復原順序基本是正確的,但在對簡文的梳理及相關問題的考訂上,尤其是在對册書性質的界定及册書的命名上,現有的研究成果或多或少都存在我們在前文中已經指出的相似問題。

關於本册書的復原,除已編聯的簡 369、81、384、387 外,我們又分別從已發表和未發表的材料中覓得 479、5937、6587 共 3 枚兩行簡,對現有復原成果進行了補充編聯。爲了對這份册書的全貌有整體的認識,現將重新復原的結果呈現如下:

(略)/6587 本縣奇鄉民,前流客,留占著。以十三年案筭後,還歸本鄉。與男子蔡羽、/石放等相比。當以詔書隨人在所占。忠叩頭死罪死罪。得閔、豐俓移/369 書,輙逐召定,考問,辤:本縣奇鄉民,前流客,占属臨湘南鄉樂成里。今/欲還本鄉,執不復還歸臨湘,願以詔書隨人在所占。謹聽受。占定西/81 (略)/5937 叩頭死罪死罪敢言之。/479

七月一日庚子,連道長均守丞叩頭。移/
臨湘寫移。書御,唯令史白長吏,部其鄉吏明削除/384 定名數,無令重。叩頭叩頭,如詔書律令。/

七月七日開　　　　　　　掾慮、助史昆、著/387

已/384B

本册書完整,共由 7 枚木兩行組成,前 5 簡,即 6587 + 369 + 81 + 5937 + 479,是册書的附件部分,其中 479 號簡的編聯存疑;後 2 簡,即 384 + 387,是

---

① 關於本册書的復原,周海鋒較早揭示 317 號簽牌與簡 81 相關。李希珺則將 317 號簽牌和簡 369、81 編聯爲同一册書。汪蓉蓉在此基礎上增加了簡 384、387 組成呈文部分。分別參周海鋒:《〈長沙五一廣場東漢簡牘(壹)〉選讀》,簡帛網 2018 年 12 月 26 日。汪蓉蓉:《五一廣場東漢簡牘所見流民占籍問題及文書行政》,《簡帛研究》二〇二〇春夏卷,桂林:廣西師範大學出版社,2020 年,第 270—283 頁。關於李希珺的觀點轉引自汪文,見第 271 頁注②。亦可參張榮強、張俊毅:《五一廣場東漢簡"連道奇鄉民逢定本事"文書的復原與研究》,《簡帛研究》二〇二〇秋冬卷,桂林:廣西師範大學出版社,2021 年,第 305—315 頁。

文書的呈文部分，也有學者稱爲"正文"。^① 這兩部分共同構成一份以"呈文"爲附件的完整的"寫移書"册書。復原情況參圖5。

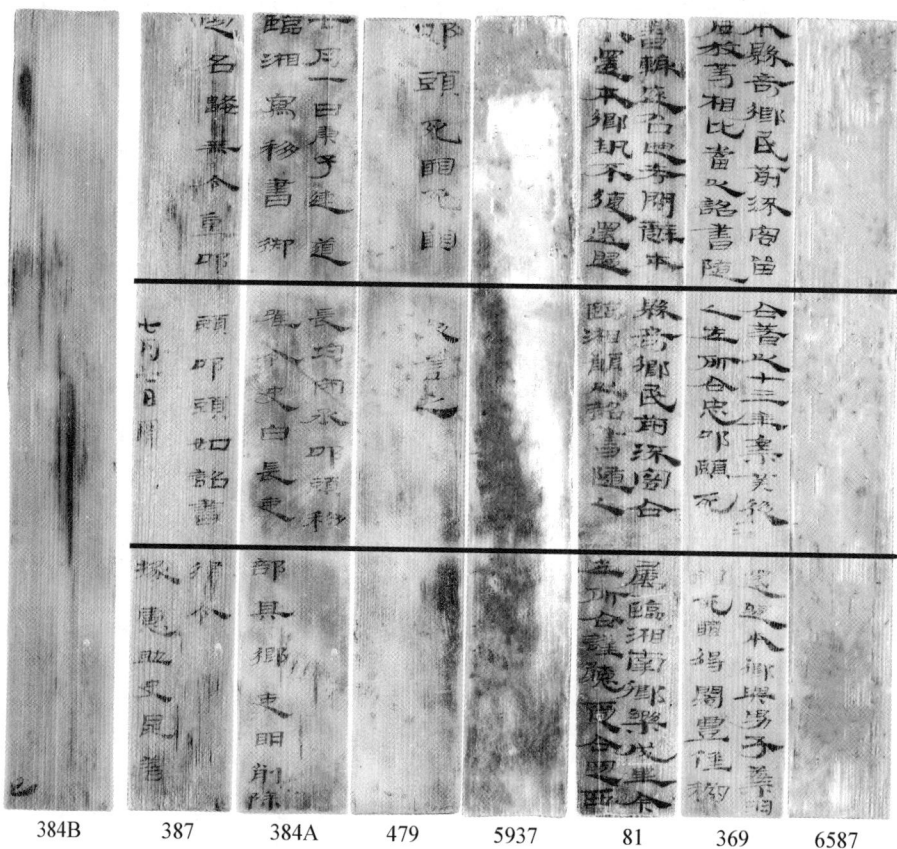

384B　387　384A　479　5937　81　369　6587

圖5　《連道寫移奇鄉受占臨湘南鄉民逢定書》册書復原示意圖

---

① 李均明在討論簿籍簡册書時較早地提出了"正文"和"附件"的概念。他認爲"正文是簡牘通行文種的主體，緊接在日期、發文者、收文者之後，具體叙述要表達的內容，通常是一文一事，依據行文方向及行文的不同階段，用語與結構稍有區別"，"附件是附屬於正件的文件材料，它往往是簡牘文書實質內容之所在"。見李均明、劉軍：《簡牘文書學》，南寧：廣西教育出版社，1999年，第154、159頁。永田英正、侯旭東等人將這一部分文字稱爲"呈文"。分別見永田英正：《居延漢簡研究》，張學鋒譯，桂林：廣西師範大學出版社，2007年，第266—275頁；侯旭東：《西北所出漢代簿籍册書簡的排列與復原——從東漢永元兵物簿説起》，《史學集刊》2014年第1期，第59頁。

另有 1 枚編號爲 317 的簽牌：

連道奇鄉受占南/317A
鄉民逢定本事
　　已下/317B

其內容與册書相關，但非册書或册書附件的標題。下面就相關問題分別討論。

呈文。384、387 兩枚木兩行可編聯，形成一份完整的呈文。文書由連道縣守丞發出，但簡文中未署守丞姓名。"移臨湘寫移"，説明此呈文帶有"附件"，即"寫移(書)"，"臨湘"爲文書的行進方向，由連道至臨湘。"七月一日"爲發文日期，日期前不具年份，可能是因爲附件中已有具體年份。"七月七日"爲臨湘縣後署的收文日期，其書體與"呈文"不同。"掾慮、助史昆、著"書體與呈文一致，或説明慮、昆、著三人當爲連道縣的屬吏，即文書的具體經辦人。由此我們可確定，前文表 4"帶附件的呈文部分的尾簡情況統計"中寫移書類尾簡上相同位置署寫的責任人名字，應該都是發文機構的屬吏，而非收文機構(大多爲臨湘縣)的屬吏。連道行文的目的是讓臨湘削除"定"的户籍，不要連道和臨湘兩縣重複著録。定，由"附件"可知，爲"逢定"。簡 384 除 A 面的呈文外，B 面左下角有"已"字，當是臨湘縣所署，表明事項"已下"或"已屬"，即布置下去並得到處理。

呈文中"書御"的含義即"書到"。"御"有"進呈"義，如《後漢書·張綱傳》"書御，京師震竦"，注："御，進也。"[1]這是指"進呈皇帝御覽"。但並非只有對皇帝或與皇帝相關才能用"御"字，此呈文爲連道縣發給臨湘縣的平級文書，此處的"御"字當爲敬語。簡 407 也是這樣的用法：

正月十四日戊辰，攸長豹丞种叩頭，移/臨湘寫移。書御，令史白長

---

[1]《後漢書》卷五十六《張綱傳》，北京：中華書局，1965 年標點本，第 1817—1818 頁。

吏,詳自推處逐捕除等,如詔書/407

　　攸縣與臨湘也爲平行機構,因此,“書御”應該就相當於習見的“書到”。①

　　關於“寫移書”,李均明認爲,“仿照正本謄寫文書稱寫書。寫移書是謄寫後使之運行的文書,今稱傳抄本”。② 學界也基本將“寫移書”當作一個固定的名詞來看待,因此在“移臨湘寫移書到”這樣的句式中,一般將“寫移書到”連讀。但近年來有學者意識到此處的“寫移”和“書到”實指兩事,而非僅僅指稱“某書到”,所以其間應該斷讀。如鄔文玲在討論《甘露二年御史書》時認爲,“寫移”即謄寫轉呈。以往諸家皆將其屬下讀,作“寫移書到”,通常將“寫移書”視作一個詞組,理解爲“寫移的文書”。根據文意來看,“寫移”與“書到”云云,實爲二事,因此,二者應斷開。③ 馬怡在討論甘谷漢簡時,大體也是遵循着這種理解。④ 但是,“寫移”和“書到”之間是否應該斷讀,尤其是此處的“寫移”是否還用作動詞,仍有繼續討論的必要。

　　在第二章我們對“帶附件的呈文部分的首簡”即表2中的“寫移書”類呈文首簡進行考察時,已將“寫移書”的適用場合按行文方向分爲三類,即下行文書、平行文書和上行文書,不同的行文方向,一般會使用不同的套語。而

---

① 呈文中的“御”字,汪蓉蓉由簡124“☐長沙大守中部督郵書掾陳苗印/☐永初二年四月卅日乙丑起御門亭”認爲“御,這裏指御門亭……在文書中省寫爲‘御’”,並進而推定:“文書自御門亭發出,可知長沙郡中部督郵以此爲治所。”案:文書往往從各機構所在地即“治所”發出,但也經常存在機構主官外出辦公的情況,在這種情況下,發出的文書中往往就需如實注明臨時所在地,也就是說,會存在文書的發出地和文書的責任機構所在地不一致的情況。因此,恐不能僅僅只據簡124就推出長沙郡中部督郵的治所在御門亭,同樣,也不能據簡1857“☐長沙太守督盜賊黃步印/☐延平元年十月六日庚戌起澋陽鄉”就得出“長沙太守督盜賊”的治所在“澋陽鄉”的結論。另外,“御門亭”在五一簡中似確實可省寫爲“御亭”,如簡1523“☐竇游徼召御亭長☐☐☐”,但直接以“御”指代“御門亭”的例子,尚未曾見。
② 李均明、劉軍:《簡牘文書學》,南寧:廣西教育出版社,1999年,第170頁。
③ 鄔文玲:《〈甘露二年御史書〉校讀》,《中國古代法律文獻研究》第五輯,北京:社會科學文獻出版社,2011年,第57頁。
④ 此外,馬怡將甘谷漢簡中的第二十枚簡文標點爲“四月七日丙子,涼州刺史超使告部漢陽從事史忠等:移郡國大守、都尉,寫移,書到檢案,奉行右言。被書後五日,如宗正府書律令”。見馬怡:《漢代詔書之三品》,載《田餘慶先生九十華誕頌壽論文集》,北京:中華書局,2014年,第82頁。

在上行文書中,應該不會出現"寫移書到"這樣的字眼或"要求",因此不予討論。[1] "寫移書到"句式主要出現在下行文書中,我們可按行文用語的不同將相關簡文分爲兩組。

第一組:

……長沙大守審丞虞**告**中部督郵書掾常,**謂臨湘寫移書/到**[2]……辭有增異,正處,關副言。會月廿日,如南郡府書/114+105

二年正月八日丙戌,長沙大守審丞當**告**兼賊曹掾湯、史安、兼中部勸農督郵書掾育,**/謂臨湘寫移**。案:縣前言□等亡錢三千,今言三千四百,自多四百。湯、安及故督郵信、竟/694

十一月九日乙未,長沙大守渡行丞事、益陽守長信,**謂臨湘寫移書到**,實核,正/處,如前會日、南郡府書、律令。　掾珍、守屬競、書佐條

十一月十日發/576

第二組:

二月八日丙辰,長沙大守兼中部勸農督郵書掾育有案問,**寫移/臨湘書到**,亟考實姦詐,明正處,言府,關副在所,會月十五日。毋妄拘毄/600

閏月十五日庚辰,長沙大守中部勸農督郵書掾邤、待事史佑督察,有案問,**寫移/臨湘書到**,實核,正處,言府,關副在所,會麥秋後五日,如律令。　閏月十六日開/666+674

元興元年十一月庚辰朔十七日丙申,長沙大守中部案獄掾豐有案問,**移/臨湘**。民自言,辭如牒,諦如辭。倉部吏追捕受取民錢物衆多狼藉,詔/1507

---

① 本册書中奇鄉嗇夫忠在給連道縣的上報文書的最後,有"唯廷謁移臨湘"句,是希望連道縣將自己上報的文書作爲附件一併轉呈臨湘。相同的表述還有"唯廷言府謁傳前解/95""唯廷謁言府傳前解/4985",但這些表述均由"唯"字引出,只是下級責任官吏的建議或希望,並不是必須遵守的"要求"。

② 爲避免先入爲主,我們暫未對簡文中要討論的"寫移書到",即加黑和下劃線的部分進行標點。

　　第一組簡文大都用"（告……）謂臨湘寫移（書到）"，第二組簡文則用"寫移臨湘書到"或"移臨湘（書到）"。邢義田在討論漢代公文書的正本、副本等問題時，認爲"謹寫移"與"謹移""移"用語義疑有别，"後二者似乎指轉移文件而未重抄，前者則經抄寫重録，故多一'寫'字"。① 從我們考察的情況判斷，"謹"字，應該是上行文書中才會使用的"敬語"，下行文書和平行文書中一般不使用"謹"字。但"移"應該只是"寫移"的省略，二者之間可能並無是否爲"轉移原件"的區别，而應都是重抄本。以本册書爲例，册書的末簡上有臨湘縣廷的收文記録"七月七日開"，且字體與呈文及附件均不同，説明本册書的呈文和附件均爲連道縣製作的文書原件。册書呈文部分用"移臨湘"，如"移"字確實是表示只"轉移文件而未重抄"的話，連道縣文書中的附件部分，即奇鄉給連道縣廷的文書就應是奇鄉的原件，但從附件部分的首簡背面無字，並没有記録用印信息及預留收文日期的空位等細節判斷，該部分文字並非奇鄉文書的原件，而應是重抄件。因此，"移"當是"寫移"的省略，"謹移"當爲"謹寫移"的省略，是否有"寫"字，並不能成爲判斷文件是否經過重抄的依據。是否重抄的問題，應該還要視文書的性質與内容具體而論。

　　毋庸置疑，兩組簡文句式中，"臨湘"之前的"謂""寫移""移"都用作動詞，需要討論的主要是"寫移書到"是否應該斷讀的問題，以及"臨湘"之後的"寫移"是否爲動詞。首先，結合兩組簡文，可以明確，"寫移書到"雖然經常連寫，但也有省略"寫移"和將"寫移"與"書到"分開書寫的情況。在第二組"寫移臨湘書到"的格式中，"書到"前就可看作省略了"寫移"二字。而在第一組簡694"謂臨湘寫移。案：縣前言□等亡錢三千，今言三千四百，自多四百，湯、安及故督郵信、竟"中，"寫移"和"書到"之間夾雜了"案"語，缺失的"書到"二字，應該在下一枚簡中。這些都説明，正如鄔文玲所指出的，"寫移"和"書到"應該斷讀。"書到"一般從下讀，其後續的内容，一般均爲上級

① 邢義田認爲："謹寫移"與"謹移""移"用語意義疑有别，後二者似乎指轉移文件而未重抄，前者則經抄寫重録，故多一"寫"字，"謹"字是公文套語，是否真的慎重其事是另一回事。參邢義田：《漢代簡牘公文書的正本、副本、草稿和簽署問題》，《"中研院"歷史語言研究所集刊》第82本第4分，臺北："中研院"，2011年，第610頁，注29。

機構的要求,如"書到,亟考實姦詐"等。"書"前並没有限定語,其本身的含義就是"某書",非特指"寫移書",在其他常見的文例中,如"廷書曰……書到""廷移府書曰……書到","書"就是指前文提及的"廷書"或"寫移書"。

至於"臨湘"之後的"寫移"的含義,可先對其進行詞性分析,然後再結合相關簡文予以討論。在"謂臨湘寫移"和"(寫)移臨湘(寫移)"這兩種結構中,"臨湘"爲賓語,"臨湘"之前的謂語"謂"和"移"都不是典型的"使令"性動詞,因此不能用於兼語句式,即和"謂""移"搭配的不能是動詞。這説明"臨湘寫移"不能是一個主謂短語,"臨湘"之後的"寫移"只能是一個名詞,作第二賓語。所以,"寫移"二字只能理解爲"謄寫的文書",相應的,以上語句的含義不能理解爲"告知臨湘將這份文書再謄寫一遍"或"移送臨湘,並要求臨湘將這份文書再謄寫一遍",而只能理解爲"告知臨湘這份寫移書(的内容)"或"移送臨湘這份寫移書"。

從《甘露二年御史書》和甘谷漢簡來看,由於二者均涉及詔書的傳遞,而且文書中含有多層機構轉發時"謄寫"的記録,所以很容易讓人將"寫移"理解爲"要求謄寫轉呈文書"。但從五一簡的情況看,如本册書中連道給臨湘的文書,"移臨湘寫移書御",如將"寫移"理解爲"要求謄寫轉呈文書",則不可理解,因爲連道與臨湘爲平級機構,似不能提出這樣的命令和要求。而且,從邏輯上講,即使要求收文機構"謄寫轉呈",合理的語序也應是"書到,寫移"而不應是"寫移,書到","寫移"這個動作應該是在"書到"以後才會發生的事情。從五一簡的實例來看,上級所有相關的要求都只會出現在"書到"之後的簡文中。其實,在有關詔書的文書傳遞過程中,常有"承書從事,下當用者,如詔書"的規定,其含義當是收到文書以後當按照法律規定,選擇適用的傳遞範圍和傳遞方式繼續傳遞,這裏面已經暗含了該"寫移"時即"寫移"的程序和要求。

綜上所論,我們認爲在"謂臨湘寫移書到"和"移臨湘(寫移)書到"這樣的句式中,"臨湘"和"寫移"分別是"謂"和"移"的兩個賓語,第二賓語"寫移"爲名詞,含義即是"寫移書"。"寫移"强調的是以謄抄件而非原件運行。至於簡694"謂臨湘寫移"後,無"書到"二字,而緊接"案"字,其後的内容當是對"寫移書"内容的摘録,這也是"文書中套用文書"的現象。因此,可把上述兩種格式分别標點爲"謂臨湘寫移。書到……"和"移臨湘(寫移)。書到……"。

附件。簡 6587 爲附件的首簡,亦即整份册書的首簡,背面無字。附件部分的文書責任人爲奇鄉嗇夫忠。奇鄉,屬連道縣,與本册書有關的簽牌稱"連道奇鄉"。可見附件原是奇鄉嗇夫忠給連道縣的一份獨立運行的文書,後又以抄件的方式作爲附件運行。因爲是抄件,或可省略首簡簡背原有的諸如用印信息及預留的收文日期等内容。簡文"奇鄉嗇夫忠叩頭死罪敢言之。廷臨湘南鄉有秩閎、佐豐俓移書言"句中,"廷"指連道縣,"廷"和"臨湘"之間應脱"移"字,原意當爲"廷移臨湘南鄉有秩閎、佐豐俓移書言"。五一簡中有許多"廷移某書曰"這樣的辭例,"某"爲"書"的定語,如"廷移府書曰/537 + 786""廷移茶陵書曰/1116""廷移府、羅書曰/1671",這些簡文中,均是臨湘縣將收到的長沙府的文書以及茶陵、羅諸縣的文書又移送到下屬諸曹。簡 1053 中有"廷移臨湘書曰",此"廷"則當爲他縣,是他縣將收到的臨湘縣文書又繼續傳送,這與本册書中連道縣將收到的臨湘縣文書又移送到下屬奇鄉的情況完全相同。以此判斷,簡 1053 很可能也是某份他縣傳送到臨湘縣的寫移書類册書中的 1 枚。

簡 369"占著",即"占籍",著録名籍。《史記·田叔列傳》:"任安,滎陽人也。少孤貧困,爲人將車之長安,留,求事爲小吏,未有因緣者具也,因占著名數。"[1]簡文説逢定原爲連道縣奇鄉人,流亡至臨湘南鄉,遂入南鄉户籍。"十三年案筭後","十三年"當爲永元十三年(101);[2]"案"爲案驗,"筭"爲成年人的人口税。漢代每年"八月案比",[3]進行户口登記與核查,也於此時徵

---

[1] 《史記》卷一百四《田叔列傳》,北京:中華書局,1959 年標點本,第 2779 頁。

[2] 汪蓉蓉以爲是逢定脱離奇鄉户籍已達十三年。

[3] 《周禮·地官·小司徒》:"及三年大比,大比則受邦國之比要。"鄭玄注:"大比,謂使天下更簡閲民數及其財物也。"又引鄭衆説:"五家爲比,故以比爲名,今時'八月案比'是也。"見《周禮注疏》卷十一《地官·小司徒》,《十三經注疏》,北京:中華書局,1980 年,第 711 頁上欄。又《後漢書·安帝記》"方今案比之時",李賢注:"《東觀漢紀》曰:'方今八月案比之時。'謂案驗户口,次比之也。"見《後漢書》卷五《安帝紀》,北京:中華書局,1965 年標點本,第 227 頁。

收"筭賦",①因此也稱"八月筭人(民)",《後漢書·皇后紀》"漢法常因八月筭人",②《張遷碑》"八月筭民,不煩於鄉"。李均明考察簡牘中有關年終上計的簡文,認爲,"案比的内容,當如簡例所見,主要是户、口的數量與質量(包括性别、年齡、身份、爵級)及田地、牲畜、農産品、稅收等",並認爲秦漢"案比"多在八月,當與農時及秦、漢初以十月爲首,故而"計斷九月"有關。③2004年安徽天長紀莊出土了一份自題爲《筭簿》的文書,裹面記録有八月、九月兩個月的筭賦數額,④"應分别是'八月筭人'和'計斷九月'統計的結果"。⑤ 因此,以時間而論,"十三年案筭後",應是指永元十三年八、九月之後逢定返回本縣連道奇鄉的時間。"當以詔書隨人在所占",周海鋒認爲此詔書"當指東漢永元年間頒布的安置流民的系列詔書",並引用永元六年(94)三月庚寅詔書和十五年(103)春閏月乙未詔書加以説明。⑥ 但其實流民問題一直是困擾兩漢的比較嚴重的社會問題,安撫流民乃至允許流民在流亡地著籍的政策當出現得更早。以東漢爲例,建武六年(30),李忠遷丹陽太守,"忠以丹陽越俗不好學,嫁娶禮儀,衰於中國,乃爲起學校,習禮容,春秋鄉飲,選用明經,郡中向慕之。墾田增多,三歲間流民占著五萬餘口"。⑦ 章帝元和元年(84)二月甲戌詔書:"自牛疫已來,穀食連少,良由吏教未至,刺

---

① 《漢書·高帝紀》"八月,初爲算賦",顏師古引如淳:"《漢儀注》:'民年十五以上至五十六出賦錢,人百二十爲一算,爲治庫兵車馬。'"見《漢書》卷一上《高帝紀》,北京:中華書局,1962年標點本,第46頁。

② 注曰:"《漢舊儀》曰:'八月初爲筭人,故曰筭人。'"見《後漢書》卷十上《皇后紀》,北京:中華書局,1965年標點本,第400頁。

③ 參李均明:《關於八月案比》,見《張家山漢簡法律文書研討綜述》第1節,載《出土文獻研究》第六輯,上海:上海古籍出版社,2004年,第132—133頁。

④ 見天長市文物管理所、天長市博物館:《安徽天長西漢墓發掘簡報》,《文物》2006年第11期,出土號M19:40-1B,圖二四,第14、16頁。

⑤ 袁延勝:《天長紀莊木牘〈筭簿〉與漢代筭賦問題》,《中國史研究》2008年第2期,第105頁。

⑥ 和帝永元六年三月庚寅,詔"流民所過郡國皆實稟之,其有販賣者勿出租稅,又欲就賤還歸者,復一歲田租、更賦"。十五年春閏月乙未,詔"流民欲還歸本而無糧食者,過所實稟之,疾病加致醫藥;其不欲還歸者,勿强"。參周海鋒:《〈長沙五一廣場東漢簡牘(壹)〉選讀》,簡帛網2018年12月26日。案:和帝時自然災害頻發,流民問題較嚴重,在永元六年、十二年、十四年、十五年均見有安撫流民的詔書或舉措。

⑦ 《後漢書》卷二十一《李忠傳》,北京:中華書局,1965年標點本,第756頁。

史、二千石不以爲負。其令郡國募人無田欲徙它界就肥饒者,恣聽之。到在所,賜給公田,爲雇耕傭,賃種餉,賈與田器,勿收租五歲,除筭三年。其後欲還本鄉者,勿禁。"①這條詔書實已與"隨人在所占"無異。所以册書中所依據詔書,也不必非和帝詔書,"隨人在所占"或已成爲東漢時的慣常做法。"俓移書",亦見於上簡6587,指由臨湘縣南鄉有秩閎、佐豐發出的文書,"俓"字有"直接"義,又可表示"急"的意思,當是一種較特殊的傳遞形式,或並没有經過臨湘縣周轉而直接傳遞至連道縣,又由連道傳轉送至奇鄉。②

簡6587和369中,從文書開始至"忠叩頭死罪死罪"大部分都是奇鄉嗇夫忠對臨湘南鄉"俓移書"內容的摘録。可以肯定的是,這份"摘録"明顯經過了"轉寫"。如"本縣奇鄉民,前流客,留占著。以十三年案筭後,還歸本鄉。與男子蔡羽、石放等相比。當以詔書隨人在所占"這一段文字中,"本縣""本鄉"指連道縣和奇鄉,明顯是嗇夫忠站在自身的立場對"俓移書"原文"連道"和"奇鄉"進行的轉寫。如是抄録,則"本縣""本鄉"就只能理解爲"臨湘"和"南鄉",這顯然與文意不合。這也提示我們,在對文書中援引的文書進行分析時,需注意抄録和轉寫的微小區別。這一段的大意是:臨湘給連道縣上書説,逢定原爲連道縣奇鄉人,流亡到臨湘縣南鄉後,便在南鄉著籍。永元十三年案筭之後,又從南鄉回歸連道縣奇鄉。所以請求遵照詔書的要求,讓逢定在奇鄉重新著籍。

簡81主要爲逢定受奇鄉嗇夫忠考問時的言辭。逢定説:"今欲還本鄉,執不復還歸臨湘,願以詔書隨人在所占。""欲"字存殘筆,作" 形,《選釋》將此字釋爲"不"字,其殘形也確與同簡的"不 "字相合,且標點作"今不還本鄉,執不復還歸,臨湘願以詔書隨人在所占"。前文已述,"俓移書"中的"本縣""本鄉"是奇鄉嗇夫忠站在自身立場的描述,指的是連道縣和奇鄉。因此,本句中逢定自言的"本鄉",也當指"奇鄉",而不能爲"臨湘"。簡文的意思是逢定已由臨湘南鄉返歸連道奇鄉,並願意在奇鄉受占,但《選

---

① 《後漢書》卷三《章帝紀》,北京:中華書局,1965年標點本,第145頁。
② 汪蓉蓉認爲簡369中的"移"字不可辨識,並將"俓移"二字當作與"閎、豊"一樣的吏名對待。

釋》補字和標點的含義却恰與簡文相反，所以，從文意看，《選釋》所補的"不"字和標點都是不合適的。汪蓉蓉也意識到這一點，遂將殘字補爲"未"字。但"未"字和"不"字並没有實質性的差别，"今未還本鄉"，明顯也與"逢定已回歸連道奇鄉"的事實不合。因此，此殘字還當另外考慮。從文意及殘形，以及傳世文獻中的文例看，此字當爲"欲"字。五一簡中"欲"字可作"■₄₆₄"形，也可將右旁下部"丿"筆變爲垂直的"丨"筆，作"■₃₃₃₀"形。本簡中"■"當爲"■₃₃₃₀"形的殘筆。在對待流民占籍的問題上，官方往往會照顧流民自身的意願，如上引章帝元和元年(84)二月甲戌詔"其後欲還本鄉者，勿禁"，及和帝永元十五年春閏月乙未"詔流民欲還歸本而無糧食者"等。① 本簡中的"欲回本鄉"，即是逢定回到奇鄉後受"考問"時的真實意願，也與上引詔書中"欲還本鄉"等安撫流民的辭例相合。

　　簡 5937 爲附件的結尾部分，但其後仍有缺簡，缺失的内容當爲"叩頭死罪敢言之"。通檢所有木兩行形制的簡文，發現 479 和 4029 兩枚簡的内容與所缺的内容相合，均爲"叩頭死罪死罪敢言之"。但 4029 比册書其他簡長 1 釐米左右，可排除在附件之外。簡 479 的長度、編繩位置則與附件其他簡一致，但是否屬於附件，仍需從簡面的字距、字體方面加以考察。客觀地説，簡 479 字距較舒朗，上欄僅寫 6 個字，而附件前 3 枚簡的字距稍密集，上欄的容字均在 8～10 字左右。但簡 479 却與呈文部分的字距相當。以字體而論，由於字數較少，可用於比較的有效墨迹並不多，僅發現"死""頭"等字的寫法或構形與附件他簡有一些明顯不同。這些或可説明，簡 479 與附件並不是由同一書手書寫的。但並不能因此就將該簡斷然排除在附件之外，因爲整個册書(附件＋呈文)在書寫過程中似乎存在着更換書手的情況。嚴格從書體風格判斷的話，附件中可以確定的 4 枚簡中，前 3 枚(6587、369、81)趨於一致，第 4 枚簡(5937)反而和簡 479 以及呈文部分的兩枚簡(384、387)在書體及字距方面趨於一致。如表 8 所示。

---

① 《後漢書》卷四《和帝紀》，北京：中華書局，1965 年標點本，第 191 頁。

表 8　不同書手墨迹對照表

呈　　文		附　　　　件				
387	384	479	5937	81	369	6587
		死			死	死
		之				教
之			皮	皮		皮
			南	南		南
	郡		部			郡
門	門	門			門	門
民事	里道	豆目			屍頁	屍頁
	移		千		故	移
	重		重			

因此,我們暫時傾向於認爲簡479就是册書附件的尾簡。同時,也有理由認定,整個册書的書寫,是由兩個書手共同完成的,在册書的全部7枚簡中,前一個書手寫了前3枚(6587、369、81)後,剩餘的4枚由另一個書手完成。呈文部分記録有三名掾和史的名字,分別是掾慮、助史昆和助史著,也爲這種情況的發生增加了可能。

關於文書末尾經手責任人的簽署問題,已有多位學者進行過研究。陳夢家已注意到屬史的簽署,"通常是一人,也可以是二三人簽署",且"依級別高低爲序"。[①]邢義田則對文書中的"署不如式"進行過討論,認爲"漢代官吏應如何題署封檢、楬,如何在文書上簽署職銜、爵里和姓名等,應都曾有格式上明文的規定"。通過對大量居延和敦煌文書的考察,邢義田還認爲,正本

---

① 參陳夢家:《漢簡綴述》,北京:中華書局,1980年,第109頁。

文書上的署名大都爲屬吏代筆。① 五一簡的情況也與之相類,有兩枚標題簡4021和325-1-7,其上均存有批文"有刺不如式",説明公文書的書寫應該都有一定的"式"。② 五一簡中一些寫移書類册書尾簡的簽署也大都爲三個人名,並按職級排序,如本册書中的387簡"掾慮、助史昆、著"等。這些簡上也都有後書的啓封記録,可證其爲運行的文書正本,但從簽署的筆迹看,應是由一個書吏代筆,並非幾個文書責任人本人分别簽署。本册書387簡上"掾慮、助史昆、著"諸字體與册書中後4枚的字體完全相同,亦即邢義田所謂"由書吏一氣抄成,包括文書本身、日期、長官職衔和名字"。

在討論署名的屬吏與文書之間的關係時,討論者大多都留意到要對簽署人的身份、署寫的順序、格式、是否代簽等問題進行考察,但却未對有三人簽署的情況下,三人在文書中的具體分工進行過細緻的討論。陳夢家曾籠統地認爲簽署的三人爲"主管之吏、主文書之吏及其他近似之職"。雖然由於材料的限制,没有更爲明確的可以討論的依據,③但從有關"物勒工名"的記載中或可得到一些啓發。在多人署名的情況下,一些銅器上完整的記録格式大約是"某造、某主、某省",④與此相應,漢簡中署名的三人的具體分工或許也爲一人主事,一人書寫,一人省或者核校。以本册書爲例,"掾慮、助史昆、著"代表的含義或許是"掾慮主、助史昆書、著校"。當然,考慮到册書是由兩個書手共同完成的情況,所以助史昆和著實際可能都參與了册書的書寫。至於"省",一般由職位較高的屬吏擔任。吳簡中有許多"君教"簡,通

---

① 參邢義田:《漢代簡牘公文書的正本、副本、草稿和簽署問題》,《"中研院"歷史語言研究所集刊》第82本第4分,臺北:"中研院",2011年,第604—612頁。
② 張俊民曾對懸泉漢簡中的"格式"簡有過討論。參張俊民:《簡牘文書格式初探》,《簡牘學報》(臺北),第十五期,1993年,第43—60頁;後收入張俊民:《簡牘學論稿——聚沙篇》,蘭州:甘肅教育出版社,2014年。
③ 無論是西北簡還是五一簡中,大都只出現文書責任人的姓名,但對於他們在文書撰寫以及運行中的分工則無明文。里耶秦簡雖有"某手""某半"的記録,但對於多人"經辦"的情況,亦無明確的關於分工的描述。
④ 如元延乘輿鼎(之二)銘文爲:"乘輿十湅銅鼎,容五升,並重十斤十五兩。元延三年考工工方爲中私官造,佐臣彭、守嗇夫臣褒、掾臣孝主,右丞臣譚、守令臣廣世省。"參容庚:《秦漢金文録》之《漢金文録卷一釋文》,北京:中華書局,2012年,第186頁。

常會注明"某校"及"某省"的情況,"省"一般都由"主簿""主記"等主管或主
要屬吏擔任。如:

> 丞缺。録事掾潘琬校。
>
> 君教諾　　兼主簿蔡忠省。　　嘉禾四年八月廿二日兼田曹史
>
> 莅楫白料諸鄉粢租已入未畢事/_(柒)3197①

此簡李均明認爲是"合議批件",其形式、流程與五一簡同類木牘同。由佐史
寫出報告,由丞與閣下主管或曹掾合議,再送當地最高首長准諾。其中内容
已多省略。② 細分析,事項的原因是田曹史莅楫擬將"料諸鄉粢租已入未畢
事"上報,需由丞、録事掾、主簿三方審核後方能上報給最高長官,審核後形
成"合議"。其中丞爲主事者,在此時"缺","缺"的含義應是"空缺",即丞的
職位此時恰好空缺,無人擔任。如丞外出不在署或有其他情況發生,則會有
相關説明,如"丞出給民種粮/_(叁)2056"③"丞他坐/_(柒)4379"④等。録事掾潘琬負
責對該文書進行核校,兼主簿蔡忠負責最後的審查,三方確認後方可將文書
報出。在這塊木牘中,由於文件的主體是合議的内容,故而田曹史莅楫並非
是這塊木牘的責任人,所以相比於五一簡三人署名的文書,少了木牘文字書
寫者的名字。

編聯。侯旭東在討論西北簿籍類册書的復原時,"借助編繩猶存的簡
册,如居延出土的東漢永元兵物簿與敦煌懸泉出土的傳車宣畢簿以及懸泉
發現的兩件不定期簿書,指出無論是基於定期簿書還是不定期簿書形成的

---

① 見長沙簡牘博物館、中國文化遺産研究院、北京大學歷史學系、故宮博物館院古文獻研究所:
《長沙走馬樓三國吴簡·竹簡(柒)》,北京:文物出版社,2013年,第807頁。此件爲"君教"
簡,簡中"琬""忠"二字皆爲本人自簽。

② 參李均明:《東漢簡牘所見合議批件》,《簡帛研究》二〇一六春夏卷,桂林:廣西師範大學出版
社,2016年,第261頁。

③ 見長沙簡牘博物館、中國文物研究所、北京大學歷史學系:《長沙走馬樓三國吴簡·竹簡
(叁)》,北京:文物出版社,2008年,第764頁。

④ 見長沙簡牘博物館、中國文化遺産研究院、北京大學歷史學系、故宮博物館院古文獻研究所:
《長沙走馬樓三國吴簡·竹簡(柒)》,北京:文物出版社,2013年,第837頁。

定期文書或不定期文書,在具體内容的排列上,均是内容在前,呈文在最後。通過對呈文書寫特點的歸納,推斷一般簿籍類册書的排列均是如此"。而且,若有呈文在前,内容在後的情況,一般都會在簡文中有所説明。① 結合五一簡的情況看,不僅簿籍類册書,如本册"寫移書"類册書的編聯也都是内容即附件在前,呈文在後。

以本册書而言,在書寫格式上,經手的掾、史名字和臨湘縣的收文日期都寫在呈文的第二枚簡,即整個册書的尾簡之上,這一點和其他册書中位於册書最末位置的"標題簡""尾簡"的情況一致,也與侯旭東等所論的簿籍類册書書吏的署名位置相當。這樣的排列也符合"附件"和"呈文"發文日期的前後順序,排在前面的"附件"首簡已有"永元十四年",故而排在後面的"呈文"中可省去年份,只標月、日即可。

不同於簿籍等專用文種,奇鄉嗇夫忠上報的文書,原本是獨立運行的呈文,由於所處的文書體系不同,它在這份"寫移書"册書中的地位,由原先的"呈文主件"變爲"附件",其形式也隨之發生了一些變化。依五一簡所見的通行格式,嗇夫忠文書原件首簡的背面當有"奇鄉嗇夫某忠名印/某月　日郵人以來/史　白開"等字樣,但此抄件中删除了這些内容,當是文書責任人的主體發生了變化:原件的責任人是嗇夫忠,抄件作爲附件運行,其責任人則是連道縣(守丞),故而略去了這些要素。另外,嗇夫忠的文書中有"人名年紀如牒"一句,或許原件中還另附有一些記述逢定"姓名年紀"等占籍時的信息,但在抄件中,應該也是被省略掉了。五一簡中有一枚殘簡,内容爲"☐逢定年八十一☐/2797",但無法確定此"逢定"和册書中的"逢定"是否相關,但即使爲同一人,也很可能是臨湘南鄉的相關記録,而不太可能是隨着這份"寫移書"一起傳遞過來的連道奇鄉的"人名年紀如牒"所指的那枚"牒"。

命名。在前文中,我們已多次論述,不能將簽牌視爲運行中的册書的標題。具體到本册書涉及的 317 號簽牌,也絶不能將它當作本册書或册書中

---

① 侯旭東:《西北所出漢代簿籍册書簡的排列與復原——從東漢永元兵物簿説起》,《史學集刊》2014 年第 1 期,第 73 頁。

附件部分的原有名稱。

　　首先,從簽牌記録的内容判斷,該簽牌稱"連道奇鄉受占南鄉","南鄉"前省略了"臨湘"二字,這一定是站在臨湘角度的表述,因此這塊簽牌一定是由臨湘縣製作的。相反,如果這塊簽牌是由連道縣製作,肯定不會自稱"連道",而只會寫爲"奇鄉受占臨湘南鄉",一如附件部分奇鄉不稱自己爲"連道奇鄉",而將南鄉稱爲"臨湘南鄉"。簽牌中"已下"二字,亦爲臨湘縣所署。字面的含義是,臨湘縣已將連道縣的要求"部其鄉吏明削除定名數,無令重"知會南鄉,責令其遵照處理。實際的含義當是,臨湘業已安排南鄉鄉吏削除逢定的户籍,意味着該文書已運行結束進入了存檔環節。所以臨湘縣才製作了這麽一塊簽牌。而這份册書是由連道縣製作的原件,在文書的運行環節,自然不存在册書由一個縣廷製作,標題又由另一個縣廷製作的情況。但簽牌並非與册書毫無關聯,在存檔環節,簽牌屬於檔案歸類的標識,其下可能包含有多份文書,除肯定包含這一份册書之外,至少還應包括南鄉消除逢定名籍後給臨湘的回報文書。

　　其次,在上一章對標題簡的統計中,已發現有一些帶有附件的册書的標題,這些標題中既有事項責任人的名稱,也有"謹移"二字。反觀簽牌的内容,不僅缺失這些要素,而且最多也只能算是對附件内容的概括,並不能包含册書呈文部分内容。因此,無論如何,都不能將這塊簽牌當作册書的標題,或簡單地以簽牌内容來命名册書。

　　我們不確定是否每一份册書都會有自帶的標題簡。在直觀感受上,五一簡中篇幅較長的册書可能會有標題簡,而篇幅較短的册書可能不會單列一枚標題簡。這從情理上也很容易理解,文書的責任官吏在上報較長的文件時,需要對上報内容有所提煉,標題簡就能起到這樣的作用;而上報内容較短小時,主要内容在呈文中用一兩句話就可以概括,因此也就不需要單列一枚標題簡。如我們已提及的《居延新簡》中的這份寫移書:

　　　　建武三年三月丁亥朔已丑,城北隧長黨敢言之。/乃二月壬午,病加兩脾雍腫,匈脅丈滿,不耐食/EPF22·80飲,未能視事,敢言之。/EPF22·81三

月丁亥朔辛卯，城北守候長匡敢言之。謹寫移隧長黨病書如牒，敢言之。今言府，請令就醫。／EPF22·82

很可能就沒有標題簡。而有標題簡的册書，可能其總體篇幅都比較長。當然，真實情況是否如此，則是很難證明的事情。①

　　從整理、研究的角度考慮，爲方便稱引，還是需要給這份原來或有標題簡但已無從尋覓，或者根本就沒有標題簡的册書擬定一個合適的名稱。結合簽牌和"寫移書"類標題簡的内容和結構，既不站在臨湘縣的立場，也不站在連道縣的立場，將本册書命名爲《連道寫移奇鄉受占臨湘南鄉民逢定書》，應該是比較公允和貼合册書内容的。從册書内在結構的角度觀察，這是一份相當完整的以呈文爲附件的册書，非常有代表性，對於五一簡中的同類册書，尤其是"寫移書"類册書的復原和研究，有着重要的參考和借鑑意義。

　　最後，我們還想就文書中常見的"引用"或"套用"别的文書的現象再作一些討論。雖然前文中已經對奇鄉嗇夫忠"轉寫"臨湘南鄉的"俓移書"的現象有過説明，但這種現象是否具有普遍性，仍是一個值得繼續探討的問題。而五一簡中明確存在的一些樣例也爲對這個問題的繼續探討提供了更直接的證據。在已復原的文書中，有兩份册書對同一份文書（包括"詔書"和"廷書"内容）進行了"摘抄"或"引用"：

桑　鄉　小　官　印　　　　　史　　白　開／414B
七月　日　郵人以來

　　　　永初二年七月乙丑朔十九日癸未，桑鄉守有秩牧，佐躬，助佐鮪、种敢言之。廷下／詔書曰：**甲戌詔書：罪非殊死，且勿案驗，立秋如故。去年雨水過多，穀傷民**／414A **飢，當案驗逞召，輕微耗擾，妨奪民時。其復假**

---

① 從目前所掌握的材料來看，一份册書是否有標題，其實很難斷定，也許不僅和册書篇幅的長短有關，也和册書的性質、重要性等因素相關。下文中引用的已經復原的兩份"詔書謹到書"，也非常短小，呈文由 2 枚木兩行組成，但却又自帶 1 枚標題簡，自名爲"……詔書謹到書"。這或許是因爲册書内容和詔書相關，非常重要，故而需要標題提示。

期，須收秋，毋爲煩苛。書/謹到。牧、躬、鮪、种惶恐叩頭死罪死罪敢言之。/₄₀₂₊₄₁₇

桑鄉言詔書謹到書/₃₉₈

北部賊捕掾烝向名印

七月　日　郵人以來　　史　白開/_{128B}

　　永初二年七月乙丑朔廿七日辛卯，北部賊捕掾向、游徼汎叩頭死罪敢言之。廷下/詔書曰：告①隸校尉、部刺史，**甲戌詔書：罪非殊死，且勿案驗，立秋如故。**/_{128A}（略）/₂₆₆₁

【北部賊捕掾向言詔書謹到書】/_{缺簡}

　　以上兩份册書均由周海鋒復原，②其中第二份册書缺標題簡，依第一份《桑鄉言詔書謹到書》的自帶標題，可知第二份册書標題簡的内容當爲“北部賊捕掾向言詔書謹到書”。所謂“詔書謹到書”，即鄉、部收到縣廷下發的詔書後，要立即向縣廷回文，表示詔書已收到，這是秦漢以來“書到相報”制度最真實的反映。

　　出土的秦簡牘中，對於文書傳遞中的“書到相報”有專門的制度約束。《秦律十八種·行書律》：“行傳書、受書，必書其起及到日月夙莫（暮），以輒相報殹（也）。書有亡者，亟告官。隸臣妾老弱及不可誠仁者勿令。書廷辟

―――――――――――――――――――――――

① 整理者：“隸”上或脱“司”字。或説“告”字當釋“司”。今案：此字確爲“告”字，其下當脱“司”字。《後漢書·殤帝紀》“秋七月庚寅，勑司隸校尉、部刺史曰……”，注：“秦有監御史，監諸郡，漢興省之，但遣丞相史分刺諸州，無有常官。孝武帝初置刺史十三人，秩六百石；成帝更爲牧，秩二千石。建武十八年復爲刺史，十二人，各主一州，其一州屬司隸校尉。諸州常以八月循行所部郡國，録囚徒，考殿最。初歲盡詣京都奏事，中興但因計史。”參《後漢書》卷四《殤帝紀》，北京：中華書局，1965年標點本，第198頁。

② 見周海鋒：《〈長沙五一廣場東漢簡牘〉文書復原舉隅（一）》，簡帛網2018年12月26日；《〈長沙五一廣場東漢簡牘〉所見永初年間三道詔書淺析》，《簡帛》第二十輯，上海：上海古籍出版社，2020年，第251—263頁。劉國忠也有過類似的復原，見劉國忠：《五一廣場東漢永初四年詔書簡試論》，《湖南大學學報（社會科學版）》2017年第5期，第10—13頁。在對這一類册書的復原中，周海鋒、劉國忠更側重於對册書中引用的“詔書”内容的分析。

有曰報,宜到不來者,追之。"①嶽麓秦簡中也有相似的表達:"□律曰:傳書受及行之,必書其起及到日月夙莫(暮),以相報。報宜到不來者,追之。書有亡者,亟告其縣/1271官。不從令者,丞、令、令史主者貲各一甲。/1243"②在張家山漢簡《二年律令》中,亦有《行書律》,雖僅爲此律"部分條款的摘録",③未能見到關於"書到亟報"制度的明確的律文,但從其他衆多的漢代簡文中,如《居延漢簡》"書到趣報如律"④等,我們仍能深刻地體會到漢代肯定存在與此相關的法律規定,並在實踐中發揮着重要作用。

文書中套用文書即引用另一份相關文書的現象,也是"書到相報"制度的反映。只有在回報文書中認真抄録或"節録"了原文件中的相關重要語句,既可表示已收到原文件,也可表示收文機構和責任人對文件中的指令、要求清楚無誤,會嚴格遵照辦理,這是各級機構以文書行政機制的最基本的要求。

至於對原文引用或抄録的方式,從以上兩份"詔書謹到書"來看,桑鄉和北部賊捕掾均收到了臨湘縣廷下發的同一份關於甲戌詔書的文件,收到之後,必須向縣廷回報"詔書已到"。回報文中桑鄉和北部賊捕掾均對同一份詔書和廷書的内容進行了抄録,但抄録的字句卻稍有出入,其中一句,桑鄉爲"穀傷民飢",北部賊捕掾爲"穀當以期盡/2661",含義相同,表述卻不同。兩份册書對於如此重要的"文書"的抄録都有不同,足以説明官吏在對文書進行抄録和引用時,完全可以按照自己的理解進行,這種抄録只是一種選擇性的摘引或節録,並不需要完全引用"原文",而是可以按自己的理解對原文作一些忠於原意的轉寫。

---

① 睡虎地秦墓竹簡整理小組編:《睡虎地秦墓竹簡》,北京:文物出版社,1990年。此律中關於"書廷辟有曰報"的理解,學者雖多有爭論,但關於"書到相報"制度並無異議。相關爭論可參看劉自穩:《里耶秦簡中的追書現象——從睡虎地秦簡一則行書律説起》,《出土文獻研究》第十六輯,上海:中西書局,2017年,第147—161頁。

② 陳松長主編:《嶽麓書院藏秦簡(肆)》,上海:上海辭書出版社,2015年。此條律文陳松長在《嶽麓書院藏秦簡中的行書律令初論》(《中國史研究》2009年第3期)中最早披露時,"□律曰"作"行書律曰"。出版時整理者注:"此律文内容涉及行書,但律名僅一字,似是'興律'。"

③ 李均明:《張家山漢簡〈行書律〉考》,《中國古代法律文獻研究》第二輯,北京:中國政法大學出版社,2004年,第31頁。

④ 謝桂華、李均明、朱國炤:《居延漢簡釋文合校》,北京:文物出版社,1987年。簡號爲26·32。

第四節　守史勤言調署伍長人名數書

這是一份附件爲名籍的册書,簿籍類册書在五一簡中較爲少見。在形制上,這份册書也比較特别,呈文部分和標題簡爲木兩行,附件部分則爲竹簡,即該册是由木兩行和竹簡兩種不同形制的簡編聯在一起的,因此在五一簡册書的復原研究中,具有特别的意義。

周海鋒較早在網上發文對這份册書的材料進行了搜集,將 3 枚木兩行,其中 1 枚爲標題簡,和另外 11 枚竹簡放置在一起,認爲這 14 枚簡都同屬“調署伍長人名數書”册書。[①] 爲方便討論,現將這 14 枚簡按周海鋒的排列順序羅列如下,個别改釋的文字隨文作出説明。

守史周勤名印
正月 日 郵人以來　　　史　白開 /1022B

　　延平元年正月己卯朔廿四日壬寅,守史勤叩頭死罪敢言之。前受遣調署伍長,輒/與御門、庚門、逢門亭長充、德等并力循行。案文書,史黄條前皆署以書言,輒復/1022A 覆核其未偏者,復集調署,謹右别人名如牒,盡力勑録,悉令住標楬,有增咸,復言。勤奉使留遲,惶恐叩頭死罪死罪敢言之。/1021
守史勤言調署/
伍長人名數書　　正月廿五日　　發/1042
•右逢門亭部大小伍長凡十　一人/1024
•右庚亭部大小伍長凡三人/1025
☑□□人/1027
小伍長區齋　小伍長石和　都伍長李熊/1023
小伍長陳幼生　小伍長張良　……/1026
小伍長應孟厚　小伍長許山　小伍長張幼文/1191+1028

---

① 參周海鋒:《〈長沙五一廣場東漢簡牘〉文書復原舉隅(二)》,簡帛網 2020 年 4 月 17 日。

☑　都伍長鄧山　　小伍長高孟成/1029

☑　小伍長朱□/1030

☑　小伍長袁林　　小伍長張伯生/1031

☑　小伍長陳嵩　　小伍長鄧豐　　☑/1032

小伍長區仲元　　小伍長張平　　小伍長封仲弘　　☑/1033

呈文。很明顯，這份册書由呈文和附件兩部分組成。我們先討論呈文部分。呈文由簡 1022＋1021 組成。簡 1021 中“復集調署，謹右別人名如牒”，整理報告原釋爲“復集調□□右別入記(?)如牒”，周海鋒在“調”後補“署理”二字，並標點爲“復集調署理右別入，記(?)如牒”。整理報告闕釋的第一字圖版作“▨”，仍可見所從“网”字上部的横畫及右側的豎畫。標題簡中的“署”字作“▨”，結合該字殘筆與標題簡 1042 中“調署伍長人名”等表述，釋“署”可信。第二字圖版作“▨”，也已模糊不清，但案文例，實應爲“謹”字，如簡 95“謹傳議解左”、簡 401“謹牒別”，其字形輪廓也與“謹”字相合。“名”字，原釋爲“記(?)”，顯然是受到圖版中污漬的影響。該字紅外圖版爲“▨”，但從彩色圖版看，下方的黑色“墨迹”反而呈現出白色，即“▨”，這些呈現爲白色的東西其實是污漬，在紅外條件下，卻顯示出和墨迹一樣的顏色，從而導致誤釋。其前所謂的“入”字也因此而誤。抛却這些污漬，其有效墨迹爲“▨”，當爲“名”字，則“名”上一字爲“人”字無疑。這段文字當爲“復集調署，謹右別人名如牒”，文通意順。簡文後段的“標”字，圖版作“▨”。原釋爲“檮”，但其右旁所謂的“壽”字與五一簡中的“壽▨”及“禱▨”字所從的“壽”皆不合。此字當爲“標”，五一簡的“標”作“▨”“▨”形，其右旁與“▨”字的右旁相同。所謂“悉令住標楬”，“標”和“楬”皆可爲標識，大概是説把所有伍長的姓名書於明顯的標識之上，立於四方，讓鄉里皆知。簡 1260 有“表楬道，偏撫告上下丘里、行道過客”，二者正可相參。①

————————————————————

① 西北簡中也有類似的表述，如金關遺址出土的 73EJT31：64 號簡“書到，明扁書顯見處，令吏民盡知之”。其實也不必將“標楬”坐實，這只是一種略帶修辭的描述，文書中的意思只是强調讓所有伍長姓名被鄰里知曉，無所遺漏。

呈文發出的時間是延平元年即 106 年，文書責任人爲守史周勤，簡
1848 有“兼賊曹掾周勤”，可能爲一人。按呈文的内容，周勤曾收到一條指
令，要求他“調署”伍長。所謂“調署”，可理解爲“調任”，即“任命”伍長。從
下文“輒與御門、庾門、逢門亭長充、德等并力循行”看，周勤負責調署的範圍
在御門亭、庾門亭和逢門亭三亭之内。簡 2497 顯示，延平元年三月九日逢
門亭長爲“德”，簡 2496 的簡文爲“兼逢門亭長德”，時間也是“三月九日”，則
此三月九日亦當爲“延平元年”。“案文書”之“文書”似指周勤“受遣”的那份
文書，但也不排除其他文書的可能。該文書裏説，史黄條也曾負責“調署”伍
長，並已將名單上報。周勤此時的任務，是“復覆核其未偏（遍）者，復集調
署”，即對黄條的工作進行查漏補缺。如果名單有增加或減少的話，再行
上報。

附件。1042 號木兩行“守史勤言調署伍長人名數書”是整份册書（包括
呈文和附件）的標題。附件部分又有三個小標題，分別爲竹簡 1024、1025 和
1027。簡 1024“·右逢門亭部大小伍長凡十一人”和 1025“·右庾亭部大小
伍長凡三人”分別是對逢門亭和庾亭“調署”伍長人數的統計。簡 1027 殘
斷，僅存“人”字，周海鋒“推測其内容爲御門亭部調署大小伍長人總數統
計”，這是非常正確的。根據文例可推測其完整簡文當爲“·右御門亭部大
小伍長凡□人”，由於竹簡殘失，尚不能確定“凡”和“人”之間的數字是一個
字還是兩個字。各亭之間伍長的人數相差較大，應該是因爲，這份名單屬於
查漏補缺，只是對新任命情況的統計，而不是全部伍長的名册。這 3 枚竹簡
可視爲“分標題”，其與西北簡所見簿籍中同時含有大標題和小標題的情況
也非常類似。①

附件中出現的“都伍長”稱謂，史籍未載。周海鋒認爲：“從簡文看，它與
‘小伍長’是相對的，當是大伍長的别稱。秦漢時期每五户設伍長一名，當指
小伍長。大伍長究竟統轄多少户，我們不能確知，可能是十户或二十五户。”

---

① 西北簡中亦見有大標題、小標題同居一册的情況，如《居延新簡》中由 EPF22·222—EPF22·
235 組成的《捕斬匈奴虜反羌購償科别》册書，除有總標題“捕斬匈奴虜反羌購償科别”外，還
有兩個分標題，分別爲“右捕匈奴虜購科賞”和“右捕反羌科賞”。

這種看法應該是正確的。吳簡中的"都鄉"一詞，一般認爲是指設立於國都或郡、縣治所等城市内的鄉，①五一簡中的"都鄉""都亭"一般也理解爲指設立於臨湘縣廷治所内的"鄉"和"亭"，這樣的"都鄉"和"都亭"在一縣境内應只有一個。常見的"都亭長"，②即是縣廷治所内設置的"都亭"之長。都鄉、都亭以及都亭長之得名，顯然與縣廷治所所在地相關。但"都伍長"的得名當與"治所"無關，因爲簡文顯示，臨湘縣内有多個"都伍長"，本册書中簡1023和簡1029就各出現了一個"都伍長"。③從本書册簡文周勤"前受遣調署伍長"、標題簡"守史勤言調署伍長人名數書"，以及伍長名籍中包含了大伍長和小伍長姓名的情況來看，五一簡其他簡文中多次出現"伍長"一詞，應是籠統的稱呼，實際可能指大伍長，也可能指小伍長。簡文中有時也會有明確區分，如簡380"武爲小伍長"、簡2202＋2636"斗爲其丘小伍長"。未發表的資料顯示，"都伍長"的名稱可能和"都師伍長"有關，其統轄的户數要比小伍長爲多，其設置也與"丘"相關。

"都師"之"師"的含義，當與"師帥"有關。《漢書·循吏傳》："太守霸爲選擇良吏……然後爲條教，置父老師帥伍長，班行之於民間，勸以爲善防姦之意，即務耕桑，節用殖財，種樹畜養，去食穀馬。"④《漢書·董仲舒傳》："今之郡守、縣令，民之師帥，所使承流而宣化也；故師帥不賢，則主德不宣，恩澤不流。"⑤至於"都"字，則是從"管理"義而來。凌文超在討論吳簡中的"都市掾"時，認爲"都"是"總管"的意思，所謂"都市掾"即爲市的主管者。⑥李均明等在討論吳簡中的"都莂"時，認爲"都"有匯集、匯總的含義，又有"大"的

---

① 高敏：《從〈長沙走馬樓三國吳簡〉看孫權時期的商品經濟狀況》，《簡帛研究》二〇〇四，桂林：廣西師範大學出版社，2006年，第318頁。
② 相關辭例如"都亭長李宗/1274""都亭長薛邯/1856＋1878"等。
③ 簡2441中的"伍長"，可能也爲"都伍長"。原釋文"伍長"上一字未釋，圖版作" "，應該就是"都"字。
④ 《漢書》卷八十九《循吏傳·黄霸》，北京：中華書局，1962年標點本，第3629頁。
⑤ 《漢書》卷五十六《董仲舒傳》，北京：中華書局，1962年標點本，第2512頁。
⑥ 凌文超：《走馬樓吳簡舉私學簿整理與研究——兼論孫吳的占募》，《文史》2014年第2輯，第51頁。

意思,這種合同券書正是由於其内容具有匯總性,形制也較大,故稱"都劵"。①因此,"都師伍長"可理解爲"管理聚落的具有表率作用的人",可簡稱爲"都伍長"。

册書中的"大伍長"即"都伍長",可能僅與統轄户數多寡有關,而與職級的"大小"無關,因爲在附件簡 1023 中,"都伍長"書寫於"小伍長"之後,以簡牘中掾吏的名字一般都會按照職級排序的書寫方式推測,"都伍長"和"小伍長"在職級上或並無大小的區别。

編聯和集成。按照大的原則,呈文排在附件之後。呈文部分只有 2 枚簡,只要按文意銜接即可,因此,我們討論的主要是標題簡和附件部分的排序問題。

總標題簡即 1042 號木兩行,由於其内容爲"守史勤言調署伍長人名數書",是對"呈文"和"附件"兩部分内容的總結,因此是整份册書的標題。但是該標題簡應放在整個册書的末尾,還是册書的前面,抑或是排在附件和呈文之間呢? 根據簡面上後書的啓封記録"正月廿五日發"字樣,我們認爲它應該排在整個册書最末的位置,而不是册書的前面或附件和呈文之間。這樣的排列與居延簡中的某些"標題簡"與"簿籍"的排列關係有一些區别。②

附件部分的排列則有一定難度,對於只列有姓名的單枚散簡來説,我們不能從簡文中找出它們之間在内容上的銜接關係,只能採用"集成"的辦法將之按出土揭剝號排列在一起。但從呈文和附件文字的表述中,還是能歸納出一些大概的排列原則,對這種無奈的"集成"排列方式進行約束和細化。

比如呈文中周勤言"輒與御門、庾門、逢門亭長充、德等并力循行",那麽附件中的分標題簡應該就是按照這種順序排列的,因此,可確定 3 枚分標題

---

① 李均明、周自如、楊慧:《關於長沙走馬樓嘉禾田家劵的形制特徵》,《簡帛研究》二〇〇一,桂林:廣西師範大學出版社,2001 年,第 486 頁。《中國簡牘集成》的理解與此相同,見中國簡牘集成編輯委員會:《中國簡牘集成》第十五册,蘭州:敦煌文藝出版社,2005 年,第 495 頁。

② 居延簡中册書標題的情況比較複雜,如東漢《永元器(兵)物簿》是由五份不同時間的"附件+呈文"的簿籍類册書編聯而成,編繩尚存,每份"附件+呈文"的簿籍册書都有標題簡,如"廣地南部言永元五年七月見官兵斧礎月言簿"等,都排在該册書的最前面。對於没有呈文的簿籍,如帶有編繩的《勞邊使者過界中費》册,其標題簡也是居於簿籍之前,但也有許多居於簿籍之後的情況,如明確寫有"右"字的標題簡,則居於簿籍之後。

簡的先後順序爲 1027 御門亭、1025 庚亭、1024 逢門亭。而且分標題簡上的
"右"字決定它們都會排在各亭部具體伍長名籍之後。又如，根據伍長名單
的書寫格式，每簡分三欄書寫，且最多記錄三個人名，則分標題簡 1024 "‧右
逢門亭部大小伍長凡十一人"的右邊將會包含 4 枚竹簡，因爲總數爲 11 人，
因此最後 1 枚簡只能記 2 個人名，下欄應當空缺，而目前只有簡 1030 滿足這
種情況。另外，分標題簡 1025 的内容爲"‧右庚亭部大小伍長凡三人"，那
麼其右邊應該只有 1 枚竹簡，並記滿三個人名。

　　基於以上這些基本和細化的原則，可以試將全部簡文排列如表 9：

表 9　《守史勤言調署伍長人名數書》册書編聯與集成

附 件	1023	小伍長區齋	小伍長石和	都伍長李熊
	1026	小伍長陳幼生	小伍長張良	……
	1191 + 1028	小伍長應孟厚	小伍長許山	小伍長張幼文
	1027	【‧右御門亭部大小伍長凡】▢人		
	1029	☑	都伍長鄧山	小伍長高孟成
	1025	‧右庚亭部大小伍長凡三人		
	1031	☑	小伍長袁林	小伍長張伯生
	1032	☑	小伍長陳嵩	小伍長鄧豊　　☑
	1033	小伍長區仲元	小伍長張平	小伍長封仲弘　　☑
	1030	☑　小伍長朱□		
	1024	‧右逢門亭部大小伍長凡十一人		
呈 文	1022A①	延平元年正月己卯朔廿四日壬寅，守史勤叩頭死罪敢言之。前受遣調署伍長，輒/與御門、庚門、逢門亭長充、德等并力循行。案文書，史黄條前皆署以書言，輒復/		
	1021	覆核其未偏者，復集調署，謹右别人名如牒，盡力勅録，悉令住標/楬，有增减，復言。勤奉使留遲，惶恐叩頭死罪死罪敢言之。/		
	1042	守史勤言調署 伍長人名數書　　正月廿五日發		

———————

① 1022 號木兩行爲呈文的首簡，在整個册書中位於倒數第三簡的位置，爲了準確顯示該木兩行
　的編聯位置和文字的邏輯順序，此處未將其背面的文字排入其中。

　　表9中黑體簡文的位置是相對固定的，是册書的基本框架，其他簡文則主要根據揭剥號，並結合我們的分析按順序填入，有一定隨機性。1027號分標題簡，由於缺失統計數字，並不能確知其前的竹簡數量，但從目前情況看，肯定在3枚或以上，也就是説御門亭新調署的伍長人數可能在9人或9人以上。册書編聯示意參圖6。

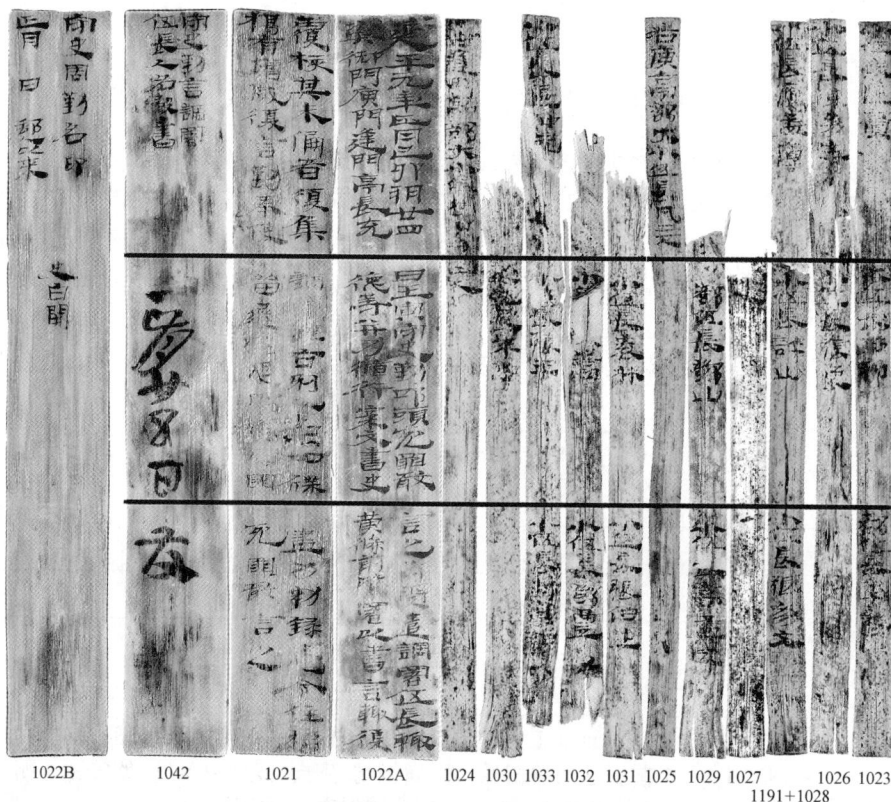

| 1022B | 1042 | 1021 | 1022A | 1024 1030 1033 1032 1031 1025 1029 1027 | 1026 1023 |
| | | | | 1191+1028 | |

圖6　《守史勤言調署伍長人名數書》册書復原示意圖

　　應該説，這樣"集成式"的編聯，雖然還未能達到真正"復原"的程度，而且册書本身可能也仍不完整，但無論從方法還是實踐上，都是目前能做到的最接近真相的樣子。至於册書的名稱，自然用其自帶的總標題，命名爲《守史勤言調署伍長人名數書》，也最恰當不過了。

　　收捲方式。鑒於本册書是由木兩行和竹簡編聯而成的，較爲特殊，在此還想對本册書的收捲方式略作討論。由於五一簡中册書的編繩已悉數殘斷，出土時也未見有以成坨方式或以收捲時的狀態存在的册書，因此根據以往的經驗，我們只能默認，五一簡册書的收捲方式一般是自左向右捲起，自右而左展開，尤其是不帶附件的册書，如上兩節中復原的全部由木兩行組成的《廣亭長暉言傅任將殺人賊由併、盜由肉等妻歸部考實解書》和《從掾位悝言考實倉曹史朱宏、劉宮臧罪竟解書》，兩份册書均當自左向右捲起，因而首簡簡背預先書寫的文書責任人用印記録即文書的作者信息，以及待填寫的收文日期等文字當是外露於册書，是會被首先看到的内容。

爲什麽文書責任人的姓名或者説文書的作者姓名一定要被"首先"看到呢？除了相關的文書格式、制度外，這一點或許也與秦漢時期針對"匿名文書"的法律規定相關。睡虎地秦簡《法律答問》："'有投書，勿發，見輒燔之；能補者購臣妾二人，繫投書者鞫審讞之。'所謂者，見書而投者不得，燔書，勿發；投者[得]，書不燔，鞫審讞之之謂也。"① 張家山漢簡《二年律令·具律》："毋敢以投書者言繫治人，不從律者，以鞫獄故不直論。"② 所謂投書，一般可理解爲"匿名文書"，指隱去作者姓名或以他人姓名冒充作者的文書，在漢代也有其他稱謂。③ 漢律否認匿名文書的法律效力，對於投書者及以投書内容斷獄的官吏均要嚴懲。所以在正式文書中，文書的作者信息非常重要，這也是相關簡册一般都將文書作者姓名以記録用印的方式書寫於首簡簡背，在自左向右收捲的册書中首先會被審閱者看到的用意所在。

文書在傳遞過程中，附着於簡牘本身或盛放簡牘文書匣囊之上的封泥用印，除封緘文書外，無疑是顯示文書作者姓名及鑒别文書真偽的最爲重要的手段。在西北簡中，"收文單位在收到公文後，會在來文封檢的正面或背面注記封印内容和完損情況，也會注記傳送者的職銜人名和送達日期，偶爾

---

① 睡虎地秦墓竹簡整理小組：《睡虎地秦墓竹簡》之《法律答問》釋文，北京：文物出版社，1990 年，第 106 頁。

② 張家山二四七號漢墓竹簡整理小組：《張家山漢墓竹簡[二四七號墓]》之《二年律令》釋文，北京：文物出版社，2001 年，第 150 頁。

③ 如"飛書"等。可參趙凱：《漢代匿名文書犯罪諸問題再探討》，《河北學刊》2009 年第 3 期，第 83—88 頁。

會有發封者和發封情況的記録".① 雖然這種由收文機構二次書寫的情況與五一簡中由文書作者預先書寫只待填補的情況略有不同,但無論如何,這些用印記録都非常重要,發封印破之後,收文機構或將文書再次轉呈長官,這些預先書寫或二次書寫的用印信息就成爲揭示文書作者身份的唯一途徑。從情理上推測,對於那些由下級官吏代爲啓封文書的長官來説,由於不曾接觸到封泥原物,那麽這些顯示作者姓名的用印信息則一定要被看到,最好是被首先看到。

但在本册書中,由於附件的存在,且附件排在呈文之前,因此呈文的首簡實際位於册書倒數第 3 簡的位置,如果册書仍以自左向右方式收捲的話,則呈文首簡簡背的内容"守史周勤名印/正月　日　郵人以來/史　白開"等文字就會被包裹在附件的竹簡之中,無法被審閲者首先看到。而這種情況,就相當於審閲者收到了一份"匿名文書",這是不被法律允許的,也是文書作者及審閲者都不希望看到的情形。因此,我們懷疑,本册書的收捲,或並不是以我們默認的方式自左向右收捲,而是從附件,即從竹簡首簡的位置開始自右向左收捲,這樣,呈文部分的首簡即册書的倒數第 3 簡簡背的内容方能被審閲者首先看到。

西北漢簡中有一些編繩尚存的册書,其册書的最後一簡(册書的最左邊)處,仍留有較長的繩頭,如《勞邊使者過界中費》《建昭三年穰麥出入簿》《永光五年失亡傳信册》《傳車亶轚簿》等。這些册書有可能就是自右向左收捲,而用左側册書尾部多餘的編繩捆扎册書。② 賈連翔在考察戰國竹書的收捲與編聯方式時,曾結合其他學者的推論對典籍類竹書的收捲類型有過仔細的考察和總結。他認爲:竹書的收捲有"卷軸型"和"折頁型"兩種方式,卷軸型可分爲"自末簡捲起式"即自左向右捲起(如清華簡《筮法》),和"自首簡

---

① 邢義田:《漢代簡牘公文書的正本、副本、草稿和簽署問題》,《"中研院"歷史語言研究所集刊》第 82 本第 4 分,臺北:"中研院",2011 年,第 667 頁。

② 邢義田認爲這些多餘的或用於簡牘"掛壁"存檔之用:"'勞邊使者過界中費'……册左側編繩稍長,打了結,留下圈環。……但懸掛簡册,於漢代的確有文獻和圖像可證。"參邢義田:《漢代簡牘的體積、重量和使用──以"中研院"史語所藏居延漢簡爲例》,見邢義田:《地不愛寶:漢代的簡牘》,北京:中華書局,2011 年,第 16—18 頁。

捲起式”即自右向左捲起(如清華簡《繫年》)。折頁型可分爲“對折頁型”即兩側先分別折叠一部分再向中間對折(如清華簡《算表》),和“卷折頁型”即從册書的一側先折叠一部分,然後以這一部分爲軸再捲起(如清華簡《芮良夫毖》)。[1]

　　關於文書類册書的收捲方式,因爲册書卷册樣例的稀少一直較少有人關注,我們認爲或許也應和戰國竹書一樣,存在多種樣式。除了我們懷疑的本册書或以不同的方式即自右向左收捲外,同時,我們也懷疑上述帶有附件的《連道寫移奇鄉受占臨湘南鄉民逢定書》册書,也是自右向左收捲。此册書呈文部分的首簡背面無文字,文書責任人“掾慮、助史昆、著”被書寫在排在册書末尾的標題簡之上,前文已論證,“掾慮、助史昆、著”諸字非本人簽署,而是與呈文一起寫就。對於這樣一份帶有附件的册書,如果册書篇幅較長的話,必須要考慮,是呈文先被看到,還是附件先被看到? 從一般審閱者的角度出發,應該還是希望呈文先被看到吧,因爲呈文中一般都會對所呈報的事項及附件的内容有所總結。所以我們懷疑這樣的册書或許也是自右向左收捲,雖然簡背沒有文書“作者(經手人)”的信息,但若自左向右展開的話,册書的標題以及文書作者的相關信息將會被首先看到。

　　另外,考慮到五一簡木兩行形制寬大不易收捲,或收捲後體量較大的因素,我們也懷疑,對於以木兩行爲主體的册書,其收捲過程中,或許也存在着“折叠收捲”的現象。畢竟實踐中的“便利”原則,是推動册書形制變化的一個非常重要因素。

第五節　揭剥號在五一簡册書 復原中的地位和作用

　　在本章中,我們從已復原的册書中,挑選了四份册書重新進行了討論。

---

[1] 參賈連翔:《戰國竹書形制及相關問題研究:以清華大學藏戰國竹簡爲中心》,上海:中西書局,2015 年,第 225—229 頁。

這四份册書非常有代表性,前兩份《廣亭長暉言傅任將殺人賊由併、盜由肉等妻歸部考實解書》和《從掾位悝言考實倉曹史朱宏、劉宫臧罪竟解書》爲不帶附件的册書,後兩份《連道寫移奇鄉受占臨湘南鄉民逢定書》和《守史勤言調署伍長人名數書》爲帶附件的册書,其中前一份爲寫移書,附件原先也是一份呈文,後一份的附件則爲名籍,這四份册書基本上涵蓋了册書的所有類型。

在討論中,我們重新審視了與册書相關的簽牌和册書,以及標題簡和册書之間的關係,這涉及册書的命名問題;也對册書中散簡重新排序的依據有所檢討,這關乎對册書結構的認識問題;同時,也對各册書中簡文的釋讀、文意的梳理有所修訂和反思。在此,我們還想對簡牘出土號,在五一簡中爲揭剥號,在册書復原中的作用及相關問題予以説明和討論。

在五一簡已經復原的册書中,有一些簡號是相連或相近的,但同時又會有一些號碼相隔很遠的簡牘摻雜其中,很突兀地與册書發生聯繫。通過對上面四份册書以及周海鋒復原的另外三份"詔書"及一份"解書"册書[①]簡號的統計,就能很明顯地感受到這一點。見表10。[②]

表10　册書簡號分布情況統計

第一份	664＋542、652、655、654
第二份	**6650**、347、333＋334、**6742＋5938＋3091**、**2171＋5780**＋231、301、344、370、**6822**、366、378、361、379、365、367

---

① 這四份册書分別爲《桑鄉言詔書謹到書》、《北部賊捕掾向言詔書謹到書》(代擬)、《東部勸農賊捕掾醴言詔書謹到書》和《兼左部勸農賊捕掾馮言逐捕不知何人所盜羅捽矛者未能得解書》,其中三份都有自帶標題。分別見周海鋒:《〈長沙五一廣場東漢簡牘〉所見永初年間三份詔書淺析》,《簡帛》第二十輯,上海:上海古籍出版社,2020年,第252—263頁;《五一簡"逐捕不知何人所盜羅捽矛者未能得解書"淺析》,《出土文獻》2020年第4期,第20—23頁。

② 這裏的"簡號",指整理號,非考古時的原始出土編號即揭剥號。整理號是嚴格按照出土號的順序重新編排的,但反映的信息遠不如出土號多。由於出土號(揭剥號)不利於排版,在此用整理號進行統計。出土五一簡的1號井窖内堆積共分三層,每一層都有簡牘出土,據已出版的整理報告,整理號1—132爲第一層,133—231爲第二層,232號及以後全部爲第三層。本表中涉及的竹木簡牘,除第三份册書中的81號簡爲第一層,第二份册書中的231號爲第二層外,其餘全部爲第三層所出。因此用整理號進行統計也不會對統計結果有太大影響。

（續表）

第三份	**6587**、369、81、5937、479、384、387
第四份	1023、1026、1191 + 1028、1027、1029、1025、1030、1031、1032、1033、1024、1042、1024、1021
"詔書"	(1) 414、402 + 417、398　　(2) 128、**2661**　　(3) 412、413、399、410、411
"解書"	**1719**、520、881 + 927、925、924

　　加黑的字體表示這些簡號與册書中的其他簡號相距較遠。造成這種情況的原因,我們在前文有關五一簡研究現狀的介紹中,已略微提及,現再分析總結如下:

　　首先,五一簡從整體上來看是廢棄的簡牘,許多簡册在被扔到井窖之前就已全部或部分散亂,比如編繩斷裂、缺簡、斷簡等,甚至有火燒的痕迹。而且經過"時間"的干擾,後代的廢棄物不斷被投擲到井中,不斷使簡册受到擠壓,造成斷裂或錯位。其次,五一簡在發掘的時候,受環境所限,採取懸空作業、分塊提取的辦法,考古人員在清理井窖内遺存時,考慮到現場實際環境的複雜性和安全性,將井内的堆積分爲東西兩個半圓,然後再在兩個半圓内分別逐層對堆積物進行提取。先清理東部半圓的堆積,再清理西部半圓,所有出土簡牘被分裝於 66 個大盆和 144 個小盆之中。以上這兩項因素都會造成原本全部或部分在一起的册書散簡由於自然或人爲的影響而分散各處。在已復原册書中的體現就是:同一册書中有一些簡號是相連或鄰近的,也有一些簡的編號則相隔甚遠,編號大小相差懸殊。在簡牘的綴合實踐中,我們也發現,相鄰或相近的兩個大號和相鄰或相近的兩個小號經常可以綴合,[①]這説明,可綴合的簡牘原本可能在同一個層面,因受擾動才導致其中一部分分散開來。

　　基於五一簡已復原册書中簡號的這種情況,以及五一簡中存在的簿籍册書較少的特點,我們認爲應主要依靠簡文之間的聯繫對五一簡册書進行

---

① 具體可參本書附録"五一簡殘簡綴合情況統計"中的綴合情況。

編聯和復原。與走馬樓吴簡相比,五一簡中的册書大多是"叙事性"文書,可以依靠文字之間的銜接關係、文書結構上的邏輯關係,以及書體、形制等方面的因素進行編聯;而吴簡中存在大量的簿籍類册書,往往更倚重簡號之間的相互聯繫對之進行的集成研究。吴簡在進行集成研究時,非常看重揭剥號的作用,面對簡號相連或相近的"成坨"的竹簡,可根據内容預先認爲存在一份册書,然後從中挑選出少數不相干的内容即可。而五一簡由於没有"成坨"的卷册存在,因此,在編聯或復原的程序上,往往與吴簡的程序相反,需要從相連或相近的簡號中挑選出少數相關的簡牘進行編聯。對五一簡來説,簡號相連或相近,只能是結果,而不能進行反推。因此,在五一簡册書編聯和復原的過程中,我們不過分强調簡號的重要性,而往往是在册書復原之後,將之作爲補充和驗證册書復原成果的旁證。

第四章　五一簡册書編聯
復原舉例（上）

　　通過第二章對五一簡册書基本類型的分析，對各種類型册書的首簡、尾簡、標題簡和簽牌的考察，以及對册書編聯復原方式、基本步驟的總結和歸納，我們對五一簡册書的基本情況有了大致瞭解。在第三章中，我們又對已經復原的四份有代表性的册書重新進行了梳理，或指出其在册書命名上存在的問題，或修正了它們在排序及内容考證方面的疏誤，這些工作無論在復原方法上還是實踐操作中，都讓我們對五一簡册書的内容、結構等方面有了更深入的認識，對下一步更多册書的復原工作也極具指導意義。在以下章節中，我們擬再選取一些存簡數量較多的册書進行復原嘗試。本章主要選取了 3 份册書，即《右部勸農賊捕掾悝言盜陳任龘者不知何人未能得假期書》《直符右倉曹史豫言考實女子雷旦自言書佐張董取旦夫良錢假期書》和《北部賊捕掾綏言考實傷由追者由倉解書》，現就其復原情況分別論述如下。

第一節　右部勸農賊捕掾悝言盜陳任龘者
不知何人未能得假期書

　　本册書現存簡 5 枚，其中簡 2172 + 304 + 6060 + 6213 可連讀，簡 6060、6213 是未發表的簡文，其後有缺簡，或僅缺 1 枚，缺失内容基本也可據常見文書套語補出。另有簡 6068，也是未發表的内容，爲標題簡，排在册書末尾。册書可編聯爲：

右部勸農賊捕掾向悝名印　　　　史　　白開/2172B
二月　　日　　郵人以來

永元十七年二月乙酉朔廿一日乙巳,右部勸農賊捕掾悝、游徼光、市亭長則叩/頭死罪敢言之。帶肆女子陳任詣則告,辤:履所有青糸蓋之市,解置肆前。/₂₁₇₂ₐ有頃,欲起,不知蓋所在。輒訊問任知狀女子馬親、陳信、王義等,辤皆曰:/縣民,各有廬舍御門、都亭部,相比近知習,各占租、坐賣繳帶爲事。任今月十七/₃₀₄(略)/₆₀₆₀(略)/₆₂₁₃【……叩頭死罪敢言之。】/缺簡

(略)/₆₀₆₈

　　簡 2172 爲首簡,標明文書的時間是永元十七年(105)。責任人仍是第三章已討論過的《從掾位悝言考實倉曹史朱宏、劉宮臧罪竟解書》册書中的“向悝”,他的身份此時已由“從位掾”升爲“右部勸農賊捕掾”,即由散吏轉爲正式的職吏。關於“勸農賊捕掾”,漢時有郡、縣屬吏“春夏爲勸農掾,秋冬爲制度掾”[1]的規制,以常見的“勸農賊捕掾”爲例,這是指“賊捕掾”在春夏農忙時需要同時擔任勸課農桑的“勸農掾”,而在秋冬農閒時,又恢復其本來“賊捕掾”單一身份的一種因時而置的制度。但因史料或缺,從以往見到的一些零散的材料中,並不足以考察“勸農掾”和“制度掾”[2]身份的轉換是否真的有着嚴格的“時令”限制。而五一簡中大量的將“時間”和“稱謂”一一對應的記述,爲考察這種轉換的“時令性”特徵提供了可能。據初步統計,五一簡中凡是提到“勸農＋制度掾”這種“複合”稱謂,如“某部勸農賊捕掾”“勸農督郵書掾(史)”等,其對應的時間大都在“春夏”(春正月至夏六月)之間,以二月、三月爲多,秋七月以後,絕不見這樣的稱謂。但同時,只單稱“制度掾”,如“賊捕掾”“督郵書掾”的情況不僅在“秋冬”(秋七月至冬十二月)之際出現,

---

① 《後漢書·百官五》:“本注曰:諸曹略如郡員,五官爲廷掾,監鄉五部,春夏爲勸農掾,秋冬爲制度掾。”歷來爲論者所本。見《後漢書》志第二十八《百官五》,北京:中華書局,1965 年標點本,第 3623 頁。

② 關於何爲“制度掾”的問題,徐暢認爲“可歸屬制度掾的掾吏有賊捕掾、督郵(書掾)、兵馬掾、郵亭掾,但自然不限於這些名目。……但並不是所有的部吏都可歸屬制度掾,應只是那些在某時某地,具有核心性職掌,其職掌成爲勸課農桑之外第一要務的郡縣屬吏”。參徐暢:《〈續漢書·百官志〉所記“制度掾”小考》,《史學史研究》2015 年第 4 期,第 122 頁。

在"春夏"的三月、四月、五月、六月也會出現。這大概可説明，五一簡所反映的東漢的這一段時間内，"春夏爲勸農掾，秋冬爲制度掾"這種制度應該是被嚴格執行的。至於在"春夏"没有稱"勸農賊捕掾"這種複合稱謂，而只被稱爲"賊捕掾"的掾史，真實情况可能是，有一些人的稱謂中"勸農"二字被省略，①而應該還有一些人，在春夏之際，可能只單一地擔任其原有"制度掾"的職務，並没有轉换爲"勸農掾"，也就是説，可能並不是所有的"制度掾"在農忙時都要完成向"勸農掾＋制度掾"這種複合身份的轉换。

簡文"帶肆女子陳任"句中之"帶肆"，即下文"坐賣繳帶"之肆，這是以所賣之物名肆，五一簡中所見又有"繒肆/₄₉₅""粢肆/₃₂₅₋₄₋₂₅""豉肆/₃₂₅₋₄₋₂₅"等。"履所有青糸菨之市"句中，"菨"爲"麤"之訛寫。羅小華考證引《説文》"麤，草履也"。又《釋名·釋衣服》："荆州人曰麤，絲麻韋草，皆同名也。"簡409之"韋菨二兩"、簡1122之"木菨"，"菨"皆爲"麤"字之訛。②"履所有麤"，指穿着要售賣的鞋，則此麤似只有一雙。下文雖亦未言及陳任到底丢失了幾雙麤，但從簡文僅言"菨（麤）一梁直錢八百"，並未有"共直錢"之類的表述判斷，其所丢失的麤確實只有一雙。

簡304是訊問知情證人的文字。"縣民，各有廬舍御門、都亭部，相比近知習，各占租、坐賣繳帶爲事"句中的"相比近知習"在五一簡中常見，一般指居住地的廬舍"相比近"，因而知習。但這種格式套語，有時需仔細分析，陳任與知狀馬親、陳信、王義等分屬御門亭和都亭兩部，即使御門亭和都亭或"相比近"，也不一定意味着他們的廬舍也"相比近"。因此句中"相比近"更多的指向應是陳任與馬親、陳信、王義等人的"肆"相比近，而不是指他們居住的"廬舍"相比近。陳任丢失麤的事件發生在"市"，因而與帶肆相比近的馬親、陳信、王義等才成爲案發現場的"知狀"，他們在下文中描述了陳任從開肆到報案的全過程。而這些詳情，居住地廬舍相近的比鄰，應該是不會知曉的。

---

① 簡2628A面顯示文書的上報時間爲"元興二年正月己卯朔八日丙戌"，責任人爲"左部勸農賊捕掾篤"，B面責任人的用印信息則記録爲"左部賊捕掾鄧篤"，當是省稱。

② 參羅小華：《五一廣場簡牘所見名物考釋（三）》，《出土文獻研究》第十八輯，上海：中西書局，2019年，第318—319頁。

簡 6060 主要描述案件發生的過程。"解置菣肆壜下"句中，"壜"應即"壇"。《史記·齊太公世家》"曹沫以匕首劫桓公於壇上"，裴駰引何休"土基三尺，階三等，曰壇"。[①] "錄具"，根據上下文意，大概就是"檢錄"的意思，與居延簡中的"拘校"相當。[②] "錄具，不知菣所在"，大意是檢錄核查其所賣物品（及周圍環境），不知龘所在。"菣"字模糊，圖版作" "，據字形輪廓和文意確定。下文"廉求"，即考察以求取。"廉"有"察"義，如《漢書·高帝紀》"且廉問，有不如吾詔者，以重論之"，師古曰："廉，察也。廉字本作覝，其音同耳。"[③] "菣一梁直錢八百"句中，"梁"作爲單位量詞，一般寫作"兩"，此處"梁"借爲"兩"。五一簡中"兩""梁"並用，如上舉 409 簡"韋菣二兩"，又簡 646 + 587"糸菣一梁，直五百五十"。

簡 6213 字迹磨滅較嚴重，一些文字的釋讀，只能靠殘存墨迹的大概輪廓以及前後文意，尤其是常見的文例來確定。右行"何人"二字都只存右半，圖版作" "，其上二字墨迹無存，但依文例可肯定爲"不知"二字。"發"下一字僅有殘筆，圖版作" "，依一般文例，應是"覺"字。" "字，應是"劾"，"已劾"常見，從前文陳任最早向市亭長則報案的情況推測，"已劾"前不能釋讀的字迹當是"則"字，應該是則接到報案後，曾將案情上報。"發覺"至"已劾"間按字距仍缺 2～3 字，筆畫也幾乎無存，但其大意應爲"發覺，某人謹已劾"。"盡力推"三字尚有大致輪廓，"推"下一字作" "，這種辭例常見的有"盡力推求"和"盡力推起"，則這個字只能是"起"字。"捕"上一字圖版作" "，和"捕"連用的一般只有"逐捕"和"掩捕"，此字左旁見一豎畫，似爲"扌"而不是"辵"的殘筆，所以這個字最有可能是"掩"字。左行第一字上部殘，圖版作" "，其下三字爲"立主名"，則此字肯定

---

① 《史記》卷三十二《齊太公世家》，北京：中華書局，1959 年標點本，第 1487 頁。

② "錄具"一詞，見於敦煌石室本《抱朴子》殘卷。《抱朴子·論仙》"術家有拘錄之法"句之"拘錄"，敦煌本作"錄具"。轉引自王明：《抱朴子內篇校釋（增訂本）》《新編諸子集成第一輯》卷二《論仙》注一九二，北京：中華書局，1985 年，第 40 頁。但其含義與簡文中的完全不同，簡文中之含義與"拘校"相當。"拘校"即鉤校、核查之意。居延簡中有關財務"拘校"的記錄較多，可參看黃今言：《居延漢簡所見西北邊塞的財務"拘校"》，《史學月刊》2006 年第 10 期，第 18—24 頁。

③ 《漢書》卷一下《高帝紀》，北京：中華書局，1962 年標點本，第 56 頁。

爲“發”字。“名”下兩字爲“▨▨得”，殘字左從“扌”，當是“捕”字。“考”下一字爲“▨”，當爲“實”字。因此這一段文字可補爲“發立主名，捕得，考實”，五一簡中相似的文例如簡 881＋927“逐捕何人，必發立主名，捕得，考實，正處，復言”。下文“不敢出三月十日”，“敢”字殘，“月”字已無墨迹，均依文例補。簡末“禁備”二字，簡 1725 有“臨湘令禁備盜賊無發，發輒捕得”，[1]又《漢書·丙吉傳》“民鬭相殺傷，長安令、京兆尹職所當禁備逐捕”，[2]均可與此相參。

簡 6213 後大約僅缺 1 枚簡，缺文大意應爲惺、光、則三人“禁備無狀……叩頭死罪敢言之”。我們也發現，有另外 1 枚簡 6769，其内容或與所缺簡文相吻合，但從字體的角度考察，簡 6769 的文字整體偏小，與册書的風格不同，應是不同的書手所爲，參表 11。因此，暫將簡 6769 排除在册書之外。

表 11　簡 6769 與册書中他簡墨迹對比

6769	頭	死	罪	敢	言	之
2172	明	死	罷	嚴	言	之
6060					慮	

簡 6068 爲標題簡，編聯在册書之末。從標題内容判斷，這份册書的主要目的是“假期”，申請延長辦案期限。

以文書結構而言，這應該是一份不帶附件的册書，其間也没有引用其他文書的現象，只是一份單純的叙事性呈文册書。册書内容也可分爲幾個層次：首先是陳任到市亭長則處報案，叙説案情，即“履所有青糸菱之市，解置肆前。有頃，欲起，不知菱所在”這部分文字。按文意，則接到報案後，似曾將案件上報，然後縣廷才指派向惺等人負責調查處理。册書中接續的内容即是責任人向惺詢問與陳任“比肆”的知情者女子馬親、陳信、王義等人的問

---

[1] 簡 1725 的全文爲“臨湘令禁備盜賊無發，發輒捕得，毄六（?）龍宫。丙午厭□□”，從文字看，或與厭勝術有關。

[2]《漢書》卷七十四《丙吉傳》，北京：中華書局，1962 年標點本，第 3174 頁。

詢記録，與陳任的言辭皆可對應。隨後，是案件責任人向悝等對案情的分析，表示了順利結案的決心。但因未能找到關於盜竊案的任何綫索，遂提出將辦案週期延長的申請。

整份册書應由 6 枚木兩行組成，尚缺一簡，參圖 7。依標題内容，册書當名爲《右部勸農賊捕掾悝言盜陳任驫者不知何人未能得假期書》。

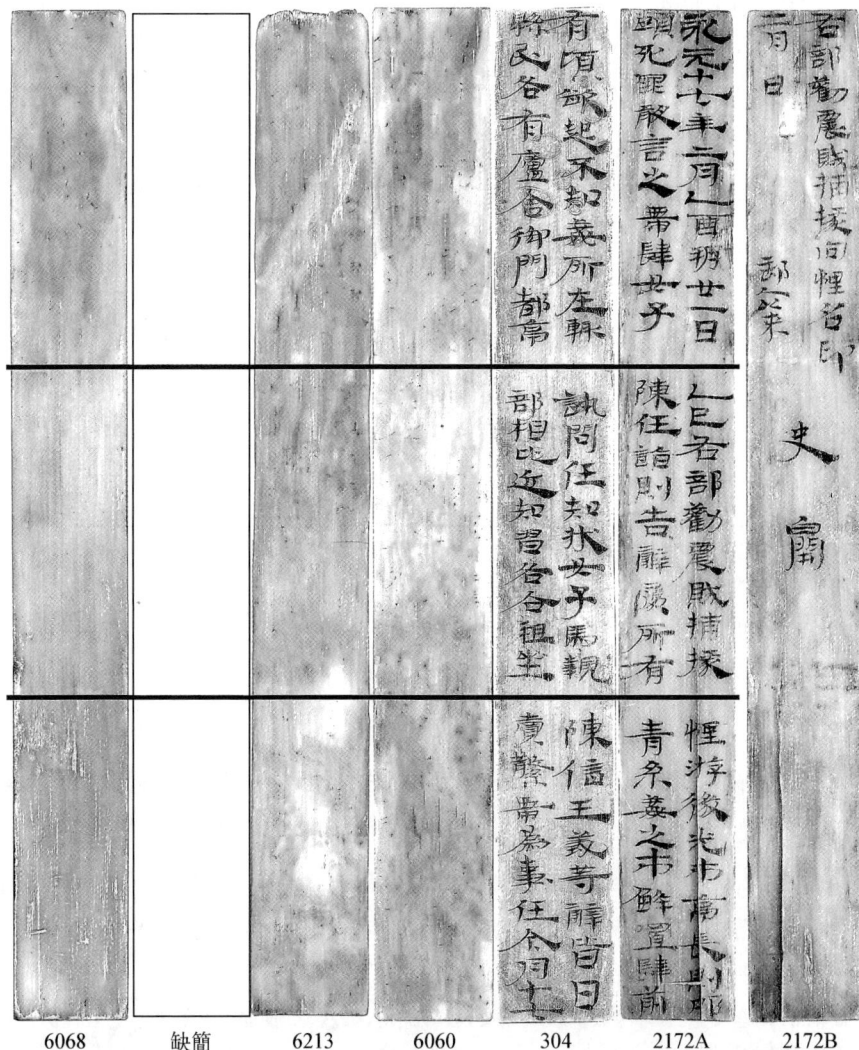

| 6068 | 缺簡 | 6213 | 6060 | 304 | 2172A | 2172B |

圖 7 《右部勸農賊捕掾悝言盜陳任驫者不知何人未能得假期書》册書復原示意圖

第二節　直符右倉曹史豫言考實女子雷旦自言書佐張董取旦夫良錢假期書

　　五一簡正式整理報告第一卷和第二卷發表後，李均明曾將 11 枚涉及同一案情（即本案）的木兩行聯繫在一起，認爲其分屬兩份或三份不同的文件，其中 341＋338＋339 可連讀，126＋523＋348 可連讀，這 6 枚簡或屬於一份册書；408＋396＋415 可連讀，與 371 和 489 共 5 枚簡同屬另一份册書，後一份册書或爲前一份册書的"延期報告"。① 大約與此同時，周海鋒亦將涉及"夏防賄賂董普案"的 12 枚木兩行集中起來，將之分爲三份不同的文書，第一份爲：341＋338＋339＋126＋523＋489；第二份爲：371＋408；第三份爲：348＋［缺簡］＋380＋396＋415，②整體上比李均明多收録一枚 380 簡。在此基礎上，我們又搜集到 4 枚木兩行，内容皆與上述簡文密切相關，其中5552＋2207、2208 見於整理報告第六卷，2208 爲標題簡；4308、4972 則爲未發表的内容。經過仔細分析，我們認爲：簡 348 和 380 雖在内容上有與其他簡文相關之處，但也包含了一些與其他簡文不一致的内容；在字體上，這兩枚簡與其他簡也不完全相同。而剩餘的 14 枚木兩行則可編聯爲同一份册書，同時，在簡文順序上，也有較大的調整空間。

　　今試按簡文的内在邏輯對這 14 枚木兩行進行編聯復原，爲論述方便，可按其間的連讀關係，將簡文分爲兩組，分別討論。

第一組：341＋338＋339＋126＋523＋489＋（5552＋2207）＋［缺簡］＋4308

兼右倉史謝豫名印

　　　　　　　　　史　　白開/341B

五月 日 郵人以來

　　　永初二年五月丙寅朔十八日癸未，直符右倉曹史豫叩頭死罪敢言

---

① 李均明：《長沙五一廣場東漢簡牘所見身份認定述略》，《出土文獻研究》第十七輯，上海：中西書局，2018 年，第 325—327 頁。

② 周海鋒：《〈長沙五一廣場東漢簡牘〉文書復原舉隅（一）》，簡帛網 2018 年 12 月 26 日。

之。/廷書曰：女子雷旦自言，夫良前爲廣亭長，他坐翳獄。書佐張董從良少夏防/₃₄₁ₐ求錢一萬，以賕掾董、普。防以錢七千二百付董。**書到**，亟考實姦詐，證慘驗，正處/言。豫叩頭死罪死罪。**奉**得書，輒考問董及普，即訊旦，辤皆曰：縣民、鄉吏，里、年、/₃₃₈ 姓名如牒。普，都鄉三門亭部。董、旦桑鄉廣亭部。董與父**恭**、母何、同産兄輔、弟農俱/居。旦父、母皆前物故，往不處年嫁爲良妻，與良父平、母**莫**俱居，**自有**廬舍/₃₃₉ 廣亭部。董，上丘。旦，橋丘，與男子烝願、雷勒相比近知習。輔、農以田作，**莫**、旦績紡爲/事，普以吏次署獄掾，董良家子給事縣，備獄書佐。不處年中，良給事縣，永初元/₁₂₆ 年不處月日，爲廣亭長，債醴陵男子夏防爲少，月直六百。今年二月不處日，左/賊史連陽、鄧脩白，屬獄翳良，坐桑鄉游徼帛豫書言：良送殺人賊黄玉，道物故，良/₅₂₃ 當適效亭長；逐捕所負，便盜玉刀，結良主守盜。其月不處日，良少仲，仲名防，防到/獄門外呼董曰：“爲我報雷督，我欲去。”董即到南牢門外，呼良曰：“防在獄門欲去，使我來/₄₈₉ 汝。”良曰：“我有萬餘錢在外舍，恐防盜持去，我寄因處。”董謂良：“恐防不**付**我。”良/即令董將防入，與良相見獄南牢門所。良謂防：“汝持錢付是張史。”良、防語未絶/₅₅₅₂₊₂₂₀₇【……】/缺簡（略）/₄₃₀₈

我們在周海鋒編聯的第一份文書中增加了簡 5552＋2207 和 4308，簡 489 可與簡 5552＋2207 連讀，簡 5552＋2207 與未發表的簡 4308 之間有缺文，按文意或僅缺 1 枚。

上列簡文中個別釋文與整理報告不盡一致。簡 341B“兼右倉史”的“倉”字後原釋多一個“曹”字，當是因 A 面“兼右倉曹史”而衍。簡 338 中“防以錢七千二百付董”之下“書到”二字非常模糊，原僅釋一個字，且因上文“董、普”連在一起，誤釋爲“普”字，但從圖版“▨ ▨”看，第一字下部見“曰”形，上部中間仍見長豎畫，第二字右邊所從的“刂”非常明顯，所以按文例當釋爲“書到”二字，①“書到，亟考實”文通意順。簡 339 中董父之名“恭”字，原釋爲

---

① 周海鋒從正式整理報告的釋讀，但也認爲原釋文脱一字，將“書到”二字釋爲“普普”。

"老"，此字圖版作""，在已發表的簡文中，這個字常用作人名。但五一簡中可確定用作"老窮""父老"的"老"字，與此形不同，作" 453"，且辭例顯豁，可證二者之間有明顯的不同，所以整理組在後面的整理報告中，已將與此字同形的字改釋爲"恭"字。[①] 又，簡339中的良母之名""，原釋爲"真"，也應改釋爲"莫"字，在和其相接的126簡中有更爲清晰的圖版，作""。五一簡中根據文意可確定的"真"字作" 601"，辭例爲"信真臧非"，用作人名的"真"作" 1699"，其字上部從"止"，爲"真"之異寫，與從"艸"的"莫"字絕不同。其實，在漢簡中，由於"艸"和"竹""止"作爲偏旁時在書寫中容易混同，導致"真""莫""算"三字在無顯豁辭例的條件下，都比較難以區分。但通過調查，我們發現至少在五一簡中，這種"混同"是相對的：總體上，五一簡中"艸""竹""止"作爲部首大約都可寫成"兯"或"艹"兩種形態，但在同一個字中，它們的寫法却相對固定，一般只會單一地出現一種形態。如"歲"字所從的"止"旁一般作"兯"形，"前"字所從的"止"也大都作"兯"形，偶有作"艹"形者；所有的"艸"旁大都寫作"兯"，較少出現"艹"形；"竹"旁的分布則不太一樣，在"簿"字中大都作"兯"形，而在幾乎所有的"等""篤"字中，所從的"竹"旁全部作"艹"形。根據這些現象，我們也可將五一簡的"莫"字和"算"字加以區分，[②]册書中126簡的""形釋爲"莫"應該是正確的，而居延漢簡和

---

① 《長沙五一廣場東漢簡牘（叁）》"一一五四＋一〇一八"簡中首字爲""，整理組已改釋爲"恭"，並注："一、二卷中與'恭'字形相同的字，原釋爲'老'，或皆應改釋爲'恭'字。"見《長沙五一廣場東漢簡牘（叁）》，上海：中西書局，2019年，第178頁。居延漢簡中的"恭"字有作此形者，如《木簡字典》所收的" 190·34"形，見佐野光一編：《木簡字典》，日本：雄山閣出版，昭和六十年（1985），第308頁。另外，湖南益陽兔子山出土的1枚編號爲J3∶1的漢簡中，也有一名守令史叫""，整理者亦應將此字釋爲"恭"字。參《益陽兔子山遺址出土簡牘（二）》，見湖南省文物考古研究所官網2014年12月10日。

② 陳劍在給我們的來信中指出，簡478"畫即以故箕爲壽盛飯二笞"中的"箕"字，從字形到文意都應徑釋爲"算"（《說文》所謂"从竹具"），亦作"筭""匴"等，與"笥"相類，是用以盛飯及衣物等之竹器。我們在第五、六卷相關的簡文中已根據陳劍的意見作出修訂。而另有一些被釋爲"莫"之字，陳劍提示也有改釋爲"算"字的可能。今核檢五一簡中的"算"字，作" 478"" 2556"和" 2050"形，所從之"竹"旁作"艹""竹"形。而被釋爲"莫"之字，圖版作" 126"" 526＋534"" 1275＋1428"" 3159"" 3244"，其中526＋534上部所從爲"止"，應爲"真"字，其餘上部均作"兯"形，代表的應該是"艸"旁而非"竹"旁，所以我們將與" 126"（轉下頁）

五一簡中一些明顯從"止"的"算"或"莫"字,則或應是"真"字。[1]

另外,簡 339"與良父平、母莫俱居,自有廬舍廣亭部"句中,"自有"二字磨去,原不釋,根據文例可補"自有"二字。周海鋒於此處補"各有"二字,亦可通。五一簡中"俱居"搭配"各有廬舍"或"自有廬舍"的文例皆有,但在與册書内容相關却不屬於本册書的簡 348"父、母皆前物故,往不處年中,姬、旦各嫁,姬爲蘇憙、旦良妻,自有廬舍姬逄門、旦廣亭部"中,既已寫作"自有廬舍廣亭部",則此處還是以補"自有"二字爲宜。

簡 523 言"債醴陵男子夏防爲少,月直六百","債"字後出,一般表示"債務",而句中"債"的意思則明顯相當於"賃、雇",因傭傭關係而"欠債",這種用法較爲少見。《穆天子傳》卷三"債車受載",郭璞注:"債,猶借也。"所謂"借",就是"傭借",如《後漢書·虞詡傳》"開漕船道,以人僦直雇借傭者"。[2]但大多研究者都認爲"債車受載"句中及郭璞所注的"債"字均當爲"賃"字。如清人檀萃:"債當爲賃,謂載重而幾賃車。"洪頤煊:"《廣雅疏證》引作'僧車受載',今俗語猶謂以財租物曰賃矣。"[3]崔啓龍認爲:五一簡"庸債",以及吳簡中的"誦債"的表述,在唐及以前的文獻中多作"傭賃",因此五一簡中的"債"字也均應釋爲"賃"字。[4]温玉冰考慮到古無"債"而以"責"表示"債務",也指出五一簡中的"債"不一定指債務,"債"與"賃"字形相近,有相通或相混的可能。[5]

(接上頁)同形的字皆釋爲"莫"字。另外,從辭例看,簡 1275 + 1428 爲"莫鄉",走馬樓吳簡有"莫丘","莫"字作"算" $_{1-2724}$,其上也是作"艹"形;簡 3244 有"莫府",可見上作"艹"形之字還當釋"莫"字,與上作"艹"形的"算"字實有不同。鄔文玲對西北簡中的"真"與"算"字誤釋的情況也有討論。參鄔文玲:《簡牘中的"真"字與"算"字——兼論簡牘文書分類》,《簡帛》第十五輯,上海:上海古籍出版社,2017 年,第 150—169 頁。

[1]《木簡字典》"算"字下收有"算" $_{180·40A}$ "算" $_{113·7}$ 等字,從形體看,實應是"真"字。前文注中已指出,五一簡中 526 + 534 中原釋爲"莫"之字,當爲"真"字,爲人名。

[2]《後漢書》卷五十八《虞詡傳》,北京:中華書局,1965 年標點本,第 1869 頁。

[3]以上所引見王貽梁、陳建敏:《穆天子傳匯校集釋》,上海:華東師範大學出版社,1994 年,第181 頁。

[4]見崔啓龍:《走馬樓吳簡所見"黃簿民"與"新占民"再探》,《出土文獻研究》第十八輯,上海:中西書局,2019 年,第 372—374 頁。

[5]見温玉冰:《朱宏、劉宮臧罪案復原研究》,簡帛網 2020 年 6 月 9 日。

　　從文意上看，五一簡及吴簡中的"債"字確實如研究者所言可以直接視爲"賃"字。但從字形上講，五一簡中用作"賃"的"債"字都作"債 923＋1474"形，簡923＋1474簡文爲"請可。即持所有解刀與當、非俱行，其日晝時，到樊爰丘，求債不得"，此"求債"也應是"求賃"義。僅有一例作"債 6657"。也就是説，在形體上，幾乎所有的"債"字右旁上部都没有寫作"壬"形，没有誤爲"賃"字，但却表示了"賃"字的意思。所以關於東漢乃至孫吴時期"債"與"賃"二字的關係，似乎並不能簡單地以"形訛"或讀音上的聯繫來解釋，還需要從"字用"方面進行一些更深入的研究。

　　"債醴陵男子夏防爲少，月直六百"，結合另一份册書①中"男子薛便自言債爲男子胡通作少，四歲，不得直"的表述來看，"少"應該是一種身份。簡文意爲：良僱借夏防擔任"少"的"職務"，每月支付夏防六百錢作爲酬勞。"少"在"職務"這個層面，或與"副貳"相關，《漢書·賈誼傳》"於是置三少，皆上大夫也，曰少保、少傅、少師"，②《漢書·百官公卿表》"又立三少爲之副，少師、少傅、少保"。③但"少"單獨表示"副貳"的用法則較爲少見，從文意來説，或可簡單地將這句話理解爲：良以"亭長"的身份"雇借"夏防擔任他的"助手"，幫助處理事務。從支付酬勞的方式"月直六百"來看，"少"這種身份當"無官無禄"，尚不屬於"鄉吏"，良與夏防也當爲私人僱傭關係，夏防或可視爲亭長良"自辟"的"僚屬"，而且這種身份應該也得到了官方的認可。這些能反映鄉亭機構私人自辟"助手"的細節性史料，仍有繼續深究的必要。

　　簡489中"（良）當適效亭長，逐捕所負，便盗玉刀，結良主守盗"句中，"適"，周海鋒讀爲"謫"。④"玉刀"當指殺人賊黄玉之刀。"結"，定罪。《後漢書·儒林傳》"尚書奏倫探知密事，激以求直。坐不敬，結鬼薪"，注："結，正

---

① 這份册書名爲《效功亭長徐豐言男子胡通不債男子薛便爲少書》，相關材料還未完全發表。
② 《漢書》卷四十八《賈誼傳》，北京：中華書局，1962年標點本，第2248頁。
③ 《漢書》卷十九上《百官公卿表上》，北京：中華書局，1962年標點本，第722頁。
④ 周海鋒將此段文字標點爲"道物故，良當適（謫）效亭長，逐捕所負，便盗玉刀結，良主守盗"，認爲"適"讀爲"謫"，當是。李均明單獨以簡489爲例，將這段文字標點爲"當適。效亭長逐捕所負，便盗玉刀，結，良主守盗"。或認爲"結"爲人名。見李均明：《長沙五一廣場東漢簡牘所見職務犯罪探究》，《鄭州大學學報（哲學社會科學版）》2019年第5期，第84頁。

其罪也。"①"主守盜",即監守自盜。《漢書·刑法志》"守縣官財物而即盜之,已論命復有笞罪者,皆棄市",顏師古注:"即今律所謂主守自盜者也。"②這句話似説,良因黃玉物故,被"讁"爲效亭長("效"字後或脱"功"字),又因盜取所押送犯人黃玉的刀而坐罪繫獄。簡5552+2207下段字迹磨損,"恐防不付我"之"付"字,圖版作"",係由陳劍釋定,對於理解文意非常重要。③簡4308中出現的"竹簞"和"竹籠",皆可盛錢,當是兩種不同形制的竹製容器。"簞"可能同晚起的"壜"字,爲一種小口大腹的圓形器,只不過爲竹製。"籠",當爲竹製的箱類負載器。《説文》有"鹽"字,《廣韻·感韻》引《方言》云"箱類"。"籠""鹽"從"贛"得聲,字或作"槓""簀"等。

以文書結構而言,從"廷書曰"至"豫叩頭死罪死罪"之前,是抄録的前一份廷書的内容,這也表明,這份文書是針對前廷書的回文。廷書的内容包括女子雷旦"自言"的部分,主要是告發書佐張董、普受賄七千二百錢;"書到,亟考實姦詐,證驗,正處言"則爲前廷書中的指示。案件的責任人引用"廷書",似乎表明直符右倉曹史謝豫是在"值班"的時候接到"廷書",才開始成爲案件的具體責任人,並展開後續的調查。這與由"直符"直接"發覺"案情的情況可能有所區別。

"廷書"之後,是責任人謝豫對調查結果的描述。調查的内容首先是涉案人員張董、普、雷旦、良、夏防等人的基本情況,姓名、性别、年齡、爵位、居住地、四鄰、職業等。然後是對與本案相關事件的調查。其中又牽扯到另一份文書:桑鄉游徼帛豫曾告發,良爲廣亭長時,曾護送殺人賊黃玉,途中黃玉死亡,良當被貶讁爲效功亭長;又良盜取玉刀,此刀可能爲黃玉殺人的凶器,犯"監守自盜"罪。左賊史連陽、鄧脩負責調查此事,在永初二年二月時,"屬獄毃良"。後文簡489、5552+2207和4308叙述的就是良在"毃獄"期間發生的事情。良在此段時間内曾與夏防在"獄南牢門所"相見,並讓夏防持錢七千二百付張董,其錢數與雷旦自言錢數相合。

---

① 《後漢書》卷七十九上《儒林傳·楊倫》,北京:中華書局,1965年標點本,第2564—2565頁。

② 《漢書》卷二十三《刑法志》,北京:中華書局,1962年標點本,第1099—1100頁。

③ "付"字整理組初稿原根據殘筆釋爲"防",致文意難解,陳劍來信指出當釋爲"付"後,遂豁然開朗。此改釋對於該簡編聯位置的確定非常重要。

　　第一組木兩行在形制、字體、編繩痕迹等各方面相對一致，因此編聯當比較可信。這段文字爲册書前面的部分，在體量上估計已超過整個册書一半的内容，其後仍缺部分與案情相關的調查，以及對犯罪嫌疑人的罪行進行分析和裁決的内容。

　　另外，對於第一組簡文中提到的"黄玉"，我們在未發表的簡文中找到了一枚與之相關的木兩行，編號爲2649，是一份帶有附件的"寫移書"類呈文部分的首簡。這種格式和前引的居延新簡中由兩枚簡組成的"城北守候長匡謹寫移隧長黨病書"册書非常相似，兩相對比，很容易看出，關於"黄玉"的這份"寫移書"類册書共由3枚簡組成。呈文部分有2枚簡，即簡2649之後，應只缺1枚内容大概爲"恐叩頭死罪敢言之"的木兩行；附件部分也應只有1枚簡，内容是記録黄玉病情的"爰書"。該"寫移書"的排列方式也應爲附件在前，呈文在後。結合這枚首簡，我們可瞭解到：廣亭長良姓雷名良，其妻旦，本姓"烝"，下文有"旦令男弟烝柊"，出嫁後從夫姓爲雷。這份"寫移書"上報的時間在永初元年十二月卅日，我們無從知曉這份文書中是否包含了殺人賊黄玉物故的内容，但黄玉有病在身，或在押送途中因病而死亡，死亡時間當在永初元年十二月至永初二年二月之間。

第二組：371＋408＋396＋415＋4972＋2208

爵一級，無罪名，**但**出**適**效亭長。良**出可**四五日，董之下**津亭爲**□□□□□到東索/門外，與良相逢。良乘馬，良問董："汝**從**來？我這過若二人。"董曰："□**下津**□□。"良/₃₇₁曰："汝何時當復出乎？我欲取央錢。"董曰："汝欲取錢者，我旦、日暮當出，明日暮時/事畢。"董從縣出，歸主人蘇到舍。其日暮，良乘馬到董所取錢，皆以錢著馬/₄₀₈上。其月不處日，良病物故。旦令男弟烝柊與防俱責董錢。防、柊報旦，錢未得，/董辭已付良錢，董不爲良賊普。防償日備，歸醴陵不處亭部；柊，桑鄉廣/₃₉₆亭部，皆不問。旦不敢上爰書，董付良錢時無證左。請且適董獄牢監，願假期/逐召柊，考實，正處言，不敢出月。唯/₄₁₅（略）/₄₉₇₂

直符右倉曹史豫言考實女子雷　　　　　　　　　☑

旦自言書佐張董取旦夫良錢假期書　　　五月廿日開☒ /2208

　　我們將周海鋒編聯的第二份和第三份文書中的簡 348、380 剔除,剩餘的簡 371、408、396、415 可依次連讀。[①] 又有兩枚木兩行與這幾枚簡文意密切相關,其中 4972 爲尾簡,可排在簡 415 之後與之連讀;簡 2208 爲標題簡,應緊接在册書尾簡 4972 之後。第一組簡文後半段記良在"繫獄"期間,曾讓夏防持錢七千二百付張董,第二組記雷良出獄後又到張董處取錢,並"以錢著馬上",其後良物故,其妻雷旦復派遣弟弟烝柊,與夏防一起向張董要錢,未能得,所以才有雷旦自言告發張董的情節發生。可見第二組簡文與第一組簡文從文意上是可以前後相接的,而且這兩組木兩行在形制、字體上均一致,所以可以肯定,這兩組簡文可編聯爲同一册書。

　　第二組簡文中,簡 371 字迹漫漶,導致誤釋、漏釋較多。如"爵一級,無罪名,但出適效亭長"句中,"適"字原釋"過",誤。此字圖版模糊,大約可見有"辵"形,但與第一組簡文"良當適效亭長"對讀,可證此字當釋"適",讀爲"謫"。此處"效"字後也應脱"功"字。此簡前有缺簡,但從内容推測,大意爲:雷良因黄玉物故,當貶謫爲效[功]亭長;又盜玉刀,被判"主守盜"繫獄。但後來可能經過調查,良並不用坐監,僅罰削爵一級,貶謫爲效功亭長。其後的内容都是雷良出獄後的活動。因此,可按文意將"出"前一字補爲"但",彩色圖版似仍有"但"字的大概輪廓,其全句當爲"[削]爵一級,無罪名,但出適效亭長"。所謂"無罪名",結合前文,可能指"良盜玉刀"的罪名不成立;削爵一級,但出適效亭長,應該是因"黄玉物故"而對雷良做出的行政處罰。

　　"良出可四五日"句中,"良"與"四"之間原釋一個"☐",其實應缺兩字,後一字爲"可",其圖版作"▨";前一字可按文意補"出"字,亦可與"但出適效亭長"呼應,意爲良離開(赴效功亭)後約四五日。"董之下津亭爲☐☐☐☐☐到東索"句,原釋爲"董之下……到東索","津亭爲"三字未釋。三字圖版分別作"▨ ▨ ▨",均有大致輪廓。五一簡中多見"下津"一

────────

[①] 陳劍在審閲第一、二卷的校稿時,也曾指出 371 與 408 可連讀。

詞，如“適度作下津橫屋/307”“郿住熹、元下津磧上/325-2-8”，此處含義爲董因某事到下津亭部。因此，下文中董的答語即“董曰”之後原不釋的簡文，亦可補“下津”二字，其圖版分別作“▨▨”。又“汝從來”之“從”字，原釋爲“何”，誤，其字圖版作“▨”。良問董“汝從來”，即問董“汝所從來”。“我這過若二人”中“這”字，陳劍讀爲“適”，良問董的意思是：你怎麽來了？我正要去找你們云云。①

　　册書中雷良從廣亭長被貶謫爲效功亭長，而另一例册書也顯示，一個叫王廣的人也被從御門亭長職位上貶謫爲效功亭長。王廣原爲御門亭長，因賊毆人，當以律削爵二級，謫爲效功亭長。② 兩例結合，表明效功亭長可能在某些方面要比其他亭長“差一些”。“效功亭長”的設置和得名，或與“效功”的語義相關。《禮記·月令》“(孟冬)是月也，命工師效功，陳祭器”，鄭玄注：“工師，工官之長也。效功，録見百工所作器物也。”③以此推測，所謂“效功亭”或是“百工”即手工業者的聚居之所，漢代將他們編户齊民，並在一縣之内，使之居住在同一個亭部，以方便管理。或因效功亭長爲身份低下的“百工”之長，可比“工師”，故而要比其他亭長在職級或待遇上“差一些”。所以當其他亭長犯科之後，則被謫貶爲效功亭長。

　　第二組簡文大都仍是謝豫對調查情况的描述，其後諸簡的文字較爲直白：雷良與張董約定在日暮時取錢，所謂“央錢”，“央”或爲人名。雷良取錢後將錢附著於馬上。後雷良因病死去，雷旦派自己的弟弟烝柊與夏防向張董要錢，張董説已將錢還給了雷良，並没有用錢向普行賄。由於夏防受僱借的時限已到，已回醴陵，不知其所居亭部，而烝柊居桑鄉廣亭部，所以都未及考問。調查的内容至此結束。“旦不敢上爰書，董付良錢時無證左”是謝豫對案情的分析，也是案件暫無進展的原因。“請且適董獄牢監”則屬“議罪”，

────────────────

① 陳劍在來信中於“這”後括注“適”，並加按語“按董、良二人路相逢，簡文自董往良處角度叙述；故良謂‘你怎麽來了？我正要去找你們’云云。

② 該册書名爲《左部賊捕掾蒙言考實故亭長王廣不縱亡徒周順書》，已經復原，涉及 2650、2189、2198、2201、2675、2677、2200、2199、2673＋2871、2674、326、440 等多枚木兩行。擬待全部資料公布後，再將相關討論另行發表。

③ 《禮記正義》卷十七《月令》，《十三經注疏》下册，北京：中華書局，1980 年影印本，第 1381 頁下欄。

謝豫建議暫且將張董關押起來。

簡 408 有"董從縣出,歸主人蘇到舍"的表述,前文言張董以良家子爲獄書佐,因此只能推測,蘇到或是獄的官吏,張董爲其自辟的從史,故稱蘇到爲主人。二人的關係是否如此,暫無從詳考。

簡 2208 爲標題簡,除了人物、啓封日期與冊書密切相關外,標題中的"假期"恰可與冊書中的"假期"相呼應,所以,這枚標題簡應該就是冊書的自有標題,冊書當命名爲《直符右倉曹史豫言考實女子雷旦自言書佐張董取旦夫良錢假期書》。標題顯示這份冊書爲"假期書",第二組簡文後面也陳述了"假期"的理由,因夏防"僱借"期滿後已歸醴陵某亭部,因此,願假期逐召烝枑(及防等),考實後,將再次上報。冊書首簡標明的發文日期爲"永初二年五月十八日",標題簡中的收文日期爲"五月廿日",所以"不敢出月"的意思是不超出五月。永初二年爲 108 年,五月小,也就是説,案件即這份文書的責任人謝豫,必須在五月廿九日之前,將調查結果重新上報。

標題中顯示的另一個重要信息是關於案件的定性。第一組簡文中,雷旦是以"書佐張董從良少夏防求錢一萬,以賕掾董、普。防以錢七千二百付董"即張董"受賄"爲由進行告發的,但第二組簡文中張董説"已付良錢,不爲良賕普",但"董付良錢時無證左",因此案件的性質到底是"受賄",還是普通的經濟糾紛,均需進一步實證。標題簡中僅以"書佐張董取旦夫良錢"爲名,只是對事實的描述,並不牽涉對案件性質的判定,這反映了相關責任人在文書命名中及對案情的處理上審慎的態度。

以上第一組和第二組共 14 枚木兩行可組成一份冊書,首尾完整,但從文意判斷,第一組中或缺 1 枚簡,第一組和第二組之間或缺 2 至 3 枚,内容當是夏防將七千二百錢付給張董,以及縣廷認定雷良"無罪名"的相關調查。復原的冊書釋文如下,編聯情況參圖 8:

兼右倉史謝豫名印
　　　　　　　　史　白開/341B
五月　日　郵人以來

　　永初二年五月丙寅朔十八日癸未,直符右倉曹史豫叩頭死罪敢言

158

之。/廷書曰：女子雷旦自言，夫良前爲廣亭長，他坐毄獄。書佐張董從良少夏防/341A求錢一萬，以賕掾董、普。防以錢七千二百付董。書到，亟考實姦詐，證慘驗，正處/言。豫叩頭死罪死罪。奉得書，輒考問董及普，即訊旦，辭皆曰：縣民、鄉吏、里、年、/338姓名如牒。普，都鄉三門亭部。董、旦桑鄉廣亭部。董與父恭、母何、同産兄輔、弟農俱/居。旦父、母皆前物故，往不處年嫁爲良妻，與良父平、母莫俱居，自有廬舍/339廣亭部。董，上丘。旦，橋丘，與男子烝顧、雷勒相比近知習。輔、農以田作，莫、旦績紡爲/事，普以吏次署獄掾，董良家子給事縣，備獄書佐。不處年中，良給事縣，永初元/126年不處月日，爲廣亭長，債醴陵男子夏防爲少，月直六百。今年二月不處日，左/賊史連陽、鄧脩白，屬獄毄良，坐桑鄉游徼帛豫書言：良送殺人賊黃玉，道物故，良/523當適效亭長；逐捕所負，便盜玉刀，結良主守盜。其月不處日，良少仲，仲名防，防到/獄門外呼董曰：“爲我報雷督，我欲去。”董即到南牢門外，呼良曰：“防在獄門欲去，使我來/489汝。”良曰：“我有萬餘錢在外舍，恐防盜持去，我寄因處。”董謂良：“恐防不付我。”良/即令董將防入，與良相見獄南牢門所。良謂防：“汝持錢付是張史。”良、防語未絶/5552＋2207【……】/缺簡（略）/4308【……】/缺簡爵一級，無罪名，但出適效亭長。良出可四五日，董之下津亭爲□□□□□到東索/門外，與良相逢。良乘馬，良問董：“汝從來？我這過若二人。”董曰：“□下津□□。”良/371曰：“汝何時當復出乎？我欲取央錢。”董曰：“汝欲取錢者，我旦、日暮當出，明日暮時/事畢。”董從縣出，歸主人蘇到舍。其日暮，良乘馬到董所取錢，皆以錢著馬/408上。其月不處日，良病物故。旦令男弟烝柊與防俱責董錢。防、柊報旦，錢未得，/董辤已付良錢，董不爲良賕普。防債日備，歸醴陵不處亭部；柊，桑鄉廣/396亭部，皆不問。旦不敢上爰書，董付良錢時無證左。請且適董獄牢監，願假期/逐召柊，考實，正處言，不敢出月。唯/415（略）/4972

直符右倉曹史豫言考實女子雷　　　　　　　　　□

旦自言書佐張董取旦夫良錢假期書　　五月廿日開□/2208

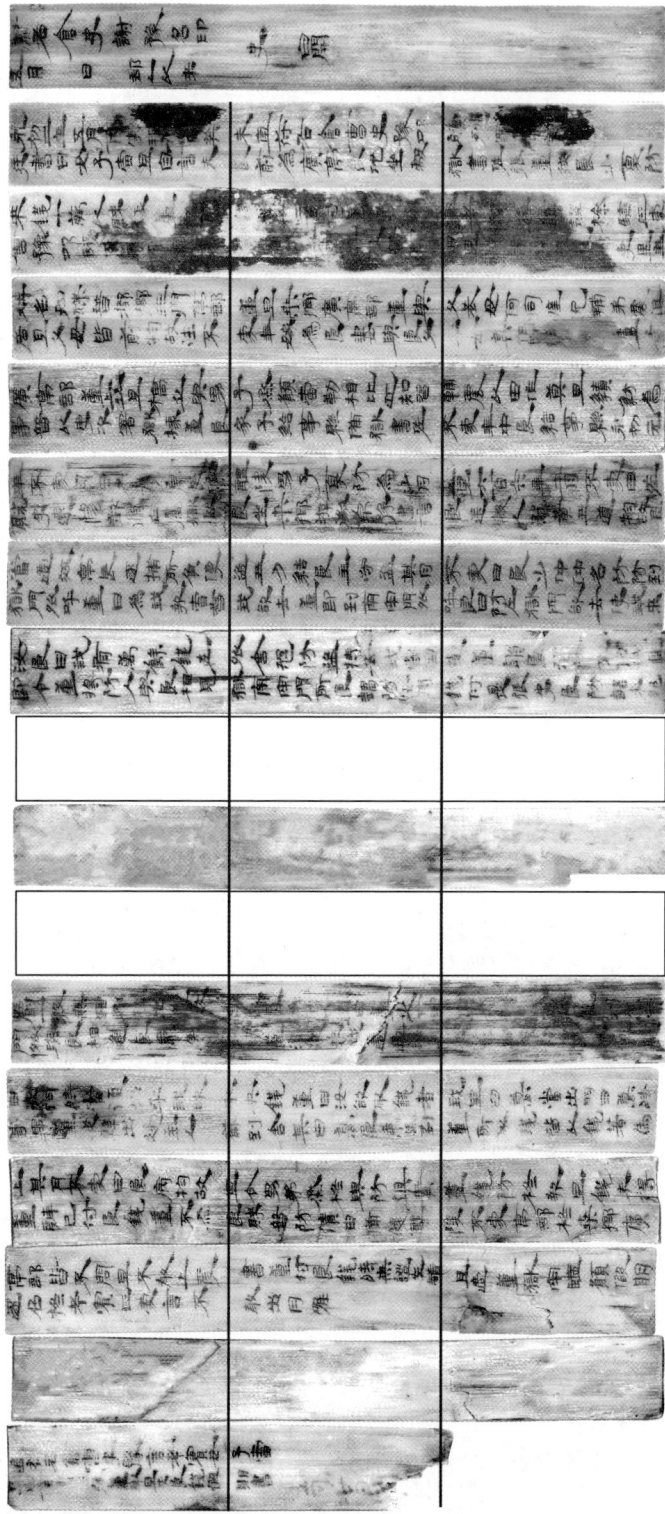

圖 8 《直符右倉曹史豫言考實女子雷旦自言曹佐張董取曰夫良錢假賦期書》冊書復原示意圖

341B 341A 338 339 126 523 489 5552+2207 缺簡 4308 缺簡 371 408 396 415 4972 2208

最後，我們想就簡 348 和 380 爲何不屬於這份册書的問題進行一些討論。兩簡的釋文分別如下：

父、母皆前物故，往不處年中，姬、旦各嫁，姬爲蘇憙、旦良妻，自有廬舍，姬逢門、旦廣/亭部，與男子吕寶、烝次、雷軯等相比近知習。憙賈販，旦、姬績紡爲事。到永初/348

繤，廥亭部，以佃作爲事。良往不處年中，娉取繤爲妻。今年九月不處日，良以吏次/署杅亭長，將繤之亭。武爲小伍長，俗往來亭，助走使。十一月廿日良入丘發蒭給亭/380

從上兩簡的釋文可看出，這兩枚簡中出現了與這份册書相同的人名，如"良"，簡 348 中甚至還有"旦、雷軯（勒）"等名。但從這 2 枚簡的文字風格以及簡面的格式及文字內容來看，都不屬於本册書。其中簡 348 中的人名確與本册書中的人物相吻合，但當屬另一份册書；而簡 380 應與本案無關，亦屬於另外一份册書。我們在册書和這兩枚簡中分別選取一些有代表性的文字進行比較，也可以説明問題。見表 12。

表 12　册書與 2 枚散簡墨迹對比

册　　書	簡 348	簡 380
339		
339		
4308　4972		
126		
523		

（續表）

册　書	簡 348	簡 380
339		
523		
396		

　　很明顯,簡 348、380 與册書分屬三種不同的風格,因此這兩枚簡不當與册書編聯。其中,簡 380 中雖有人名"良",但其妻爲"缣",又以"吏次署杅亭長",與册書中"良"爲廣亭長、其妻爲"旦"的情況均不合。且"今年九月""十一月"等時間點也超出册書"五月"的範疇,所以此簡當與册書完全無關,只是簡中的"良"恰好與册書中人名相同而已。簡 348 則不同,雖不屬於本册書,但内容却似與案情相關,或爲本册書之後"不敢出月",即應在五月廿九日前再次上報的,包含了對夏防、烝柊等人考問結果的那一份册書。

第三節　　北部賊捕掾綏言考實傷
由追者由倉解書

　　已經發表的編號爲 651 的木兩行是一枚標題簡,簡文爲"北部賊捕掾綏言考實傷由追者由倉竟解書",表明應該有如題的一份册書存在。圍繞標題簡中揭示的"由倉傷由追"案件,我們按關鍵字"追""倉"等進行檢索和排比,可發現數枚與案件相關的簡牘。其中有 7 枚簡可確定應爲同一份册書的内容,這 7 枚簡中,(3240 + 3394) + 3393 可確定連讀,3243 + 4232 + 3178 + 1858 + 1099 可確定連讀,但尚不肯定這份册書與標題簡 651 之間的明確關係。還有 1 枚木楬和 1 枚"君教"木牘,皆與"由倉傷由追"的案情相關。另外,有 2 枚木兩行或與案情有關,但與本册書無關。

　　我們先將可編聯成册書的這 7 枚簡按簡文的邏輯編聯順序分兩組介紹如下:

第一組：(3240+3394)+3393

（略）/₃₂₄₀₊₃₃₉₄B

　　（略）/₃₂₄₀₊₃₃₉₄A（略）/₃₃₉₃

　　以上兩簡可連讀，爲册書的第一枚和第二枚簡。册書的責任人爲北部賊捕掾李綏、游徼孫、廣亭長賁三人，上報日期爲元興元年（105）十二月四日。"良家子"，漢時把非醫、巫、商賈、百工之家等，出身良好的子女稱爲良家子。《史記·李將軍列傳》："孝文帝十四年，匈奴大入蕭關，而廣以良家子從軍擊胡。"司馬貞引如淳："非醫、巫、商賈、百工也。"①這是漢人從軍和被選爲官吏的重要標準之一，良家子也常是皇家護衛和"選秀"的重要來源，②他郡的良家子也常享有到官府爲吏的優待。

　　簡文中有"前言逐捕傷男子由追者由倉"句，是引用前一份文書的主要內容，表明綏、孫、賁三人在此之前曾有過一份主題爲"逐捕傷男子由追者由倉"的文書。第一組的主要內容，是在前一份文書上報之後，三人繼續考問知狀吳湯和主犯"倉"的母親貞等人，以及相關的調查結果。

第二組：3243+4232+3178+1858+1099

（略）/₃₂₄₃（略）/₄₂₃₂（略）/₃₁₇₈ 租，反罵爲？"語相報應。倉以所持刀刺追<u>右臂上</u>，創二所，其一所袤一寸二分，一所袤一寸，/廣各二分，深皆至骨。凡創二所，即追、湯等證。案：倉無故入人廬舍，刃賊傷人，不/₁₈₅₈直，發覺，持犯法兵亡。賁謹已劾。盡力推起逐捕倉，必得，考實，得以後情，/正處，復言。綏、孫、賁職事惶恐，叩頭死罪死罪敢言之。/₁₀₉₉

---

① 《史記》卷一百九《李將軍列傳》，北京：中華書局，1959 年標點本，第 2867 頁。

② 《漢書》卷二八《地理志下》："漢興，六郡良家子選給羽林、期門，以材力爲官，名將出焉。"如淳曰："醫、商賈、百工不得豫也。"師古曰："六郡謂隴西、天水、安定、北地、上郡、西河也。"北京：中華書局，1962 年標點本，第 1644 頁。又《史記》卷四十九《外戚世家》："吕太后時，竇姬以良家子入宮侍太后。"北京：中華書局，1959 年標點本，第 1972 頁。

這一份文書中，一些重要的日期和人體部位旁均有墨綫，可能爲審閲者所爲，以突出幾個重要的時間節點和關鍵創傷點。簡 3243"有秩李尊調倉同産兄相爲任田"句中的"任"字，圖版作"▓▓ 3243"，中間豎筆似出頭，與"住"字相似。但五一簡中的"住"字通常作"▓▓ 1021"形。"住"字也有中間豎筆出頭的情況，楊頌宇根據《選釋》的"住 ▓ 325-2-8"指出"▓ F325-1-29"不當釋爲"佳"，而應釋爲"住"。① 但此處的"▓ 3243"還當釋爲"任"字，豎筆或有出頭，出頭的部分應是污漬。"田"字，圖版作"▓ 3243"，冊書中另一處作"▓ 3393"。"田""由"二字易混，如本冊書中的"由"字作"▓ 3240＋3394"，而與本冊書相關的"君教"木牘中"由追"的"由"字作"▓ 1509"，已訛爲"田"字。簡 3243 中"田"字下一字爲"倉"，上文已出現過"倉"的姓氏"由"，此處不應再次出現，亦可證此字當爲"田"字。從簡文"調相爲任田"及後文"相持租下之郡輸"看，"任田"當是某種身份。《鹽鐵論·園池》：

> 是以縣官開園池，總山海，致利以助貢賦，修溝渠，立諸農，廣田牧，盛苑囿。太僕、水衡、少府、大農，歲課諸入田牧之利，池籞之假，及北邊置任田官，以贍諸用，而猶未足。②

王利器校注引《漢書·元帝紀》"初元五年夏四月，罷……北假田官"李斐曰："主假賃見官田與民，收其假税也，故置田農之官。"③ 由"調相爲任田"以及下文"相持租下之郡輸""湯之相舍，趣諸民租未輸者"可推測，相的身份當與"假税"的田農之官類似。《鹽鐵論·復古》："孝武皇帝攘九夷，平百越，師旅數起，糧食不足。故立田官，置錢，入穀射官，救急贍不給。"④ 只是其非如"北

---

① 楊頌宇：《〈長沙五一廣場東漢簡牘選釋〉例 100"佳"字再釋與"柱"案再分析》，簡帛網 2018 年 3 月 22 日。

② 王利器校注：《鹽鐵論校注》卷三《園池》，北京：中華書局，1992 年，第 171 頁。

③ 王利器校注：《鹽鐵論校注》卷三《園池》，北京：中華書局，1992 年，第 175 頁。所引《漢書》及注見《漢書》卷九《元帝紀》，北京：中華書局，1962 年標點本，第 285—286 頁。

④ 王利器校注：《鹽鐵論校注》卷一《復古》，北京：中華書局，1992 年，第 79 頁。

假”地區的專門官署，①而是根據需要可隨時設置的不入秩級的“農官”。因湯爲“鄉小吏”，所以簡文中被李尊調爲“任田”的相，也當爲鄉里輔助農事及税收的“農官”。五一簡所見也有其他一些“農官”，如“丈田史₄₁₈”“公田史₃₂₅₋₇₄”“丈田掾₆₀₇₈”等。

　　簡文“倉舍與追辜落相比”，意爲由倉舍與由追之“辜落”相比近，但不知“辜落”爲何物。“辜”字圖版作“▨₃₂₄₃”，從高從羊，或即“犒”字異寫。“犒”字《説文》無，段玉裁認爲：槀，枯槀、禾槀字。許多典籍中原作“槀”的字，皆被漢人改爲“犒”，許慎以“槀”爲正字，所以不取“犒”“䅣”等俗體。② 犒、槀、藁，皆從高得聲，所以在此處，我們傾向於將“辜”讀爲“槀”。《説文·禾部》：“槀，稈也”。“落”有“籬笆”義，《説文·木部》：“杝，落也。”段玉裁注：“玄應書謂杝、欐、籬三字同。”張衡《西京賦》“揶枳落，突棘藩”，李善注引杜預左氏傳注曰：“藩，籬也。落，亦籬也。”③五一簡中有幾處“落”字也用作“籬笆”義，如簡747+1727“越落”“出落”、簡4812“作周落”④、簡5227+5230“郫東落”。則此處“辜落”似指在某個方位的“芻槀”堆積物，類似於“籬笆”，但並不是遍布四周，因爲“倉舍”只能在某一方位上與由追之“辜落”相“比近”。

　　簡文“觸歲”之“觸”字圖版作“▨₃₂₄₃”，從角從牛，即“牟”。《玉篇·角部》謂“牟”爲“觸”之古文，也作“牪”。《龍龕手鑒·角部》也作“觓”。《淮南子》有“鳥窮則噣，獸窮則牟，人窮則詐”的古諺，何寧注引《玉篇》：“牟，古觸

---

① 秦、漢時期稱河套以北、陰山以南夾山帶河的地區爲北假。《史記·匈奴列傳》：蒙恬將兵北逐匈奴，“度河據陽山（今陰山）北假中”。此地區多設農務官署，如《史記·平準書》：“初置張掖、酒泉郡，而上郡、朔方、西河、河西開田官，斥塞卒六十万人戍田之。”《漢書·西域傳上·鄯善國》：“都護治烏壘城，去陽關二千七百三十八里，與渠犁田官相近。”同書《王莽傳》：“遣尚書大夫趙並使勞北邊，還言五原北假膏壤殖穀，異時常置田官。乃以並爲田禾將軍，發戍卒屯田北假，以助軍糧。”

② 段玉裁：《説文解字注》木部“槀”下注，上海：上海古籍出版社，1988年影印本，第252頁上欄。

③ 《文選》卷二《西京賦》，上海：上海古籍出版社，1986年，第72頁。

④ “周落”即在四圍布下的籬落。《漢書·晁錯傳》：“要害之處，通川之道，調立城邑，毋下千家，爲中周虎落。”顏師古注：“虎落者，以竹篾相連遮落之也。”王先謙補注：“於內城、小城之中閒，以虎落周繞之，故曰中周虎落也。”見王先謙補注，上海師範大學古籍整理研究所整理：《漢書補注》卷四十九《晁錯傳》，上海：上海古籍出版社，2008年，第1075頁，上欄。

字。"①朱駿聲謂:"牳,淮南王書'獸窮則牵'作'牵'。周伯琦《六書正譌》謂即'觸'字。"②《晉書·李流載記》:"(李)蕩馳馬追擊,牵倚矛被傷死。"何超音義:"牵,古文觸字。"③"觸歲"猶"犯歲",古人舉事皆有禁忌,簡文"追所居舍爲南出門,門觸歲。十月廿日,追閉門,以木柴塞,更爲東出門"句的意思是説:由追所居住房屋的門原朝南開,因爲門的方向"觸歲",所以在十月二十日這天,由追用木柴塞門,另外開了一個東向的門。下文"倉以矛除去柴"及由追駡語"誰去柴者"之"柴",即是此塞門之柴。由於不清楚"十月廿日"這天是選擇術中改變門向必需的日期,還是改變門向這件事只是恰好發生在這一天,所以對於所觸犯的"歲"的具體所指尚不能準確把握。④ 目前所見與門向相關的材料,主要有睡虎地秦簡《日書(甲種)》中的《四向門篇》,這是一種按五行學説建立的選擇術,主要是修建四向門時,在月份、日子及用牲方面的禁忌。⑤《論衡·詰術》則提到"圖宅術",將宅第主人的姓氏和五行、五音聯繫在一起,即所謂"宅不宜其姓,姓與宅相賊,則疾病死亡,犯罪遇禍"以及"商家門不宜南向,徵家門不宜北向"等。⑥

簡3178上欄字迹磨滅較多,但中、下欄簡文的內容均爲由倉與由追二人的對話,故可判定此簡應接在簡4232之後,可連讀。上欄的起始文字雖已磨滅,但仍可根據上下文推測其內容,爲了便於理解,可將右行上欄"死盜"以上的文字補充爲"湯追駡曰","湯"字承上簡,是倉應答追的問題,"追駡曰"連下文"死盜"。"死盜"後一字存右半,圖版作"![]3178",應爲"者"字,可與同簡"者![]"字比較。簡文是説,由倉在表明自己和鄉小史湯的身份

① 何寧:《淮南子集釋》卷十一《齊俗訓(中)》,北京:中華書局,1998年,第815頁。

② 朱駿聲:《説文通訓定聲·豫部》"牳"下注,北京:中華書局,1984年影印本,第339—440頁。

③ 《晉書》卷一百二十《李流載記》,北京:中華書局,1974年標點本,第3030頁。

④ 劉樂賢提出:"根據對《日書》的綜合研究,我們認爲《日書》中星宿大多不能以實星(即天文學所説的星)視之,相反只能將它們視爲虛星。……在古代數術系統中,占星術與選擇通書所説的星神,儘管有時名字相同,但其内涵有本質的區别。"見劉樂賢:《睡虎地秦簡日書研究》,臺北:文津出版社,1994年,第102—103頁。

⑤ 可參劉樂賢:《睡虎地秦簡日書研究》,臺北:文津出版社,1994年,第134—136頁。

⑥ 黃暉撰:《論衡校釋》第二十五卷《詰術》,北京:中華書局,1990年,第1028、1038頁。

後，由追仍繼續“搖（遥）罵”他們爲“死盜者”。“倉”字至“到”字間，文字磨損嚴重，除去編繩留空外，似缺三個字，其版面格式當爲“倉□□　□到”。“倉”後一字圖版作“　　　”，右似從“非”，依下文可辨識的“到追庭中”，則此字當爲“排”。“到”上一字也僅留殘筆，圖版作“　　　”，應爲“人”字，則所缺三字可補爲“排門人”。五一簡中有這樣的辭例，如簡2557“排門俱入到堂前”。右行最末字，圖版作“　　　”，似爲“未”字。簡3178左行上欄能辨識者僅有“之”一個字，但從上文“倉謂追曰”及下文“倉曰”可判定，磨滅的這部分文字當爲由追的答語。故左行第一字承右行最末字按文意可補“輸”字，其下可再補“追曰”二字。追的答語大意是“我已輸租，何故復來我舍？”由上文相爲“任田”推測，大約是由追將租付給由相代爲輸租，此時由相尚在輸租途中，不然的話，“由相”這個人將與本案無任何關聯。

由倉執行公務催租，由追反罵之，從第二組後兩枚簡來看，二人主要是因爲由倉以矛除去了由追封閉南門的木柴，因此引起爭鬥，由倉以刀刺由追右臂，共創兩所。其罪名爲：無故入人廬舍，刃賊傷人，不直，持犯法兵亡。所謂不直，即不公正，一般指官吏故意將重罪輕判或輕罪重判，此處的含義當是“輕罪重判”，即由追只是罵人，其罪不當受到“創二所”這麼嚴重的“處罰”。雖然由倉的身份在這份文書中一直没有文字揭示，但以他可以催租，以及“不直”的論斷，結合後文“責謹已劾”的“劾”字來看，其身份也當爲“吏”，可能是鄉吏。由倉以刃賊傷由追後，尚未被抓到，所以在文書的最後，北部賊捕掾李綏、游徼孫、廣亭長責三人表示，一定會抓到由倉，待考實清楚後，再次向縣廷上報。

以上7條簡文，我們認爲第一組的2枚可確定連讀，第二組5枚也可確定連讀，但同時，我們也懷疑第一組和第二組之間或許亦可連讀。第一組簡文已提示，這份册書主要是考問知情人“桑鄉小史吴湯”和“倉母貞”，而二人的居住地及身份也已在第一組簡文中交代完畢。因此第一組簡文的末句“到今年四月十日”的主語也可能發生改變，不再是上句的“湯”，而是第二組簡文首句中的“有秩李尊”。所以，我們懷疑“到今年四月十日”與“有秩李尊調倉同産兄相爲任田”可連讀，即第一組和第二組簡文可直接連讀。但又不是非常肯定,因爲突然出現"有秩李尊",顯得較突兀,其前仍缺少必要的限定詞,如"某鄉"等,所以也擔心第一組和第二組之間或仍有 1 枚缺簡,而此簡最末兩字很可能就是"桑鄉"二字,以和"有秩李尊"連讀。

但爲了便於對這份册書和案情有較完整的認識,先不妨將兩組簡文直接編聯在一起:

(略)/3240＋3394B

(略)/3240＋3394A(略)/3393(略)/3243(略)/4232(略)/3178 租,反罵爲?"語相報應。倉以所持刀刺追右臂上,創二所,其一所袤一寸二分,一所袤一寸,/廣各二分,深皆至骨。凡創二所,即追、湯等證。案:倉無故入人廬舍,刃賊傷人,不/1858 直,發覺,持犯法兵亡。賁謹已劾。盡力推起逐捕倉,必得,考實,得以後情,/正處,復言。綏、孫、賁職事惶恐,叩頭死罪死罪敢言之。/1099

我們暫將這份册書看作是一份"完整"的册書,如圖 9 所示,尚缺標題簡。

前文已述,與册書内容相關的還有 1 枚標題簡,其簡文爲:

北部賊捕掾綏言考實傷
由追者由倉竟解書　　　　　十二月十日開　詣左賊/651

這肯定是與案情相關的一份册書的標題,但不確定是否爲這份册書的標題。因爲標題中的"竟解"一般來説表示"完結",而這份册書顯示尚未抓捕到"罪犯"由倉,所以案件並未完結。雖然前文(第三章)中《從掾位悝言考實倉曹史朱宏、劉宮臧罪竟解書》册書顯示"朱宏、劉宮臧罪案"並未全部完結,其中"宏、宮所山省徒錢"這部分案情,由另外一個負責人劉仙調查,尚"未竟",但該册書標題還是用了"竟解"的名目。然而仔細對比,這份文書在行文上,與從掾位向悝上報的"竟解"書還是有一些不同。這份册書在結束時明言"盡力推起逐捕倉,必得,考實,得以後情,正處,復言",也就是説無論

| 1099 | 1858 | 3178 | 4232 | 3243 | 3393 | 3240+3394A | 3240+3394B |

圖 9　《北部賊捕掾綏言考實傷由追者由倉解書》册書復原示意圖

追捕由倉及考實的結果如何，責任人綏、孫、賁三人仍需將最新進展繼續上報，而類似的"復言"等繼續上報的表達，在向悍的"竟解"書中是沒有的。但是以標題簡和册書字體的風格而論，二者卻又趨於一致。另外，經初步考察，北部賊捕掾發文至臨湘縣廷，其行程或爲 7 日，[①]而此標題簡上的啓封記

---

① 五一簡中發文時間和收文時間都具備的文書並不是特別多，但也有一些，有助於我們考察文書的傳遞效率及發文機構與臨湘縣廷的距離等。如有一份名爲《北部賊捕掾休言羅吏將周賢歸羅書》的册書，是由北部賊捕掾陳休發給臨湘縣廷的，首簡顯示的發文日期爲"永元十五年十月壬辰朔廿二日癸丑"，標題簡顯示的收文日期爲"十月廿八日"，行程是 7 日，正與本册書的行程相合。

録"十二月十日"與册書首簡上的發文日期元興元年"十二月四日",在時間的間隔上也恰巧吻合。因此,從主要内容和文字風格以及啓封日期判斷,這枚標題簡却又極可能是該册書的標題。

其實關於"由倉傷由追"一案,從本册書的内容推測,僅以上行文書而論,應産生過多份文書。由下文"賁謹已刻"可知,廣亭長賁曾"舉刻"過由倉的罪行,"倉無故入人廬舍,刃賊傷人,不直,發覺,持犯法兵亡"即賁舉刻的主要内容。賁之"舉刻文書"可視作關於本案的第一份文書。上級接到賁舉刻文書後,由於由倉已逃亡,所以指令北部賊捕掾李綏、游徼孫、廣亭長賁逐捕並考實由倉。李綏等接到指令後即回報,又形成了第二份文書,簡文"前言"中節録的就是回報文書的内容。第二份文書中應該還包括對追、湯等人的調查,這一點可從簡文"即追、湯等證"得到證實。我們復原的這份册書應該是綏等人在第二份文書之後,經過調查及逐捕等程序後形成的第三份文書。第三份的内容應該比第二份更豐富一些,所以才有上報的必要,且文書結尾明言將"復言",説明案件並未完結,綏等仍會繼續上報案件的進展情况。所以在理論上,關於這個案件,不管最後能否抓捕到由倉,都應存在一份表明案件完結的文書,這就是第四份文書。結合這種情况考慮,我們認爲標題簡651"竟解書"的表述,更應是第四份文書的標題,而與復原的這份文書無關。

但是在給這份册書命名的時候,仍可參考標題簡651的命名方式,去掉"竟"字,將這份即"第三份册書"命名爲"北部賊捕掾綏言考實傷由追者由倉解書",應該是合適的。當然,擬定的標題中的"考實"也僅是對諸"知狀"的考實,由於未捕得由倉本人,所以其"考實"中應不含有由倉本人的口供。這一點也應該予以説明。

下文中我們再分別討論與册書相關的簽牌和"君教"木牘。簡3345即是與案情相關的簽牌。前文已述,關於"由倉傷由追"案應産生過多份文書。從時間來看,簽牌記録的"元興元年十一月"顯然與我們復原的這份册書"元興元年十二月"不相應,而且簽牌中的"倉"作"蒼",與册書不同。因此,此簽牌當不是專門針對本册書製作的木楬,但或應與"賁謹已刻"即第一份文書直接相關。按册書,由倉傷由追的時間在"十月廿八日",因此簽牌中的時間

“十一月”應是廣亭長賁“舉劾”由倉的文書到達縣廷的時間。而在存檔環節，即以該“舉劾文書”的時間，即“案發”的時間來標明卷宗的時間。但這枚簽牌下，有可能統轄了包括“由倉傷由追”案的全部文書。從文字考察，可能因爲“由蒼”“由追”二人姓名僅一字之別，所以簽牌將“傷由追者由蒼”誤爲“傷由蒼者由追”，顛倒了施害人和受害人的姓名。也正由於這個原因，在簽牌 B 面“本事”之後，又出現了“由蒼”兩個字，這應該屬於“糾正錯誤”的補書。

與案情相關的“君教”木牘爲：

> 兼左賊史順、助史詳白：前却北部賊捕掾綏等/考實男子由蒼
> 君教若　傷由追狀，今綏等書言/解如牒。守丞護、掾浩議如綏等解，
> 　　　　平。請言府，却/逐捕。白草。/1509

此牘爲“白事”文書，完整，但没有標明時間，應是由負責“合議”[①]的門下諸曹中的官吏直接上報臨湘令君的文書。[②] 牘中所反映的文書的運行情況

[①] 關於“合議”的形式及内容等，可參李均明：《東漢簡牘所見“合議”批件》，《簡帛研究》二〇一六春夏卷，桂林：廣西師範大學出版社，2016 年，第 256—264 頁。

[②] 王子今在討論五一簡中的“王皮木牘”時，認爲該木牘以“待事掾王純叩頭死罪白”起始，以“純愚贛惶恐叩頭死罪死罪四月廿二日白”結束，應當是行政機構中以下對上通常稟報業務、陳説事狀、提出建言的“白事”文書，是一種重要的文書形式。並承侯旭東提示，援引関尾史郎的研究互爲申説。関尾史郎分析被稱作“吴嘉禾六年（237）四月都市史唐玉白收中外估具錢事”的文書時，特别注意到此類文書的通行格式，是開頭和結尾使用了兩個“白”字，他稱此類文書爲“白文書”。王子今認爲関尾史郎此説值得重視，只是認爲“白事”只是“同一官府（如同縣）内部”使用的限定性理解，稍嫌狹隘。史籍中所見的“白事”，是可以超越某一官府機構内部的限定的，甚至可以直接送達最高執政者。以上可參王子今：《長沙五一廣場出土待事掾王純白事木牘考議》，《簡帛》第九輯，上海：上海古籍出版社，2014 年，第 295 頁。関尾史郎的意見亦轉引自王文，其原文見関尾史郎：《“吴嘉禾六年四月都市史唐玉白收中外估具錢事”試釋》，《東洋學報》95 卷 1 號（2013 年 6 月），第 44—46 頁。案：由於我們未見到関尾史郎的論文，也無從得知更多的細節，這裏僅以五一簡所見文例，來參證二位學者關於“白事文書”的判斷。五一簡中確有“白事文書”的“名義”：簡 364 云“有白事文書屬倉曹”。還有其他的“白事”，如簡 1830“如白事”、簡 2948＋2889“君教如白事”、簡 3413＋3399“卿教如白事”、簡 6734“卿教如白事”，以上爲木牘。又有封檢，如簡 66“外部賊曹掾□叩頭死罪/白事”、簡 487“右賊史訴/白密事”等。另外，我們通檢五一簡所有起始和結尾均用“白”的“白事文書”，發現每一份“白事文書”都是單獨的一塊木牘，並無兩枚或以上木牘編聯在一起的“白事文書”存在，“一牘一白事”或許也是“白事文書”的一個特點。

較爲煩瑣：首先是李綏等人曾上報過一份文書，被駁回，即"前却"。① 我們懷疑"前却"的可能就是我們復原的這份文書。後李綏等又上報了一份解書，即"今綏等書言解"，所謂"如牒"，是指兼左賊史順、助史詳將這份"解書"作爲附件繼續上報，然後進入"合議"程序。從"簽署"的内容看，此牘中負責合議的官員是守丞"護"和掾"浩"，但從簽署的字體考察，"護"字應是隨牘文一起寫就，真正的簽名只有"浩"字。合議的處理意見是"如綏等解，平"，説明守丞護和掾浩已經認可了綏等人關於"由倉傷由追"案的處理方案，並認爲案件就此可"平"，即得到公平處理，可完結。② 由此推測，牘中所謂"如牒"的那一份解書很可能就是標題651所在的"竟解"册書，即前文中討論的應該存在的關於本案的"第四份文書"。而且從標題簡也可大致推斷出該"君教"木牘缺失的"時間"信息，其發文日期當在"十二月十日"當天或之後。"請言府，却逐捕"，説明此案的相關情況曾上報到長沙府，因此當案件得到妥善處理後，還要繼續向長沙府上報和請示相關情況。這句話的含義是，請縣廷上報長沙郡府，取消繼續逐捕由倉的命令。至於爲何要"却逐捕"，由於不知道"如牒"的那份解書的内容，我們也不得而知。

值得注意的還有，此"君教"簡分三欄書寫，欄間留有編聯用的空位，説明該牘是可以編聯的。推想其應與"第四份文書"編聯在一起，以便於運行和供主官簽署。

另有2枚可能與册書中的"由倉（蒼）"相關的木兩行，其簡文分别爲：

倉及范共殺馮、馮妻飭、子男湯，傷湯弟程、存、藍、丸等。今差辟：語床、察、據、由倉不？隨/吴倉、據、范行殺馮等。由倉即是吴倉、據、范。又馮、都殺宏時，據年尚幼小，陵何從知識？ /875

書所疾，疑倉所犯非一。書到，聽受，密收戟倉，部疾姦大吏考實，正處，言

① 《選釋》引《後漢書·史弼傳》"詔書前後切却州郡"李賢注："却，退也。"

② 我們曾説："從簡背所書'得平'二字判斷，此案件至此已經完結。"見楊小亮：《略論東漢"直符"及其具劾犯罪的司法流程》，《中國古代法律文獻研究》第九輯，北京：社會科學文獻出版社，2015年，第185頁。

府，關副在所，會十二月十日。務實核，令可覆，無妄佝縠無罪、毆撃/2575

應該説，從字體上考察，這2枚簡與册書及標題簡並没有十分明顯的不同。但從形制和版面書寫格式看，這2枚簡都比册書的兩行要稍微寬大一些，且簡面上編繩所在的“空位”的高低，以及兩行的“行距”及“字距”均與册書他簡不同。以内容查驗，簡875中的文字較難理解，尚不能完全正確斷讀，字面上僅有“由倉”二字與案情相關，以此推斷，這枚簡當與本册書無關。

至於簡2575，也僅有人名“倉”或與案件中的“倉”爲同一人。結合我們在前文中對册書“尾簡”的分析，從“言府，關副在所”“無妄佝縠無罪、毆撃”等文字可判斷，這枚簡應該是一份太守府發出的“寫移書”類册書呈文的結尾部分，其後應只缺1枚簡，内容大概爲“人，如府書、律令”。因此，該簡也與册書無關。但假如該簡與案情相關的話，或可與“君教”木牘中的“請言府”聯繫起來，可能由於“倉所犯非一”，影響較大，太守府曾給臨湘縣下發過一份“寫移書”，因此臨湘必須對此事進行回應。總之，這2枚木兩行或與案情相關，但與本册書並無關聯。

第五章　五一簡册書編聯
復原舉例（下）

　　在本章中，我們擬對與兩個案件相關的四份册書進行編聯復原研究。與"女子王綏不當復還王劉衣"案相關的有兩份册書，其中一份有標題簡，一份無標題簡。與"楮溪例亭長黄詳殺不知何一男子"案相關的也有兩份册書，均無標題簡。對這些同一案件涉及的多份册書進行復原，除注重它們在内容上的聯繫外，還要格外注意這些册書在時間、行文上的先後邏輯關係，關注册書中簡牘的形制尺寸大小、編繩痕迹和簡面信息，包括書體特徵、後書文字等方面的不同，以有效且準確地將這些内容相同或相似的簡牘區分爲不同的册書。類似的實踐在方法上對五一簡中同一案件涉及的多份册書的復原有着重要的示範作用。

第一節　"女子王綏不當復還王劉衣"案

　　《選釋》曾公布過 F325-2-32、F325-5-9、F325-5-11 三枚木兩行和一枚編號爲 F325-1-132 的簽牌，並指出其内容或相關。① 我們在未發表的簡文中又尋得一些與之相關的内容，或可與上述簡牘編聯。我們發現，在這些簡文中，有 2 枚木兩行可確定爲册書的"首簡"。同時，在形制上，内容相關的木兩行存有一些差異，一些稍長、一些稍短，明顯可分爲長、短兩組；在書體上，兩組則大體相似，可能爲同一書手，但根據個别關鍵的用字，如"綏"字構形的不同，也可將這些内容分爲截然不同的兩組。因此可以肯定，在這些相關

① 這四枚簡牘在《選釋》中的整理號分别爲：六十、七十、七一、八三。

的内容中，應該存有兩份册書：其内容互有關聯，但册書長短稍有區别；書體
風格雖較一致，但相同文字的構形則不盡相同。除木兩行外，還有 1 枚編號
爲 325-1-132 的簽牌與案情内容相關。現將兩份册書的内容，及編聯復原依
據分别揭示如下。

一、第一份册書

第一份册書現存簡 7 枚，簡長約 22.7 釐米，比第二組稍短一些。作爲册
書，其首簡、尾簡俱存，但中間部分則有缺簡。其中 F325-5-9、F325-5-8、F325-
5-15、F325-5-19 + 5-20 四枚可連讀，F325-5-9 爲首簡，F325-5-19 + 5-20 爲新
綴合之簡；F325-5-12、F325-5-11 兩枚簡也可連讀，其中 F325-5-11 爲尾簡。
另有 F325-5-10 爲標題簡，可接在尾簡 F325-5-11 之後。其册書全貌爲：

領訟掾葛充名印
　　　　　　　　　　史　　白開 /F325-5-9B
閏月 日 郵人以來

　　　永初二年閏月乙未朔廿八日壬戌，領訟掾充、史淩叩頭死罪敢言之。
女子王劉自言：/永元十七年四月不處日，劉夫盛父諸令盛贖母基持劉
所有衣，凡十一種，從 /F325-5-9A（略）/F325-5-8（略）/F325-5-15（略）/F325-5-19 + 5-20【自
償……】缺簡（略）/F325-5-12 附祉議解左，曉遣劉。充、淩惶恐，叩頭死罪死
罪敢言之。/

　　　叅月。基非劉親母，又非基衣，**未實**也。/F325-5-11

（略）/F325-5-10

第一份册書上報日期爲"永初二年閏月廿八日"，永初二年，爲公元
108 年，當閏七月。責任人爲領訟掾葛充，第二份册書中稱爲"右部領訟掾
葛充"。

從結構上分析，册書内容主要可分爲三層：

第一層從册書開始至"充、淩叩頭死罪死罪"結束。文書責任人在對上
級文書進行回報時，需對上級文書的主要内容進行摘録，以明確任務和責

任。這部分文字即是葛充對臨湘縣下發的文書即"廷書"的節録,包括王劉告發即"王劉自言"的文書和縣廷針對"王劉自言"的指示。王劉的"自言"涉及好幾個人物,分別是王劉的丈夫盛、盛的父親諸、盛的母親基以及"不肯還衣"的女子王綏。但從字面看,王劉自言部分的邏輯較混亂,她先説,"永元十七年四月不處日,諸令盛贖母基持劉所有衣",又説"今劉持錢績衣,綏不肯還衣",下文又言"永元十七年四月不處日,諸令基持衣之綏所,質錢一萬"。這裏面有兩處矛盾:首先,"盛"和"劉"到底是誰去"贖"衣? 其次"永元十七年四月不處日"到底是"質錢"的日子還是"贖衣"的日子? 經過仔細考察文意,我們發現所有矛盾的根源都在於對"諸令盛贖母基持劉所有衣"句中"贖"字的誤讀。通過與第二份册書相同的内容"廷書曰女子王劉自言:夫盛父諸令盛績母基持劉所有衣,凡十一種,從女子王綏質錢一萬"對讀可知,此處的"贖"當讀爲"績",二字皆從"賣"得聲,可通。"贖""績"通用的例子很多,如《史記·倉公列傳》"妾切痛死者不可復生而刑者不可復績",裴駰集解引徐廣曰:"一作'贖'。"[1]又《後漢書·趙壹傳》"昔原大夫贖桑下絶氣,傳稱其仁",李賢注:"贖即績也。"[2]有意思的是,在第一份册書中,"贖"和"績"同時出現,但應爲"贖衣"的地方全部寫作"績",而表示"績母"的時候,則寫作"贖",使用情況恰好相反。"績母"即"繼母",則基並不是盛的親母,而爲其"繼母"。對"贖"和"績"的用字情況作出正確的辨析後,上述所有的矛盾就都不復存在。王劉"自言"結束後,即"教"之後的文字爲縣廷收到王劉告發文書後所作的批示:亟實問綏、基等,治決並上言。縣廷批示文字也是文書責任人需要抄録的内容。

葛充接到縣廷的文書後,立刻進入"實問"調查和提供"治決"方案的程序,這些内容構成册書的第二個層次,從"謹奉·教"至文書結尾"充、淩惶恐,叩頭死罪死罪敢言之",這部分才是這份册書上報的主要内容。第二層亦可分爲兩部分,即針對縣廷的指示,進行的"實問"和"治決"兩部分内容。

---

[1]《史記》卷一百五《扁鵲倉公列傳》,北京:中華書局,1959年標點本,第2795頁。
[2]《後漢書》卷八十《文苑傳下》,北京:中華書局,1965年標點本,第2629頁。

調查的結果爲：永元十七年四月不處日，諸生病，因無錢祠祭，命基持王劉衣至王綏處質錢一萬，無子息。二人相約，過期不贖，綏可賣衣。期盡，基説王劉無錢償衣，綏即"稍稍"於市賣衣自償。所謂"稍稍"即"逐次，逐漸"。如《戰國策·趙策二》"秦之攻韓、魏也，則不然。無有名山大川之限，稍稍蠶食之，傅之國都而止矣"、①《漢書·韓王信傳》"居七日，胡騎稍稍引去"等。② 調查結果和王劉自言的部分不盡一致，即"不如劉自言辤"。王劉的説辭是她帶着錢去贖衣，但綏不肯還衣；而調查的情況是已過贖衣期限，所以"綏得賣衣"。調查結束後，葛充和法曹掾祉共同商議"治决"方案，認爲綏不當復還王劉衣物。

這份册書的結尾不是常見的"唯/廷"結構，即先寫"唯"字，然後提行書寫"廷……"，表示對縣廷的希望和建議等，如"謹傅議解左。唯廷言府謁傅前解。錯、甫、戎惶恐，叩頭死罪死罪敢言之/₉₅"這種類型。但不見"唯/廷"結構的簡文也並非僅此一例，這也是一種常見的文書結尾格式。

另外，因爲這份册書的上下語境較爲完整，而且也"附"有"法曹掾祉"的"議解"，這就促使我們要對本册書及其他簡文中經常出現的"謹傅議解左"這種用語的確切含義作出新的考慮。"附"字在他簡中一般作"傅"。③ 在前文中，我們僅根據一些零散簡文中出現的"謹傅議解左"認爲，此"議解"或是一個"單獨"的附件，附在册書的左側。但本册書中的"法曹掾祉"的"議解"已然存在，而且也確實位於整個册書的左側，在這種情況下，所謂的"傅（附）"就不能理解爲"附件"，因爲其内容已與"正文"融爲一體，已成爲正文的一部分。

基於此，對於"謹傅議解左"的所指就有兩種理解。第一種，以本册書爲例，是指將"與法曹掾祉議"的内容融入正文。第二種是，還應有一個單獨且完整的"議解"内容作爲附件附在册書的左側，而册書中融入正文的這一段

---

① 《戰國策》卷十九《趙策二》，上海：上海古籍出版社，1985 年，第 638 頁。
② 《漢書》卷三十三《韓王信傳》，北京：中華書局，1962 年標點本，第 1854 頁。
③ 五一簡中目前發現唯有 F325-5-11 中寫作"附議解"，他簡都作"傅議解"。限於條件，尚未從文書"附件"的角度對二者是否有區別及其他細節進行詳細考察。

“議解”只是對附件“議解”内容的節録,仍屬於文書中套用文書的現象。以此而論,五一簡中含有“議解”内容的“君教”合議木牘,有可能就是“謹傳議解左”所指的附件,這類木牘都留有較大的編聯用的空位,而且編繩處多有刻槽或明顯的磨損痕迹。① 只是作爲本册書附件的“君教”木牘還没有找到而已。但這樣的問題恐怕並不是僅憑幾份册書就能够説清楚的,日後還需要結合更多的材料加以考辨和論證。

簡 F325-5-10 爲標題簡,此簡無論從字體、内容,還是啓封記録“八月一日”的時間上,均與册書内容相應,應是這一份册書的自帶標題。因此,第一份册書可依標題簡文字命名爲《領訟掾充言考實女子王綬不當復還王劉衣解書》。

從文書責任人葛充的角度而言,以上内容,包括標題簡即册書的前兩層,就是他上報的文書的全部内容。而册書最後兩枚簡上多出的其他文字,包括啓封記録和批文,均爲縣廷收到文書後二次書寫的内容,可視爲該册書的第三個層次。值得注意的是,此批文分兩行書寫,一行寫在“尾簡”的空白處,一行寫在標題簡的空白處,兩行批文字體相同,應爲同一人的批示,②可視作一個批文。批文爲草書,有些字不易辨認。“尾簡”上的文字爲:

> 柰月。基非劉親母,又非基衣,**未實**也。

“柰月”,指永初二年閏七月。“基非劉親母”,基爲王劉的公婆,自不用言“非親母”,所以這個“親母”當是從基不是王劉的丈夫盛的“親母”的角度而論。“又非基衣”,指基用王劉的衣物去王綬處質錢。“未實”二字,《選釋》

---

① 我們在討論“合議解書”的時候,也曾對“謹傳議解左”以及“君教”木牘的刻槽情況有所討論。以《長沙五一廣場東漢簡牘選釋》所披露的“君教”木牘爲例,簡二五、四五、四六、四七右側欄間均有刻槽,簡一三八欄間有明顯的磨損痕迹。以上可參楊小亮:《從五一廣場東漢簡牘談對“解書”的初步認識》,見《甘肅省第三屆簡牘學國際學術研討會論文集》,上海:上海辭書出版社,2017年,第442—443頁。

② 標題簡上的收文日期“八月一日發”字體也與批文相同,應是同一人所書。

未釋，李洪財釋爲"夫實"。[①] "未"字圖版作" "，李洪財應是將中間豎筆看作污漬，但釋"夫"不通，應爲"未"字。居延簡中有"未"字作" "81·5D形。"未實"指臨湘縣廷認爲葛充對有些案情"未實核"，相關辭例爲"人數未實，當必禽得/595"，是上級對下級的"責難"之辭。至於標題簡上的批文，圖版分別作" "，當是"本期約何時贖□?"雖然最末一字未能釋讀，但此批文可與第二份册書中摘引的"廷書"部分的文字對讀，第二份册書中相關簡文爲"又基非劉親母，又非基衣，本期約□何月日不?"當是"是否約定贖衣日期"之類的意思。

以批文所在的位置而論，一般在册書的最後，而批文連續書寫在呈文尾簡和標題簡之上，再一次驗證我們將標題簡排在册書最後應是正確的。

二、第二份册書

第二份册書存簡 5 枚，從形制上説，長度基本爲 23.5 釐米左右，比第一份册書的 22.7 釐米稍長。其中 F325-1-116 爲首簡，與 F325-1-126、F325-12、F325-69 + 325-65、F325-2-32 依次連讀，册書的後半部分則缺失。

在書寫上，兩份册書風格雖相近，似爲同一人所書，但在個別文字的寫法上，比如特別關鍵的當事人"王綏"的"綏"字，兩份册書却又截然不同，這也是相關簡文可以區分爲兩份册書的另一個重要原因。構形對比見表 13。

表 13　兩份册書中相同文字的不同構形對比

册書一	簡號	F325-5-8	F325-5-15	F325-5-19 + 5-20	F325-5-12	F325-5-10
	圖版					
册書二	簡號	F325-1-116	F325-1-126	F325-12	F325-69 + 325-65	F325-2-32
	圖版					

---

① 李洪財：《五一廣場東漢簡的文字問題》，《中國書法》2016 年第 5 期，第 176 頁。

第一份册書中，"綏"字無一例外地被寫作"繆"，右下從"母"。"女"與"母"乃一字分化，從"女"從"母"應無差別，可看作"綏"之異寫。而第二份册書中，"綏"則爲常見字形，右下均從"女"。因此，依簡牘的長短和文字構形的不同，可將相關的木兩行分爲兩份册書，而且從兩個角度所做的區分結果非常一致。五一簡中，從女的"綏"字如果書寫潦草一些的話，"爪"形的三點也常連筆作一横畫，如王純木牘中的女子王綏有牛被盜，其"綏"字作"![綏]₃₃₆"。① 本案中涉事女子也叫王綏，兩案時間相近，前者爲延平元年（106）左右，本案爲永元十七年（105）至永初二年（108）前後，所以兩個"王綏"很可能是同一個人，王綏有牛，有"大奴"，且能從事"質錢"業務，當是一個家境較爲殷實的女子。

有了第一份册書作爲樣例，第二份册書的復原就較爲簡單，其復原結果爲：

（略）/ F325-1-116B

（略）/ F325-1-116A（略）/ F325-1-126（略）/ F325-12（略）/ F325-69＋325-65 錢，贖衣。到二年七月，諸船戴布重。綏聞諸得油錢，即令户下大奴主呼基，謂曰："今諸/船已戴，得油錢，當贖衣不?"基曰："已告劉，劉無錢。平賣衣以自償。"中間相去積八月。綏賣/ F325-2-32【衣自償……】/ 缺簡

第二份册書的首簡紀年有誤，原文爲"永元二年"，與第一份册書中案件的時間不合，與案件最早的發生時間"永元十七年四月不處日"相去甚遠。又簡文中干支"八月甲子朔十九日壬午"亦與永元二年干支不合，②而與"永初二年"干支相合，所以"永元二年（90）"當爲"永初二年"之訛。因此，第二

① 五一簡《簡報》發布後，伊强曾認爲王純木牘(J1③:169，正式整理號爲336)中的"綏"字誤釋，右旁當爲"毒"字。見伊强：《湖南長沙五一廣場東漢簡牘劄記》，簡帛網 2013 年 7 月 16 日。但統觀五一簡，"綏"字的寫法基本也就上面列舉的兩種，從"女"或從"母"，且有文本可對照，都當爲"綏"字。

② 永元二年八月朔乙卯，十九日爲丁酉，與簡文所記"永元二年八月甲子朔十九日壬午"不合。

份册書從時間上推定應該在第一份册書之後。兩份册書的上報時間在同一年份，相隔二十餘天。

第二份册書從首簡起始至"充、淩叩頭死罪死罪"，爲文書的第一層，主要是對前一份"廷書"的摘抄，從内容看包括了葛充等人上報的調查結果和縣廷的批示。其中"案"字之前的文字與我們復原的第一份册書中葛充等人"實問"的結果大致相同。"案"字之後的内容，從"又基非劉親母，又非基衣。本期約□何月日不"與第一份册書中的批文幾乎相同推測，應該都是上級官吏對葛充上報文書的批評，即"案"字之後實際也是對縣廷批文的摘録。而摘録的批文内容還有一些是第一份册書的批文中没有的。由此可推測，葛充在第一份册書和第二份册書之間，至少還上報過另外一份文書，其時間當在閏七月廿八日之後，八月十九日之前。第二份册書中節録的"廷書"的批文，就是縣廷針對葛充另外上報的這份文書所做的批示，因此會比第一份册書中的批文多出許多内容。縣廷的批文對葛充再次提出了批評，認爲許多事實都没有調查清楚，"言事散略"，散略的意思就是疏略，不完備，因此責令葛充等再次考實，並"附法比言"。所謂"法比"，應有兩層含義：第一層即可比照的法律條文，律無正條，可比照相近的律令進行審判；第二層指可比照先前的判例和"故事"行獄，這也是漢代司法中常見的形式。但第二份册書恰好缺失了調查結果的後半段，可能也包括"附法比"這部分内容。因而我們無從得知最後的調查結果和判決情況。但從第一份册書"會赦令"來判斷，可能第二份册書對"綏"的判罰不會有多大變化，仍舊是"不當還王劉衣"，但對"基"故意不贖王劉衣的行爲是否會有處罰，則不得而知。

結合兩份册書中的批文推測，關於本案，葛充至少先後上報過三份文書，第一份文書是我們復原的第一份册書，第三份文書是我們編聯的第二份册書，第二份文書則是我們根據第三份文書中的批文推導出的另一份文書。我們復原的第二份册書"廷書"之後的部分形成了第三次調查報告。這次調查對縣廷的要求逐一進行了解釋和説明，至少在案情的梳理和描述上明顯比第一份册書增加了一些細節。如"質錢"的具體時間，第一份册書爲"永元十七年（105）四月不處日"，這份册書修訂爲"元［興］元年（105）十一月不處日”，①“四月”只是諸生病的時間。還有一些“贖衣”的細節，如諸有“槎船”一艘，承擔爲官府運輸布匹的任務。基與綏曾約定，在船載重得“油錢”之後贖衣。永初二年（108）七月，綏聽聞諸得“油錢”後，即命人讓基贖回衣物，基却説王劉無錢贖衣。之後，綏賣衣自償，“中間相去積八月”。

對照我們復原的第一份和第二份册書，雖然都不完整，但相關案情已基本明晰。本案之所以成爲“案件”，主要原因在於基是用王劉而非她本人的衣物去質錢，所以基不願用諸所得的“油錢”讓王劉贖衣，最終導致王綏賣衣自償。但簡文中“中間相去積八月”這句話，仍不好理解，其間或有脱文。這一句明顯是針對縣廷的責問“本期約□何月日不”而來，但“積八月”這個數字似有誤。爲説明問題，可將與案情相關的幾個重要的時間點羅列如下：

永元十七年（105）四月，基持劉所有衣從女子王綏質錢一萬；

元興元年（105）十一月，諸令基持衣從女子王綏貸錢一萬，無息；

永初二年（108）七月，綏呼基贖衣，劉無錢贖衣；

永初二年（108）七月至閏七月間，綏賣衣自償；

永初二年（108）閏（七）月廿八日之前，劉持錢贖衣，綏不肯還衣。

依這些時間點，可將永初二年七月視爲綏賣衣的時間，若從第一份册書中永元十七年（105）四月質錢算起，從質衣到賣衣即約定的期限，中間相隔約“四十個月”；若從第二份册書中的元興元年（105）十一月質錢算起，中間相隔約“三十三個月”，無論如何也没有“積八月”之數。所以我們懷疑，簡文中的“積八月”或脱“卅”字，實應爲“積卅八月”，按第一份册書的時間算起，加上閏月，掐頭去尾，大概差不多有“卅八月”。

另外，册書中的“油錢”也是一個值得討論的問題。《選釋》在發表 F325-2-32 號簡文時曾作出推測：“油錢，待考，似指運輸費用。油，或爲人名。”②由

---

① 永元十七年夏四月，大赦天下，改元元興。
② 《長沙五一廣場東漢簡牘選釋》，上海：中西書局，2015 年，第 167 頁。

於《選釋》發表時，未聯繫相關簡文，所以給出了兩種可能的答案。但從我們已編聯的第二份册書情況來看，“油”爲人名的可能性已經被排除，册書中“油錢”只能指“運輸費用”。但“油錢”究竟是怎樣與“運輸費用”聯繫在一起的，仍是一個費解的問題。張朝陽以爲：“油錢”就是“油船之錢”的省稱，而“油船”指一種行動迅捷的小舟。① 我們認爲，張朝陽將“油錢”與“油船”聯繫起來考慮的路徑是可行的，但直接將“油錢”視爲“油船之錢”的省稱則仍可再考慮。所謂“油船”是一種塗了“油”的船，具有行動迅捷等特點。“油船”作爲一個專門稱謂首先出現在《三國志》中，②但何爲“油船”，似乎直到胡三省時才略有説明。胡三省注“仁遣其子泰攻濡須城，分遣將軍常彫、王雙等，乘油船别襲中洲”這條史料時説：“油船，蓋以牛皮爲之，外施油以扞水。”③《辭源》可能正是據此認爲“油船”是“塗上油的船”。④ 以今天的邏輯視角來説，恐怕《三國志》所載之“油船”未必如胡三省所言均“以牛皮爲之”，但“外施油以扞水”的説法應該是接近事實的。簡文中諸之船稱爲“槎船”，當是一種竹木筏，⑤爲了增加行進速度，於外施油以扞水，雖不一定可稱爲“油船”，但也具有了油船“塗油”及迅捷的特點。其實塗油不僅能增進速度，還可以延長船體的壽命。諸在行船之前，需要給“槎船”塗油，油脂當然需要耗費一定的金錢，所以簡文中“油錢”可能正因此而得名。另外，按一般的理解，諸

① 參張朝陽：《五一廣場簡東漢簡牘“油錢”小考》，簡帛網 2018 年 12 月 21 日。
② 張朝陽引《三國志》的三例爲：卷九《魏書·夏侯尚傳》“尚夜多持油船，將步騎萬餘人，於下流潛渡，攻瑾諸軍，夾江燒其舟船，水陸並攻，破之”；卷四十七《吴書·吴主傳第二》“三月，曹仁遣將軍常彫等，以兵五千，乘油船，晨渡濡須中州”；卷五十六《吴書·朱桓傳》“仁果遣其子泰攻濡須城，分遣將軍常彫督諸葛虔、王雙等，乘油船别襲中洲。……桓部兵將攻取油船”。分别見《三國志》，北京：中華書局，1959 年標點本，第 294、1129、1313 頁。
③ 司馬光編著，胡三省音注：《資治通鑑》卷七十《魏紀二》，北京：中華書局，1956 年標點本，第 2256 頁。
④ 見《辭源（修訂本）》水部“油”字下“油船”條，北京：商務印書館，1998 年，第 1764 頁。
⑤ 《博物志》中有所謂“八月槎”，“舊説云天河與海通，近世有人居海渚者，年年八月有浮槎去來，不失期，人有奇志，立飛閣於查上，多齎糧，乘槎而去”，注曰：《藝文類聚》卷八、卷九十四引“查”作“楂”；《事文類聚》前集卷十一引作“槎”。“案查、楂、槎三字，古今並通用”。見張華撰，范寧校證：《博物志校證》卷十《雜説下》321 條，北京：中華書局，1980 年，第 111—113 頁。《廣韻·麻韻》：“楂，水中浮木。查、槎二同。”

行船的粗略成本可能不算船隻、人力等已有之物,而主要包括新增之耗費"油錢",因此可將簡文中的"油錢"視爲"本錢"。五一簡中也多次出現"本錢"一詞,"本錢"的意思即是"成本"。與此相應,簡文中用"油錢"指代"運輸費用",説行船僅得"油錢",猶如行船盈利僅爲"本錢",這是一種常見的"謙遜"的説法。當然,我們也認爲簡文中所謂的"油錢",除了油脂的耗費即真正的"油錢"外,應該還多少包含了一些人力等其他耗費,因爲諸行船總得"有利可圖"。

第二份册書缺少標題,但它是針對"廷書"的回文,因此也應是一份解書。但由於册書正好缺失了能顯示主旨的後半部分內容,因此尚不能給它擬定一個能和第一份有自帶標題的册書相區别的合適的名稱,所以暫以空缺的辦法處理。兩份册書的復原情況參圖10。

關於 F325-1-132 號簽牌,因爲目前所見五一簡中僅此案中有"王劉",所以在《選釋》中公布的"王劉"簽牌①或與此案有關。其簡文爲:

女子王劉自/F325-1-132A

言本/F325-1-132B

但這枚簽牌在存檔環節可能並不單獨統領第一份册書或第二份册書,更可能是包括這兩份册書在內的多份册書共同的標識。簽牌中"本"當爲"本事"的省稱,但實際被省略的可能還有"在此中"三字。另外《選釋》還公布了一枚"張基"的簽牌,內容爲"女子張基自言本事/F325-2-33",②因五一簡中同名的情況較多,從册書中又無從得知涉案的"基"的姓氏,因此可暫時認爲此簽牌與本案或無關聯。③

---

① 《選釋》中整理號爲"八三",釋文見第180頁。
② 《選釋》中整理號爲"八四",釋文見第181頁。
③ 簽牌中"基"字作"墨",册書中作"基",二者非同一書手所爲,但不能據此認爲簽牌內容與册書內容無關。簽牌產生於存檔環節,因此簽牌和册書由不同的書手書寫非常正常。

第一份冊書

第二份冊書

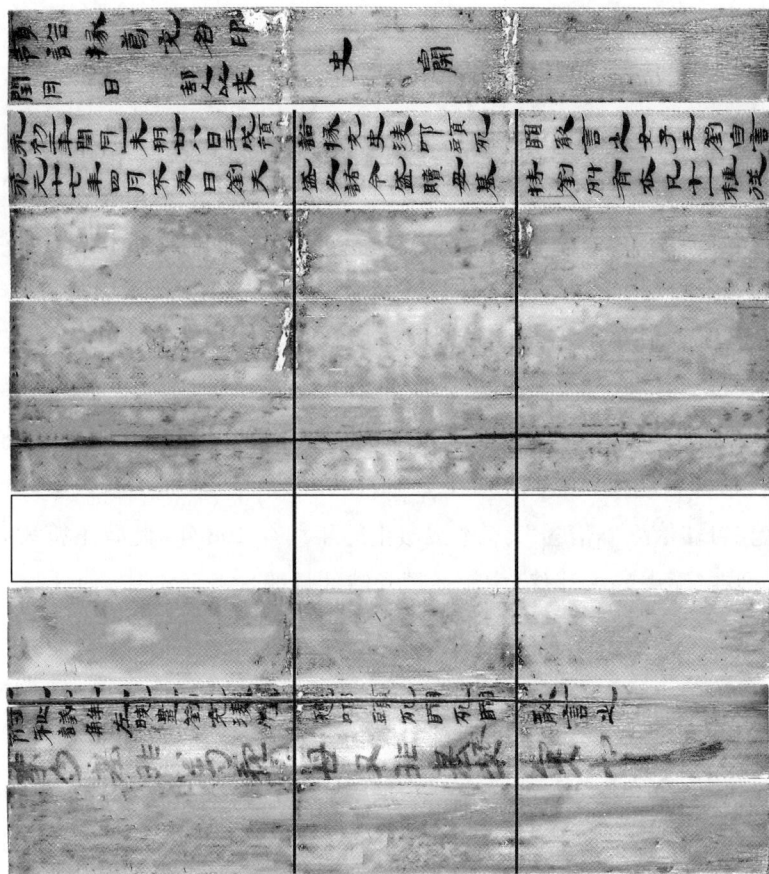

F325-5-10　F325-5-11　F325-5-12　　缺簡　F325-5-19+20　F325-5-15　F325-5-8　F325-5-9A　F325-5-9B

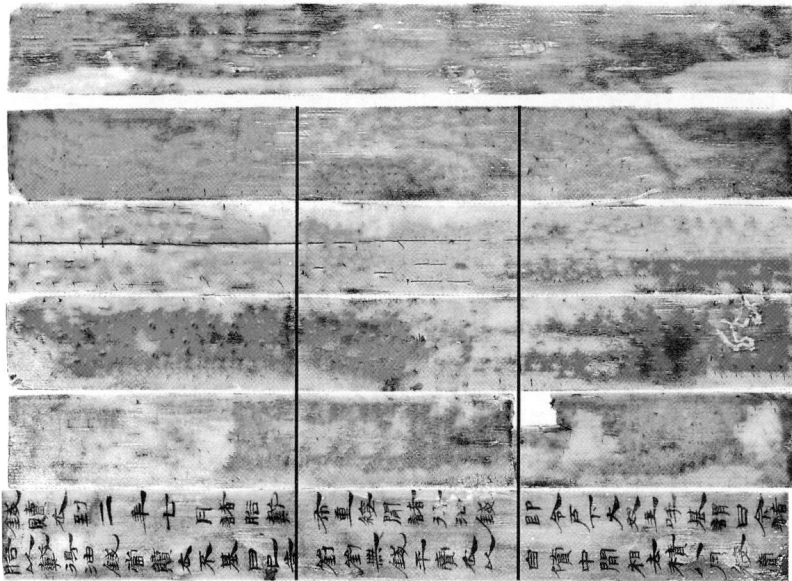

F325-2-32　F325-69+65　F325-12　F325-1-126　F325-1-116A　F325-1-116B

圖 10 "女子綬王當不當復還王劉衣"案兩份冊書復原示意圖

　　除以上内容外，我們還想對册書中反映的一些社會問題略作探討。

　　首先是"祠祭"之風。本案中第一份册書在述及諸等人從王綏貰錢的原因時說"劉夫盛父諸病，困劣，無錢祠祭"；第二份册書的表述與此相似，"盛父諸得病，盛無錢爲諸祀祭"。這樣因病而"祀祭"的情況在五一簡中不乏其例，如簡1081"愈得病。六月九日樂於所居丘東北佝田旁爲愈祠"。這些都應與由來已久的楚人"信巫鬼，重淫祀"的社會風氣密切相關。《漢書·地理志》云楚地"信巫鬼，重淫祀"，又說"本吴、粤與楚接比，數相并兼，故民俗略同"。① 在這種思想或風氣的引導下，病人往往求諸祭祝，而不事醫藥。司馬遷將之總結爲"信巫不信醫"。② 本案發生的年代在108年，此時王符大約二十多歲，他在《潛夫論·浮侈》中記述了當時的見聞：

　　　　詩刺"不績其麻，女也婆娑"。今多不修中饋，休其蠶織，而起學巫祝，鼓舞事神，以欺誣細民，熒惑百姓。婦女贏弱，疾病之家，懷憂憒憒，皆易恐懼，至使奔走便時，去離正宅，崎嶇路側，上漏下濕，風寒所傷，姦人所利，賊盜所中，益禍益崇，以致重者不可勝數。或棄醫藥，更往事神，故至於死亡，不自知爲巫所欺誤，乃反恨事巫之晚，此熒惑細民之甚者也。③

葛洪在《抱朴子·道意》中也批評"俗所謂道率皆妖僞"：

　　　　……不務藥石之救，惟專祝祭之謬，祈禱無已，問卜不倦，巫祝小人，妄説禍祟，疾病危急，唯所不聞……或偶有自差，便謂受神之賜，如其死亡，便謂鬼不見赦，幸而誤活，財産窮罄，遂復飢寒凍餓而死……。④

---

① 《漢書》卷二十八下《地理志下》，北京：中華書局，1962年標點本，第1666、1668頁。

② 司馬遷通過扁鵲的故事總結病有"六不治"，"信巫不信醫，六不治也"。見《史記》卷一百五《扁鵲列傳》，北京：中華書局，1959年標點本，第2794頁。

③ 王符著，汪繼培箋，彭鐸校正：《潛夫論箋校正》（新編諸子集成第一輯）卷三《浮侈》，北京：中華書局，1985年，第125頁。

④ 葛洪著，王明校釋：《抱朴子內篇》（新編諸子集成第一輯）卷九《道意》，北京：中華書局，1985年，第172頁。

五一簡中的病人雖並不是一味地"信巫"，而是一邊求醫，一邊祠祭，却也是當時"信巫鬼，重淫祀"風俗的真實反映。其實不止在漢代，一直到宋元之際，"信巫不信醫"的風氣也依然盛行。①

其次是關於"質錢"的問題。張家山漢簡《二年律令·金布律》規定：

> 官爲作務市，及受租、質錢，皆爲鍢，封以令、丞印，而人與叄辨券之，輒入錢鍢中，上中辨其廷。質者勿與券。租、質、户賦、園池入錢，/₄₂₉ 縣道官勿敢擅用，三月壹上見金、錢數二千石官，二千石官上丞相、御史。……/₄₃₀②

嶽麓秦簡《金布律》中也有大致相同的表述。③ 學者對其中的"質錢"的含義和性質，有過較多討論，皆普遍援引傳世文獻中的材料來證明"質"爲"質押、抵押"之義，如高敏認爲"質"正如整理者所説，屬於抵押行爲，也相當於現代的典當。④ 陳偉將"質錢"看作是"官府爲大型交易提供質劑而收取的税金"。⑤ 徐世虹同意"質爲質押"的看法，但她認爲"質錢"也許與官方行爲下

---

① 可參劉禮堂：《唐代長江流域"信巫鬼、重淫祀"習俗考》，《武漢大學學報（人文科學版）》2001年第5期，第566—573頁；李小紅：《宋代"信巫不信醫"問題探析》，《四川大學學報（哲學社會科學版）》2003年第6期，第106—112頁；揭傒斯：《贈醫者湯伯高序》，見李夢生標校：《揭傒斯全集·文集》卷三，上海：上海古籍出版社，1985年，第294頁。

② 以上引文各家標點或有不同，如對比睡虎地秦簡《秦律十八種·關市》"爲作務及官府市"的律文，學者對"官爲作務市"句的斷讀就有不同意見：整理組斷讀爲"官爲作務、市及受租、質錢"；陳松長則斷讀爲"官爲作務市及受租、質錢"，並認爲《秦律十八種》"爲作務及官府市"是"官府爲作務市"的誤倒，當從嶽麓簡的含義和句讀；陳偉後來斷讀爲"官、爲作務市，及受租、質錢"。以上分别見張家山二四七號墓竹簡整理小組：《張家山漢墓竹簡［二四七號墓］》，北京：文物出版社，2001年，第190頁；陳松長：《睡虎地秦簡"關市律"辨正》，《史學集刊》2010年第4期，第20頁；陳偉：《關於秦與漢初"入錢鍢中"律的幾個問題》，《考古》2012年第8期，第70—71頁。此律文標點按我們自己的意見稍有訂正。

③ 其律文爲："《金布律》曰：官府爲作務市受錢，及受齎、租、質，它稍入錢，皆官爲鍢，謹爲鍢空，嬰毋令錢能出，以令若丞印封鍢，而人與入錢者叄辨券之，輒入錢鍢中，令入錢者見其人。月壹輸鍢錢，及上券中辨其縣廷，月末盡而鍢盈者，輒輸之。不如律，貲一甲。"

④ 高敏：《關於漢代有"户賦"、"質錢"及各種礦產税的新證》，《史學月刊》2003年第4期，第122頁。

⑤ 陳偉：《關於秦與漢初"入錢鍢中"律的幾個問題》，《考古》2012年第8期，第70—71頁。

的經濟活動或債務關係有關。① 賀旭英不同意"質"爲"質押"的意見,提出:"質"和"質錢"是在交易過程中産生的,"質"是一種券書,"質錢"是買賣雙方爲獲取"質"而向官府上繳的"税錢"。② 此説實際是對陳偉意見的細化和推進。以上主要是針對法律條文中"質錢"的討論,我們比較認同陳偉和賀旭英的看法,但同時也認爲,從語源上來説,恐不宜冒然切斷"質"和"質押"義項之間的聯繫。在律文中,"質錢"就是"質押給官府的錢",在此意義上可將之看作"保證金",保證的名目即是雙方交易順利進行,標的物清白,錢物按期兩清。

傳世文獻中的"質錢"則與法律條文中的由官方主導的"質錢"含義多不相同,基本爲"以物質錢"之義。其結構也不相同,《金布律》中的"質錢"爲偏正結構的名詞,在"受租、質錢"句中與"租"同爲"受"的賓語;而傳世文獻中的"質錢",則爲動賓結構。如《梁書·庾詵傳》"乃以書質錢兩萬",③《南史·循吏傳·甄彬》"嘗以一束苧就州長沙寺庫質錢"等,④其含義均爲"質押以換錢",即後世的"典錢"。論者也多以此作爲"典當行業"在魏晉南北朝時期已經出現的文獻實證。

然而本案中的"質錢"以及五一簡中的其他的"質錢"案例,可證"質錢"這種"典當行爲"的發生,至少在東漢已經出現。仍以本案中的案例爲證,第一份册書説:"諸令基持衣之綏所,質錢一萬,錢無子息。"第二份册書文字稍有不同:"從女子王綏質錢一萬,錢無息。"兩份册書中明確的"錢無息"和約定的"到期不贖"的行爲,足以證明其已與後世的"典當"無異,可證至少在公元 105 年左右的東漢時代,已經出現了"典當"等經濟活動,亦可與時代相近的"虞所賚賞典當胡夷"⑤這條以前被認爲是較早的有關"典當"的記載相互

---

① 徐世虹:《也説"質錢"》,見王沛主編:《出土文獻與法律史研究》第二輯,上海:上海人民出版社,2013 年,第 9 頁。另外,關於日本學者對於"質""質錢"的討論,也可在此文中得到綫索,此不再引述。

② 賀旭英:《秦漢"質錢"小考》,《出土文獻研究》第十四輯,上海:中西書局,2015 年,第 224—231 頁。

③《梁書》卷五十一《庾詵傳》,北京:中華書局,1973 年標點本,第 751 頁。

④《南史》卷七十《循吏傳·甄彬》,北京:中華書局,1975 年標點本,第 1705 頁。

⑤《後漢書》卷七十三《劉虞傳》,北京:中華書局,1965 年標點本,第 2356 頁。

印證。但同時，"質錢"這種活動雖然多有發生，但可能並未對當時的社會生活產生非常重要的影響，尚未達到需要政府專門立法，對相關行爲進行約束的程度。所以在本案中，由於沒有相關的法律條款，對"質錢"行爲中産生的糾紛，就只能以"附法比"的方式，對行爲人加以約束。

第二節　"楮溪例亭長黃詳殺不知何一男子"案

與此案相關的木兩行較多，共有 13 枚，大多可按關鍵字"詳""順"等搜索尋得，個別沒有這些關鍵字的簡文，則主要以簡文的具體内容、形制、書寫風格等來判定。這 13 枚木兩行内容相關，部分文字有重複，但依簡牘長短和書體的不同，明顯可分爲兩種樣式，所以這 13 枚與本案相關的木兩行當分屬兩份不同的册書。這兩份册書均不完整，缺簡較多，尤其缺首簡和標題簡，所以尚無從瞭解册書的發文時間和責任人等重要信息，但在内容上，兩份册書在某些方面正好可互爲補充，對於梳理案件的基本情况提供了許多幫助。

一、第一份册書

第一份册書存 10 枚木兩行，簡長約 24.1 釐米，寬 2.9 釐米，與第二份册書的木兩行相較略長而窄，其中 1707 + 4233 + 2877 + 529 可連讀；1260 + F292-2 可連讀；其他 4 枚（4897 + 4982）、5159、F292-4、1293 前後皆有缺簡。現按連讀的情况將簡文分別叙述如下：

1707＋4233＋2877＋529

罪。奉得書，輒考問詳、知狀者東部郵亭掾趙竟、行丞事守史謝脩、兼獄史唐/汜、郵佐鄭順；節訊詳妻榮、子男順等，辭皆曰：各以故吏給事縣署視事。詳，例/1707（略）/4233（略）/2877盾隨詳行。詳乘馬在前，順後，欲之竟所。西行去詳例十四里所，欲明，未到廣成/大里可十里所，至赤坑冢間。詳從馬上見不知何一男子伏在草中，去大道可/529

以上四簡可連讀。簡 1707 開始字句爲"罪。奉得書",按文例,其前緊接的簡文當爲"文書責任人 + 叩頭死",可證這段文字當處在册書靠前的位置,其前缺失的内容除了册書首簡,還有摘録的某份文書的内容。從第二份册書可知,其前摘録的可能是一份"廷書"。按"廷書"的要求,需要責任人對案情進行調查並上報。此次調查考問的對象有"知狀"趙竟、謝脩、唐汎、鄭順,以及黄詳的妻子黄榮和兒子黄順。黄詳妻子的名字不易辨識,圖版作"![]1707",從下文"宗留事付榮","榮"作"![]2877",可判定這個字也應是"榮"字,由此可知"榮"當爲黄詳的妻子,嫁後應隨夫姓,所以其全名應爲黄榮。未發表的簡文"詳,例楮溪亭長"句中,"例"字作動詞,依李均明意見當讀爲"迾","遮攔阻擋"之義,可簡單將此句理解爲"詳,楮溪例亭長"。①

簡 4233"無卒,常從順行爲少"句中,"從"字爲使動用法,如《史記·項羽本紀》"沛公旦日從百餘騎來見項王"。②"少",是一種身份,可大致理解爲幫手、助佐。我們在《直符右倉曹史豫言考實女子雷旦自言書佐張董取旦夫良錢假期書》册書一節已有過討論。聯繫上簡及下簡 2877,此段大意是説,黄詳時常讓自己兒子黄順協同自己一起辦理公事。趙竟的身份爲東部郵亭掾,他在"今年二月"巡視轄區各亭的時候,發現廣成亭長李嵩病,不能履行職責,所以"留事",派遣廣成郵卒李宗召黄詳暫時兼理廣成亭長。從"宗留事付榮"及上下文意,李宗應該是到了"楮溪"即黄詳所任職地方的家中,但黄詳此時並不在家,所以將"留事"交給黄詳的妻子黄榮。所謂"留事",李均明認爲:其本義指留待辦理的事務,但在不同的行政過程或場合中,具體内涵不盡相同。五一簡所見,"留事"通常是以書面形式指示交辦事務,是文件的具體稱謂,不是口頭的交代,因此,"留事"亦成爲與之相關的專用文書名稱,其處理過程也要遵循一定的規則。③ 本段中"宗留事付榮","付"字所示,

---

① 關於五一簡中的"例"字及"例亭"的討論,可參李均明:《五一廣場東漢簡牘所見"例亭"等解析》,《出土文獻》2020 年第 4 期,第 6—13 頁。

② 《史記》卷七《項羽本紀》,北京:中華書局,1959 年標點本,第 312 頁。

③ 參李均明:《五一廣場東漢簡牘"留事"考》,《出土文獻》第十一輯,上海:中西書局,2017 年,第 370—378 頁。

可能是將"留事文書"交付給黃榮，而不太像只是口頭傳達。之後，李宗還歸廣成亭，回去的途中，天色暗淡，未見有該"何一男子"。

　　據 529 簡文，黃詳回家之後，得知"留事"，即與兒子黃順在雞鳴時從楮溪例亭出發，準備去找趙竟，結合上文"其月卅日夜，竟留事，遣廣成郵卒李宗召詳"的表述，此時趙竟可能在廣成亭。"西行去詳例十四里所，欲明，未到廣成大里可十里所，至赤坑冢閒"是説，黃詳與黃順離開其所"例"之亭，向西走了十四里左右，到赤坑的"冢閒"，天快亮了，此地距廣成亭大里這個地方還有十里左右的路程。然後，看見一男子伏在路旁草中。所謂"冢閒（間）"，按慣常理解，"冢"當指墳地，但蒙李均明提示，此"冢"或可指類似於丘陵地貌的山地。考察五一簡"冢"字的情況，有幾起"盜發冢"的案件，及"治冢郭（槨）/F325-4-29"、買賣"冢地/F325-63+61"的記錄，可確定"冢"與墳地有關。但也有兩例可能與本册書中的用法一致。如：

　　康解所依黃衣冠、綺、絑、履，握道旁草中，走入**冢閒**，去亡。常追逐，跡絶，不知所首癰。/1132

　　錯復責**冢閒民**五十錢/561

聯繫這兩例，以及長沙地區地形多山地、丘陵、崗地的特點，我們覺得李均明的説法還是很有道理的，故暫按其意見解讀。

　　這一組簡文下有缺簡，簡 529 末句爲"去大道可"，依第二份册書簡1279 + 1272 的描述，則後缺的簡文大意可補充爲：【（多少）步，詳苛問，不應。詳謂順往捽男子頭，順即往。男子走，順追，搵男子背衣，男子拔所持】。按其大概容字，當僅缺 1 枚木兩行，排在上四枚簡 1707 + 4233 + 2877 + 529 之後。缺簡的內容正可排在散簡（4897 + 4982）之前，與其相接。

　　簡（4897 + 4982）顯示，該男子以刀刺"順右腋下，貫衣，不中肉"，這幾個字的右旁有豎畫的墨綫，當爲審閲者所爲，以示突出、強調。詳追趕上前，對男子説："兒箸頭地，我□汝。""兒"字爲蔑稱，"箸頭地"即"以頭著地"。《博物志》卷三《異獸》："漢武帝時，大苑之北胡人有獻一物……名曰猛獸。……

虎見此獸即低頭著地。"①"□"字不可辨識,但此句大意應爲"你跪下,我放過你"。《稽神録》:"子向牛言曰:'汝能拜我,我赦汝。'"②所以此處"□"當爲表示"赦""放"等義的字詞。

簡(4897＋4982)末句爲"男子還,反雇舉刀蒅",即男子開始與黄詳打鬥。簡5159主要是羅列男子的創傷和死亡的情况,是黄詳和男子打鬥的結果。所以簡5159應排在簡(4897＋4982)之後,其間或僅缺1枚簡,缺失的内容應是黄詳和男子打鬥的過程。下文第二份册書中簡85恰好是對這一過程的描述:"'我窮人,勿迫我。掾還。'詳曰:'何如還者?'下馬,男子以解刀刺詳,不中。詳以所有把刀斫男子,創二所。男子復走五步所,詳追逐,及男子還反顧蒅詳,尚持兵未彊赴。詳復斫男子,創二……。"缺簡的内容應與此相當。

簡5159言及男子已死亡,簡F292-4則是案發後的一些情况,所以簡F292-4應排在簡5159之後,但其間仍有缺簡。根據F292-4簡文,男子死後,"某人"在接到"報案"後,立即與黄詳以及其他掾吏一起驗視該男子的屍體,但無人識知男子。所以簡5159與簡F292-4之間可能也僅缺1枚簡,缺簡的前半部分承簡5159末句"順曰:'我恐'",是黄詳和黄順的對話,後半部分可能是如何應對男子死後的狀况。由簡F292-4及後文"無人詣詳指告"即無他人告發的情形推測,可能是黄詳主動將案情上報,上報的對象很可能就是委任詳爲廣成亭長的東部郵亭掾趙竟。黄詳是案件的當事人,因此他參與的"驗視"男子屍體的行爲可能並非官方授權的正式"驗視",而應屬於指認現場的行爲,其目的主要在於辨認男子的身份。簡F292-4的後半,還援引了一份"書"的一段文字,從内容看,此"書"應當是某一份主要内容爲"查驗屍體"情狀的"爰書"。③"脩、汎"等人奉命主持屍檢工作,他們應當就是前文

① 張華撰,范寧校證:《博物志校證》卷三《異獸》,北京:中華書局,1980年,第35頁。
② 徐鉉撰,白化文點校:《稽神録·補遺》"朱氏子"條,見《稽神録·括異志》,北京:中華書局,1996年,第133頁。
③ 關於屍檢或驗傷報告,五一簡多見有"爰書、象人",另外,2873號標題簡"兼行丞事弘言珍視華昌爰書",應該是一份"驗傷(屍)報告"。

1707＋4233＋2877＋529 中的"行丞事守史謝脩"和"兼獄史唐汎"，因參與男子的屍檢工作，成爲瞭解情況的"知狀"，也因此受到"考問"。"脩、汎"等人上報的内容包括死者的大概年齡、體貌特徵等，其後有缺簡，缺簡的内容應含有男子受傷的具體情況，如對傷口的"廣、袤、深"的描述，以及對死亡原因的分析等。

1260＋F292-2：

表楬道，偏撫告上下丘里、行道過客，無有識有男子者，疑遠所姦人。刺
敗順腋下/衣一所，臧直十錢。考問詳，辝與竟、順、宗等驗證。不知何
一男子公夜行伏道旁草/₁₂₆₀（略）/F292-2

簡 1260 中，"表"字原釋爲"卷（？）"，據圖版及文意，當爲"表"字。此字圖版作"　₁₂₆₀"，簡（4880＋4082＋4981）"所載船何以爲表識"中"表"字作"　"，二者的輪廓尤其是下部多有相合之處。"表楬"二字均有"標識"義，"表"又有"彰顯"義，因簡前有缺文，或不能準確分析其詞性，但大致將之理解爲立"表楬"於道上，應該是不錯的。"偏撫告上下丘里、行道過客"，"偏"應爲"徧"，即"遍"。"撫告"即"填撫諭告"，安撫曉諭。《史記·蕭相國世家》："漢王引兵東定三秦，何以丞相留收巴蜀，填撫諭告，使給軍食。"[1]此句的含義是將男子的情況尤其是體貌特徵等以"表楬"的形式遍告吏民，希望能得到更多的關於男子的身份及其他信息（但也不要引起不必要的恐慌）。這也相當於前文論及的"標楬"以及敦煌漢簡中的"明白大扁書市里官所寺舍門亭隧墩中"，[2]以令吏民盡知。但結果是"無有識有男子者"，所以懷疑男子非本地人，而是別的地方的"姦人"，非"良人"。另，"無有識有男子者"句中，"識"字後的"有"字似爲衍文。

下句"刺敗順腋下衣一所，臧直十錢"中，"敗"字原釋"販"，圖版作

---

① 《史記》卷五十三《蕭相國世家》，北京：中華書局，1959 年標點本，第 2014 頁。

② 見吳礽驤、李永良、馬建華：《敦煌漢簡釋文》簡 1365，蘭州：甘肅人民出版社，1991 年，第142 頁。

"1260"，字迹稍有磨損，右從"反"，左似從"貝"，從字形看似"販"字。但"販"字實不好解。前文中簡 4897 + 4982 言"男子拔所持解刀刺順右腋下，貫衣，不中肉"，此段簡文中簡 F292-2 又言男子"賊敗人衣物，臧到十"，所以此處所謂的"販"字一定是"貫穿""賊敗"或"破"一類的意思。"販"和"貫"字似可輾轉相通，但東漢時，用字基本趨於穩定，這樣一轉而再轉相通的解法似不可取。① "敗"字在簡 F292-2 中作""，與"販"字形近。所以目前較好的解釋是此字應爲"敗"字，訛爲"販"。第一份册書中異寫、訛誤的現象較多，如"衣"寫作"哀"，②"顧"寫作"雇"等，此處"敗"訛爲"販"似乎也可以理解。"刺敗"猶"賊敗"，皆指刺穿順衣。"臧直十錢"當是由此而來，也即簡文之"賊敗人衣物，臧到十"。

簡 F292-2 中，"詳奉公應竟召，誰苟男子，不就捕，拔刃薌奉公吏"句中，"誰苟"之"苟"當讀爲"何"，"誰何男子"即詳盤詰查問男子。③ "詳本不識知男子，無復有他人證見者，詳不隱切"句中，"隱切"猶怨恨。《後漢書·蔡邕傳》："璜遂使人飛章言邕、質數以私事請托於郃，郃不聽，邕含隱切，志欲相中。"④《三國志·魏書·王肅傳》："帝又問：'司馬遷以受刑之故，内懷隱切，著《史記》非貶孝武，令人切齒。'對曰：'司馬遷……有録無書。後遭李陵事，遂下遷蠶室。此爲隱切在孝武，而不在於史遷也。'"⑤此句是説黄詳本不認識男子，所以並不存在因"私怨"而仇殺男子的情況。以上簡文都是在分析

---

① 蒙羅小華兄提示，"册"通"絲"，"絲"可通"反"，見紐通來紐，來紐通非紐，故"貫"可和"販"輾轉相通。但我們都認爲在東漢簡中這樣"曲折"的破讀，似不可取。

② "哀"字從"衣"得聲，故兩字可相通，楚簡中亦有"衣"讀爲"哀"的例子。但五一簡中的用字往往既考慮到聲近也照顧到形近，所以"衣"寫作"哀"，恐怕還是書寫中的形近而訛誤。關於這些字形的對比見關於本案的第二份册書。

③ 此蒙論文公開評閱人侯旭東指出："誰苟"即是"誰何"，《漢官舊儀》卷上"皇帝起居儀"記述："百官案籍出入，營衛周廬，晝夜誰何。殿外門署屬衛尉……"，東漢胡廣《漢官解詁》"衛尉"條則作："從昏至晨，分夜行，夜有行者，輒前曰'誰！誰！'若此不解，終歲更始，以重慎宿衛也。""誰何"文獻中也常見，如《史記·陳涉世家》："良將勁弩，守要害之處，信臣精卒，陳利兵而誰何。"司馬貞索隱："音呵，亦'何'字，猶今巡更問有誰。"見《史記》卷四十八《陳涉世家》，北京：中華書局，1959 年標點本，第 1964 頁。

④《後漢書》卷六十下《蔡邕傳》，北京：中華書局，1965 年標點本，第 2002 頁。

⑤《三國志》卷十三《魏書·王肅傳》，北京：中華書局，1959 年標點本，第 418 頁。

詳的行爲及殺人動機。從簡文可知，責任官吏已然將黃詳行爲定性爲"奉公"，而這種定性應該會影響到對黃詳的判罰。"又無人詣詳指告言男子犯罪耐以上者，□"句，轉而分析男子的情況，句中"者"後面的墨迹或爲一個字，依右行字距又或爲兩個字，筆畫模糊且黏連在一起，又無下文，實不易分辨和識讀，圖版作"■"，暫將其作一個字處理。這句簡文是說不能證明男子爲"犯罪耐以上"的罪犯，其具體語境是：男子刺破順衣，臧十，其罪在耐以下，同時，又無人上告揭發男子的其他罪行，所以男子的罪行仍在"耐罪以下"。由於此簡下有缺簡，只能推測簡文是說男子犯小罪，罪不至死。其下缺的簡文，或應包含對男子"拔刃薌奉公吏"行爲的分析和定罪。

　　從文書結構的角度考察，簡 1260＋F292-2 這段文字涉及對案情的分析和對當事人的定罪，應該處在整個文書比較靠後的位置。

　　簡 1293 也是散簡，簡文爲：

推辟實核道上過客，有識知一男子主名者，正處，復言。勳、宗、饒、信職事無狀，惶恐叩／頭死罪敢言之。／1293

其中並没有明顯可和冊書相關聯的人物或事件，但此簡的長度、寬度、編繩位置皆與冊書中他簡一致，而且從書體判斷，也與冊書中他簡相當一致，因此，可判定此簡屬於本冊書，且爲冊書的最後 1 枚簡。墨迹對比見表 14。

表 14　簡 1293 與第一份冊書墨迹對比

1293	第　一　份　冊　書					
道	1260	道	4233	道	529	道
正	5159	正	4233	正	529	正
扃	1260	扃				

（續表）

1293	第 一 份 册 書					
	1260					
	2877		1260		F292-2	
	F292-4		1260		F292-2	
	529		F292-4		1293	
	1707		F292-4		F292-2	
	2877		5159		F292-2	
	F292-4		F292-2			
	2877		529			

由表14可看出，簡1293的書體與册書有許多相同之處，"道、有、識、者、復、言、之"等字的寫法和形態在五一簡中有一些變化，而此簡中的這些字與册書則幾乎完全相同。又簡文中，"推辟實核道上過客，有識知一男子主名者"句，在文意和邏輯上均可和册書中"表楬道，偏撫告上下丘里、行道過客，無有識有男子者"句相呼應。册書言經過努力調查，沒有發現認識該男子的人，此簡則言，將繼續努力詢問過往來客，待查明該男子的姓名（及其他有關信息）後，再次上報。基於以上幾點，可基本判定此簡應屬於與本案相關的第一份册書。而且從簡文可知，此文書即案件的責任人爲勳、宗、饒、信四人，這四人也將會是下一份文書的責任人。

第一份册書涉及簡文較多，缺簡也較多，根據簡文內容之間的銜接及邏輯關係，可將其全貌大約復原如下：

【年月日＋勳、宗、饒、信叩頭死罪敢言之。廷書曰：⋯⋯勳、宗、饒、信叩頭死罪死】/_{缺簡}罪。奉得書，輒考問詳、知狀者東部郵亭掾趙竟、行丞事守史謝脩、兼獄史唐/汎、郵佐鄭順；節訊詳妻榮、子男順等，辤皆曰：各以故吏給事縣署視事。詳，例/₁₇₀₇（略）/₄₂₃₃（略）/₂₈₇₇盾隨詳行。詳乘馬在前，順後，欲之竟所。西行去詳例十四里所，欲明，未到廣成/大里可十里所，至赤坑冢閒。詳從馬上見不知何一男子伏在草中，去大道可/₅₂₉【多少步，詳苛問，不應。詳謂順往捽男子頭，順即往。男子走，順追，搤男子背衣，男子拔所持】/_{缺簡}（略）/₄₈₉₇₊₄₉₈₂【詳⋯⋯男子曰："我窮人，勿迫我。掾還。"詳曰："何如還者？"下馬，男子以解刀刺詳，不中。詳以所有把刀斫男子，⋯⋯】/_{缺簡}（略）/₅₁₅₉⋯⋯】/_{缺簡}（略）/_{F292-4}【⋯⋯凡創四所⋯⋯】/_{缺簡}表楬道，偏撫告上下丘里、行道過客，無有識有男子者，疑遠所姦人。刺敗順腋下/衣一所，臧直十錢。考問詳，辤與竟、順、宗等驗證。不知何一男子公夜行伏道旁草/₁₂₆₀（略）/_{F292-2}【⋯⋯】/_{缺簡}推辟實核道上過客，有識知一男子主名者，正處，復言。勳、宗、饒、信職事無狀，惶恐叩/頭死罪敢言之。/₁₂₉₃

二、第二份册書

第二份册書存簡 3 枚，即 359、1279＋1272、85，長 23.3 釐米、寬 3.1 釐米左右，比第一份册書短一些，寬一些。另外，在書寫上，相同文字的形態與第一份册書相比，也有很大不同，整體書風較第一份工整。因此可以比較容易地和第一份册書區別開來。相關構形對比見表 15。

表 15　兩份册書中相同文字的不同構形對比

第二份册書		第　一　份　册　書			
1279＋1272	衣	F292-2	〔字〕	4897＋4982	〔字〕
85	〔字〕	4897＋4982	還	4897＋4982	〔字〕

（續表）

第二份册書		第 一 份 册 書			
359	漢	4233		F292-4	
85	顧	4897＋4982			
359	嵩	4233			
359	冢	529			
1279＋1272	道	1260		1293	

以上諸字大多可以看作是不同書手因不同的書寫習慣和書寫風格而在同一個字的筆畫和構形上表現出的差異，但有些字則可看作是不同的兩個字，如“衣”字，第一份文書實際已寫成形音皆近的“哀”字，在這裏我們更傾向於將之看作是“衣”字的“異寫”，而不是聲音上的“通假”；表示“回視”的“顧”字，在第一份册書中則寫作“雇傭”的“雇”字。也正是因此，可將這 3 枚簡確定爲第二份册書的内容。

關於這三枚簡，陳偉曾對其中的兩枚做過編聯，[①]後來蔡雨萌根據後出的資料排出 3 枚簡的正確順序，即 359 ＋（1279 ＋ 1272）＋［缺簡］＋ 85。[②] 缺簡的内容亦可據第一份册書中的相關内容補充一部分。現將復原結果揭示如下：

---

① 陳偉：《長沙五一廣場東漢簡牘 141、5 號試讀》，簡帛網 2016 年 2 月 8 日。
② 參蔡雨萌：《〈長沙五一廣場東漢簡牘〉文書編聯一例》，簡帛網 2020 年 11 月 6 日。案：蔡雨萌在文中誤將《選釋》的整理號與正式整理報告的整理號混同，如一四一爲《選釋》的整理號，在正式整理報告中的整理號應爲 359；在引録釋文時，也僅引録《選釋》的錯誤釋文，如“家”字，没有注意到此字在正式整理報告中已改釋爲“冢”字。另外蔡雨萌在分析綴合簡 1279 ＋ 1272 的長度時，簡單地將各殘簡的長度相加，因此得出錯誤的簡長信息。其實該簡在綴合時，兩個殘片之間有相互“參差”的部分，其簡長實與 359 號簡相當，都爲 23 釐米左右。

【年月日＋勳、宗、饒、信＋死罪敢言之】/_{缺簡}廷書曰：故亭長李嵩病，郵亭掾趙竟勑楮溪例亭長黃詳次領嵩職。其/夜雞鳴時，詳乘馬將子男順起例之廣成。到赤坑冢閒，詳從馬上見不知何一/₃₅₉男子伏在道旁草中。詳苛問，不應。詳謂順往捽男子頭，順即往。男子走，順追，搣男/子背衣，男子拔所持解刀刺順右腋下，貫衣，不中肉。順還，呼曰："人殺我。"詳追逐，謂/_{1279＋1272}【男子曰："兒箸頭地，我□汝"……】/_{缺簡}男子曰："我窮人，勿迫我。掾還。"詳曰："何如還者？"下馬，男子以解刀刺詳，不中。詳以所有把刀斫男子，/創二所。男子復走五步所，詳追逐，及男子還反顧蘜詳，尚持兵未彊赴。詳復斫男子，創二/₈₅【所……】/_{缺簡}

從第二份册書的結構來看，這三枚簡應該處在册書靠前的位置，簡359前面應只缺 1 枚兩面書寫，帶有紀年和文書責任人姓名的首簡。從第一份册書的尾簡判斷，其責任人仍應爲"勳、宗、饒、信"四人，因此所缺首簡的格式和内容爲：【某年某月某日＋勳、宗、饒、信＋叩頭死罪敢言之】。第二份册書中，每簡的容字大約在 55 至 72 字之間，但所缺首簡的内容明顯不會多於 55 字，考慮到五一簡中遇到"廷"字即轉行書寫的慣例，以及第二份册書的第二簡以"廷書曰"開始，我們推測所缺首簡的左行並未寫滿。①

"廷書曰"三字，表明其下的内容是對廷書内容的摘録。從第一份册書可知，"故亭長李嵩"爲故廣成亭長李嵩，因病不能任職，所以郵亭掾趙竟勑令楮溪的例亭長黃詳以"次"暫時代理廣成亭長。"例亭"通過李均明的考證，爲暫時設置的巡查機構，其"長"的級别要小於正式亭長。

在第一份册書中，我們已討論過册書的前面缺失首簡及"廷書"的内容，而第二份册書復原的部分恰巧正是"廷書"，但此二者並不是同一份"廷書"。

---

① 五一簡在書寫中，遇到縣廷的"廷"字時一般均轉行頂格書寫。這樣的例子很多，如簡 F325-1-24、F325-1-105、2631 等，這些"廷書曰"均出現在册書的首簡左行。簡 1783＋1855 中"廷書曰"則在右行頂格的位置，因此，也當與本册書中的簡 359 一樣，爲册書的第二枚簡。

第二份册書的"廷書"可與第一份册書中"奉得書，輒考問……辭皆曰"以後的內容對讀，因此我們懷疑，第二份册書所存"廷書"的主要內容，就是來自第一份册書中勳、宗、饒、信四人上報的調查結果。通過兩份文書的對讀，我們可對該案的案情及其中文書往來的情況作如下推測：

"今年二月卅日夜"，黄詳與黄順在就任廣亭長的途中，行至赤坑冢間，見一不知姓名男子伏在草中，即上前詢問，男子不就捕，遂殺死該男子。事後，黄詳很可能將此事上報給調任他爲廣亭長的東部郵亭掾趙竟，趙竟即派楮溪郵佐鄭順等俱案行診視該男子的身份，但無人認識該男子。之後趙竟很可能將此事上報縣廷，縣廷至少有兩個指示，一個是於"四月十二日"讓行丞事守史謝脩和兼獄史唐汜前往診視男子，形成了一份"驗屍報告"，即第一份册書中引用的"(爰)書"；另一個是讓勳、宗、饒、信等四人負責對整個案件進行調查，第一份册書中缺失的"廷書"極可能就是縣廷的這份指令。勳等人調查後，即向縣廷回報，形成了一份文書，即我們復原的第一份册書，其發文時間當在"四月十二日"之後。縣廷收到回報後，應該會摘錄第一份册書的主要內容，並附上新的批示，形成一份新的下行文書。我們復原的第二份册書應該就是勳等人針對縣廷的這一份"新的指示"所報的回文，回文內容中，還需要對縣廷的新的下行文書再次摘錄，這就是第二份册書中所謂的"廷書"，該廷書的內容，既包括了第一份册書中調查結果的部分，也包含了縣廷最新的指示。這也是我們前文所論的，文書在運行過程中出現的逐級纍增現象。以此而論，第二份册書的時間應該在第一份册書之後。兩份册書的編聯情況見圖 11。

關於簡 85，《選釋》原標點爲：

男子曰：我窮人，勿迫我。掾還。詳曰：何如？還者下馬。

這樣的斷句顯然不通。陳偉認爲：疑"掾"是"男子"對黄詳的稱述。整理者以"還者下馬"一句讀，亦頗費解。聯繫上下文看，當是先前"乘馬"的黄詳"下馬"，在地上與"不知何一男子"格鬥；而其前"何如還者"一句讀，爲黄詳

第一份册書

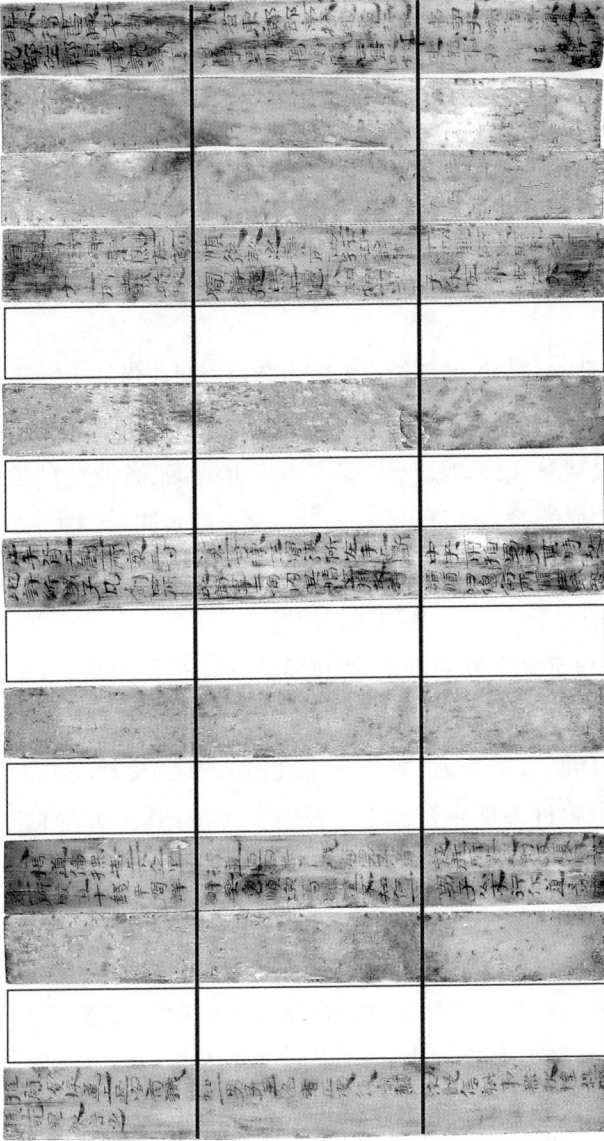

1707　4233　2877　529　缺簡　4897+4982　5159　缺簡　F292-4　缺簡　F292-2　1260　缺簡　1293

第二份册書

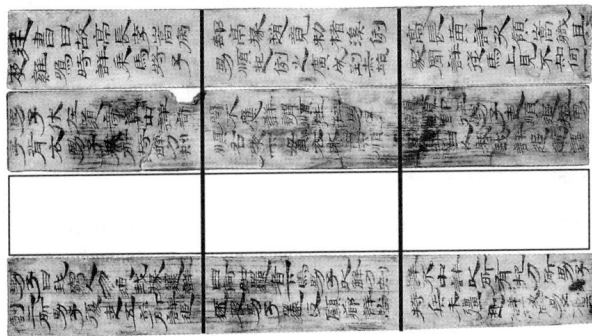

1279+1272　359　缺簡　85

圖 11　"褚溪例亭長黃詳殺不知何一男子"案兩份册書復原示意圖

對"男子""掾還"的回應。"何如還者",疑猶"何如還哉"。^① 這樣的理解應該更合理,所以該簡文從陳偉的意見,標點作:

> 男子曰:"我窮人,勿迫我。掾還。"詳曰:"何如還者?"下馬,

簡85上下皆有缺文,其與簡(1279＋1272)之間或僅缺1枚簡,這枚缺簡的主要内容由"謂"字引出,當是"謂男子曰"云云。第一份册書中相應的部分爲"詳謂男子曰:'兒箸頭地,我□汝'/4897＋4982",因此簡85之前的缺簡内容可補爲:【男子曰:"兒箸頭地,我□汝"……】。之後的缺簡内容當是對黄詳復斫傷男子後男子受傷情況的描述,缺簡的第一個字由上簡末尾簡文"創二"可知當是"所"字。黄詳創男子凡四所,男子因此而死亡。

這兩份册書都關乎同一個案件,可將此案命名爲"楮溪例亭長黄詳殺不知何一男子"案。就案情本身來講,情節比較簡單,但圍繞案情至少産生了兩份以上上行的調查報告,這説明該案在調查取證及判決方面應該出現了一些困難,導致案件不能很快結案。從簡文推測,其最大的難點在於對"不知何一男子"身份的認定。而對該男子身份的認定,會直接影響到對例亭長黄詳的判罰。

漢律中有"格殺勿論"的規定。《周禮·秋官·朝士》"凡盗賊軍鄉邑及家人,殺之無罪",鄭玄注引鄭衆:"謂盗賊群輩若軍共攻盗鄉邑及家人,殺之無罪。若今時無故入人室宅廬舍,上人車船,牽引人欲犯法者,其時格殺之無罪。"徐彦在《公羊傳疏》中將"牽引人"解釋爲"劫掠良人"。^② 又《二年律令·捕律》:"捕盗賊、罪人,即以告劾捕人,所捕格鬥而殺傷之,及窮之而自殺也,殺傷者除,其當購賞者,半購賞之。"這些律文規定,在一些特殊的條件下,殺人可免於論罪。本案中,黄詳的身份爲例亭長,男子深夜伏道旁草中,男子若"欲犯法",其犯罪環境不適用"無故入人室宅廬舍,上人車船"條,而

---

① 陳偉認爲:漢代有以"掾"稱人的情形,故而"不知何一男子"稱黄詳爲"掾"。見陳偉:《長沙五一廣場東漢簡牘141、5號試讀》,簡帛網2016年2月8日。
② 孫詒讓撰,王文錦、陳豫霞點校:《周禮正義》,北京:中華書局,2000年,第2830頁。

與《二年律令·捕律》中的"所捕格鬥而殺傷之"相合。那麼問題是，男子先前的身份是"盜賊、罪人"嗎？若男子的身份爲"非罪"，册書中已排除了仇殺的可能，則黄詳就要背負殺人的罪名；若男子的身份爲"盜賊、罪人"，那麼在抓捕逃犯的過程中因罪犯拒捕而發生格鬥進而"格殺"之，則黄詳很可能會免於刑罰或得到輕判。但正是在男子是否爲"罪犯"的身份認定上，由於無人識知男子，一直得不到確認。簡文中對於男子身份的描述也僅有猜測之辭，如"疑遠所姦人"。另外，假若男子以前爲"非罪"，而在拒捕的過程中犯罪，如"（男子）賊敗人衣物，臧到十"，但"又無人詣詳指告言男子犯罪耐以上者"，由此推測，男子所犯罪行的輕重程度可能也會影響到對黄詳的判罰。"耐"，原指剃去鬢須的輕刑，律文及司法實踐中多以"耐罪"爲"輕罪"與"重罪"的分界。《史記·淮南衡山列傳》"徙郡國豪桀任俠及有耐罪以上，赦令除其罪"，裴駰引應劭曰："輕罪不至於髡，完其耏鬢，故曰耏。古'耏'字從'彡'，髮膚之意，杜林以爲法度字皆從'寸'，後改如實。"引蘇林曰："一歲刑爲罰作，二歲刑已上爲耐。"[1]《後漢書·光武帝紀》"耐罪亡命"，注："耐，輕刑之名。"[2]因此，對男子所犯爲"輕罪"或"重罪"的認定應該也會影響對黄詳的定罪。

　　册書中責任官吏對案情進行分析時，對男子的判斷是：疑遠所姦人、公夜行伏道旁草中、刺順腋下衣臧直十錢、不就捕、拔刃鄉奉公吏等。對例亭長黄詳的定性則爲：詳奉公應竟召、詳不隱切等。從其用語和語氣判斷，本案最終對黄詳殺人案的判定，很可能會導向黄詳"格殺"男子的結果，即向"格殺勿論"的方向發展，黄詳極可能會免於刑罰或被從輕判罰。

　　五一簡中有許多"格殺"的實例，都發生在官吏追捕罪犯的過程中，表明"格殺"一詞在司法文書中並不僅僅表示"相拒而殺之"，而是特指官吏在追捕罪犯過程中的"格殺"行爲，其法律依據應直接來源於上引《二年律令·捕律》中"格殺勿論"的法理内核，這種"格殺"應該是免於刑罰的。如"男子黄宗恣欲殺王純"案的起因，是待事掾王純在抓捕黄宗的同産弟"殺人賊黄俌"

---

① 《史記》卷一百一十八《淮南衡山列傳》，北京：中華書局，1959 年標點本，第 3092 頁。
② 《後漢書》卷一下《光武帝紀》，北京：中華書局，1965 年標點本，第 51 頁。

的過程中，黃倜因不就捕而被"格殺"，從簡文推測，王純可能並没有受到處罰。另外，從一些標題簡推斷，官吏在"格殺"罪犯之後，必須經由官方進行調查認定，只有滿足"格殺"的條件，才可能免於刑罰。

依上文對於"格殺"的討論，若本案最終認定黃詳殺死男子的行爲是"格殺"，那麼本案亦可以"格殺"名之，但由於尚不能判定是否爲"格殺"，所以目前去掉"格"字的表述應該是恰當的。而對於册書之名，兩份似都可定爲"勳等言考實楮溪例亭長黃詳殺不知何一男子解書"，但此標題並不能在兩份册書之間作出很好的區別，所以我們暫不予兩份册書命名，僅以該案下第一份、第二份册書名之。

第六章 結　語

本書的相關研究可分爲基礎研究、册書復原研究和綜合研究三大部分。但這幾部分的内容並不都各自獨立成章,由於簡牘研究自身的特點,我們一些關於綜合研究的過程和結論也往往根據所討論問題的需要,分見於本書的各個章節。因此仍有繼續總結和提煉的必要。

一、基礎研究

包括學術史的回顧,和對五一簡册書基本類型及大概樣貌的考察。因爲國内較少有關於册書復原歷史的總結,所以我們結合 20 世紀中國簡牘發現和出土的狀況、90 年代以來簡牘文書學理論發展的歷程,以及近年來三國吳簡簿籍類册書集成研究的實踐,嘗試將册書復原的學術史分爲三個相互衔接的階段,並認爲,現階段,更多的學者在將零散的簡牘作爲考據"史料"的同時,也對簡牘本體以及文書運行機制等相關方面予以了大量的關注。他們開始更注重散亂簡牘之間的聯繫,進而將"簡牘册書"作爲一個整體,對其進行靜態和動態的"文書學"意義上的觀察。在編聯和集成兩種研究范式的指導下,"册書復原研究"已成爲簡牘研究中一個重要且趨於成熟的分支門類。

爲了對五一簡册書的總體面貌有所瞭解,我們在前期開展了大量的基礎研究工作,包括對萬幅以上簡牘圖版的處理,對數千枚木質簡牘的釋讀,以及對好幾百枚殘簡的綴合等。隨着這些工作的獨立完成,積纍了大量關於簡牘本體從宏觀到微觀的認知,匯集和總結了更爲豐富的第一手簡牘文例,並從數千枚散亂的簡文中分辨出不同類型册書的首簡、尾簡、標題簡,以及與册書關係密切的簽牌,對之進行充分且詳細的分類考察。

我們分別歸納了册書構成的標誌要素首簡、尾簡和標題簡等在文書用語、内容結構及版面書寫等方面的特點，根據這些關鍵性信息，爲五一簡的册書復原搭建起了最基本的框架。並在理論上，避開以往研究中從册書内容或册書時效角度進行的分類方法，嘗試以文書結構爲依據，將册書分爲不帶附件的册書和帶附件的册書兩種基本類型，又將帶附件的册書細分爲以呈文爲附件的册書和以簿籍爲附件的册書兩種亞型，基本涵蓋了册書的所有種類。通過對册書標誌性構成要素的考察和對册書基本類型的劃分，對五一簡册書的全貌有了整體的直觀感受，認爲五一簡中可能存在着約100 份左右以木兩行編聯爲主的册書，但大都不完整。其中以簿籍爲附件的册書較少見，大量存在的是不帶附件的册書，以及以叙事性呈文爲附件的册書。

同時，也對五一簡與三國吳簡、墓葬簡和窖藏簡之間的聯繫和區别作了簡略的分析，並對揭剥號在五一簡册書復原中的作用有所討論，進而提出了以編聯爲主、集成爲輔，以文意貫通爲主、其他手段爲輔的適合五一簡册書復原的方式和方法。

二、册書復原研究

充分借鑒了學界以往的經驗，主要運用文書學，並結合文獻學、歷史學的多種方法，包括對簡牘内容的繫聯和對讀、對簡牘形制與版面書寫格式的考察，和對簡牘墨迹及書手情况的對比、分析等，修正和復原出了 11 份代表性册書的基本面貌。

我們選擇了學界已有所討論的《廣亭長暉言傅任將殺人賊由併、盜由肉等妻歸部考實解書》《從掾位悝言考實倉曹史朱宏、劉宫臧罪竟解書》《連道寫移奇鄉受占臨湘南鄉民逢定書》和《守史勤言調署伍長人名數書》四份册書作爲代表性樣例，前兩份涉及刑事案件，爲不帶附件的册書，後兩份與行政事務相關，且分别以呈文和簿籍爲附件，指出了它們在簡牘排序、釋文訂補以及簡文考釋中各自存在的失誤，並結合實際對編聯和集成的相關理論問題進行了總結和反思，以期對後續的册書復原研究在實踐和方法上都能有所助益。

《右部勸農賊捕掾悝言盜陳任龘者不知何人未能得假期書》《直符右倉曹史豫言考實女子雷旦自言書佐張董取旦夫良錢假期書》《北部賊捕掾綏言考實傷由追者由倉解書》，以及關於"女子王綬不當復還王劉衣"案的 2 份册書和關於"楮溪例亭長黃詳殺不知何一男子"案的 2 份册書，這 7 份册書是我們新復原的册書。後 4 份册書，實際只關聯了兩個案件，即每個案件各有 2 份册書。對於内容相似、書寫風格相同或相近、或爲同一書手所書寫的同一案件的多份册書，我們主要依照簡牘形制和用字或文字構形的不同，將它們區分爲不同的册書。

這 11 份册書爲五一簡的相關研究提供了新的文本樣例，對其他册書的復原或有着一些微小的示範意義。

三、綜合研究

在册書復原過程中，我們對有關册書的樣式、形態等多個方面也展開了多角度的綜合研究，不僅在實踐中解決了具體的疑難問題，也在理論層面對常見的文書現象進行了具有普遍意義的總結和歸納。

編聯排序一直是册書復原研究中最基本的問題。我們結合學界已有的研究成果與五一簡的實例，認爲：五一簡多爲叙事性文書，編聯和排序當以貫通文意爲主；對於有附件的册書，附件在前，呈文在後；對於有標題簡的册書，標題簡一般排在整個册書最末的位置；散簡上的簽署、批文等後書文字，一般都可作爲將該散簡排在册書末尾的依據；關於"謹傅議解左"是否指向"册書帶有附件"的問題，仍需繼續討論；不同形制的簡牘之間，如木兩行和竹簡以及更寬大的木牘如"君教"類木牘，從理論上説都存在編聯的可能。

對文書結構和文書形態的研究中，我們着重對文書中套用别的文書的現象，以及文書在不同流轉階段形態會發生變化的問題進行了討論。回報文書中對所收到文書必須進行"摘録"這種現象，當與秦漢的"書到即報"制度相關，既表示收文機構已收到文書，亦表明收文機構及責任人對文書中的指令、要求清楚無誤。但這種"摘録"並不一定需要原文照録，而可以進行忠於原文的"轉寫"。文書處在不同的流轉階段,會呈現不同的面貌。在一個簡單的單向的運轉週期裏,一般來説,文書的内容(和簡牘數量)都會出現逐級纍加的態勢。因此必須對册書各構成要素出現的層級加以判斷,進而做出符合材料層級的編排,一味將所有相關材料不加區别地匯集在一起,並不是真正意義上的"復原",而只能是退而求其次的"集成"。

關於册書命名,我們認爲不是每一份册書都有自帶的標題,而對於有標題簡的册書,應該以標題簡的内容命名。在命名時,要區分標題簡和簽牌的不同功用。簽牌的内容可能會和文書内容高度契合,具有揭示卷册主題的功能,但以形制及產生的過程而論,其與運行中的册書並無任何聯繫,它只是文書運行結束後進入分類存檔環節的重要標誌,絶不能因此將簽牌本身當作册書的標題簡。

文書册書的收捲方式是學者們較少關注的問題,本書結合實例,對此也略有討論。一般而言,五一簡中不帶附件的册書都是自左向右收捲,自右向左展開。但爲了讓文書的作者姓名及文書主題首先被審閲者看到,應該也有自右向左的收捲方式存在,如一些帶附件的册書。另外,考慮到五一簡木兩行形制寬大不易收捲,或收捲後體量較大的因素,對於有木兩行的册書,或許也存在和典籍類書籍一樣"折叠收捲"的現象。

在對册書進行復原的同時,我們也對册書中的文字、名物及相關制度進行了綜合討論,如對多處未釋字依據文意或殘筆進行了補釋,對已釋簡文進行了訂正,對疑難字詞、異體字進行了辨析;對文書的紀年、統計數字及個别文字的誤書現象進行了説明;對文書中涉及的多個詞語及社會現象和相關法律、文書制度進行了闡釋等。

總之,本書通過對五一簡中一些代表性册書的復原研究,既利用多種方法促進了實踐,也用實踐對諸多方法進行了驗證,從而爲同類册書的復原提供了少許可資借鑒的文本和樣例。但關於綜合研究,以及如何在"文書"語境下凸顯五一簡的價值,本書還尚未全面而系統地展開。雖是遺憾,却也爲日後持續的研究預留了許多可待拓展和深入的空間。

附録　五一簡殘簡綴合情况統計①

　　簡牘綴合是簡牘整理研究中較基礎的工作,對五一簡而言,木質載體的木簡、木兩行、簽牌、大木牘等保存狀況較好,文字較清晰,殘斷的簡牘大都較完整地保留了斷裂的茬口,而竹質的竹簡及少量竹牘保存狀況則較差,不僅字迹漫漶,而且殘斷嚴重,原應清晰的紋理及斷裂茬口也基本消失不見,這一點與西北簡等"乾簡"的綴合有一些不同,也給綴合帶來了一些困難。因此在簡牘綴合實踐中,我們僅結合簡牘形制與字體及内容上的特徵,較多地對木質載體的簡牘進行了綴合,而對竹簡則較少涉及。

一、對已發表簡文綴合情况的統計

　　包括正式整理報告《長沙五一廣場東漢簡牘》第一至六卷中的綴合(見表16),和其他研究者的綴合,亦有少量對已發表材料中失綴殘簡的補充綴合。

1. 整理者綴合情况統計

表 16　五一簡第一至六卷殘簡綴合表

卷	綴　　合　　簡　　號	材質
壹	132＋86/100＋101＋102/117＋115/130＋131＋122/226＋499/249＋255/298＋299/446＋332/333＋334/355＋357	木
貳	402＋417/403＋416/429＋430/435＋434/454＋465＋544/472＋505/526＋534/537＋786/2506＋541/664＋542/638＋568/746＋569/646＋587/603＋837/643＋685/666＋674/677＋679/747＋1727	木
	731＋728	竹

① 本附録前半部分曾在簡帛網上發表過。見楊小亮:《五一簡第 1—6 卷綴合情况統計與補充》,簡帛網 2021 年 11 月 19 日。

（續表）

卷	綴　合　簡　號	材質
叁	881＋927/1864＋882/1474＋923/983＋1183/1286＋996/999＋1002/4425＋1080/1093＋1475/1786＋1113/1137＋1150/1142＋1241/1148＋1146/	木
	806＋1128/813＋814/849＋850/964＋897/1192＋1011/1154＋1018/1191＋1028/1153＋1127	竹
肆	1259＋1397/1266＋1431/1275＋1428/1279＋1272/1768＋1380/1448＋1387/1511＋1389＋1388/1391＋1398＋1427/1489＋1429/1588＋1446＋675/1515＋1516/3171＋1604＋1517	木
	1246＋1247/1613＋1273/1616＋1584/1600＋1593＋1611/1594＋1602/1614＋1654/1625＋1622/1630＋1644	竹
伍	1852＋1683/491＋1709/1712＋2157＋1784/1713＋2158＋1739/1717＋116/1670＋1728/1743＋1749＋1747/1751＋5175＋4372＋3100＋4365/1752＋1755/1774＋2160＋1758＋2191/2500＋1766/1862＋1767/1769＋1793＋3412/1771＋1775/1783＋1855/1807＋8/3476＋3527＋1850＋1871/1854＋3085＋1098/1856＋1878/2146＋5770/2150＋1872＋1886/	木
	1896＋1948/1917＋2072/1925＋1926/2006＋2113	竹
陸	2171＋5780＋231/320＋2184/2202＋2636/2205＋2223/2206＋5964/5552＋2207/5555＋2219/2688＋2221＋2225/2233＋2222/2224＋2251/2230＋2498/2402＋2669＋2517/2501＋3160/2505＋2528/4300＋2508＋4331/5748＋2510/2625＋2553/2624＋2554/2573＋2555＋2565＋2870/481＋2558/3480＋2559＋2841/2632＋2560＋3816/2626＋2561/1295＋2567/449＋5876＋5867＋4344＋3778＋2574	木
	2257＋2435/2278＋2280/2354＋2451/2586＋2752/2587＋2823/2599＋2611	竹

2. 其他研究者的綴合情况統計

其他研究者關於五一簡的綴合並不多，似僅有汪蓉蓉對木質簡牘提出了四條綴合意見，即木牘"503＋96"、①木楬"423＋444"、②木兩行"510＋461"、③木牘"538＋393"。④ 其中後三條皆正確可從，唯第一條"503＋96"應屬誤綴。

綴合不成立的原因很多，從拼接後的版面情況看：位於右側的 503 簡實際比 96 簡長一些；二者字體風格也不一致，應不是同一書手所爲；最大的"若"字的兩個橫畫並不能水平對齊；第二欄書寫不整齊，"趣"字的位置明顯比別行低一些；在拼綴後簡牘不缺的情況下，上端的墨迹並不能拼出"君教"二字的大概樣貌，橫筆、撇筆皆不能對應，也並不適合以墨迹殘失來解釋。更爲重要的是，簡 503 第 3 行的左側，還有一些殘筆，應該是殘失的第 4 行延伸過來的筆畫，如"不""庫"的左側均有殘筆，但這些筆畫在簡 96 上並不能找到與之相接的筆畫。同樣，簡 96 也有一些字，如"嘔""草"的長橫畫也並未完全伸展開來，如可綴合，其殘存的筆畫也應該在簡 503 上找到才對。另外，該牘下端受重物擠壓形成的"坑"也比較奇怪，因爲這個"坑"在簡 96 上只存在"左半圓"，或許殘失的另一半上應存在一個可相接的"右半圓"，但簡 503 等高的位置却非常平整，並不像曾經"受傷"的樣子。⑤ 因此，簡 503 和 96 應該不能綴合在一起。

3. 已發表簡牘中可補充的幾例綴合

在已發表的材料中，除汪蓉蓉列舉的三條外，還有一些木質簡牘的綴合。因五一簡是按照簡牘出土號（揭剥號）的順序逐次發表的，在整理和出版過程中，若發現先前發表的殘簡可與未發表的殘簡綴合，則此綴合將會出現在後面出版的報告中，但若先前發表的殘簡"内部"可以綴合，後面的報告中就沒有機會對這種失綴的情況進行彌補。因此，下面僅將已發表材料中失綴的幾例簡單羅列，以供參考：

---

① 汪蓉蓉：《〈東漢五一廣場簡牘〉綴合一則》，簡帛網 2019 年 5 月 20 日。
② 汪蓉蓉：《〈長沙五一廣場東漢簡牘〉綴合（二）》，簡帛網 2019 年 6 月 4 日。
③ 汪蓉蓉：《〈長沙五一廣場東漢簡牘〉綴合（三）》，簡帛網 2019 年 6 月 4 日。
④ 汪蓉蓉：《〈長沙五一廣場東漢簡牘〉綴合（四）》，簡帛網 2019 年 11 月 13 日。
⑤ 當然，如果簡 96 縱裂後再受擠壓，這種情況也可以解釋。

（1）114＋105 木兩行

綴合後釋文爲：

……長沙大守審丞虞告中部督郵書掾常謂臨湘寫移書

……辭有增異正處關副言會月廿日如南郡府書

由於 114 下端左側"處"字有部分缺失，所以綴合處僅有"虞"字的茌口相接，可補全"虞"字。字體、形制方面皆合，文意也通暢，其中"正處，關副言，會月……"或是常見文例"正處，言府，關副在所，會月……"的省略表達。

（2）246＋243 削衣

綴合後仍只存半字，不可釋讀。

（3）259＋363 木簡

綴合後釋文爲：

A：伯榮屬造次言不悉意知仁相□▨
B：願仁於今爲任尹(?)謝史令今□▨
　急白之日略(?)＝

此爲左右拼接，綴合後仍不完整，缺下段。牘文爲行草書，個別字的釋讀仍不準確，需仔細核檢，或熟悉草書的專家認真識別。

（4）1546＋358 木楬

綴合後釋文爲：

A：十五年廣成鄉男子唐壽自
B：言本事在此中

以上綴合示意參圖 12。在已公布的材料中，肯定還有更多的簡牘，比如大量殘斷的竹簡，是可以綴合的，則需更多持續的關注和努力。

114+105　　246+243　　259+363　　　　1546+358

圖 12　已發表材料中失綴殘簡綴合(四例)示意圖

二、對未發表殘簡的綴合和統計

　　未發表的材料中,仍有許多簡牘可以綴合。出於研究工作便利的考慮,我們僅僅關注了木質載體的綴合,而對竹質的簡牘没有涉及。應該説明的是,表 17 所統計的綴合成果中,還有極個别的綴合是長沙市文物考古研究所的工作人員或整理組在進行掃描和拍照時完成的,但現已不太容易析出。

表 17　五一簡未發表殘簡(木質載體)綴合表

綴　合　簡　號	備注
329 + 5778/431 + 2630 + 3084/439 + 6831 + 1418/443 + 3397/448 + 442?①/672 + 3458 + 3444/989 + 5239 + 5261 + 4394/1083 + 3329/1351 + 4830 + 5110/1510 + 4338/2633 + 2662/2673 + 2871/2875 + 3086/2892 + 4123/2893 + 2898/2897 + 3181 + 3165 + 3873/2899 + 3876 + 4406/2904 + 2874/2931 + 3238/2948 + 2889/3094 + 5554/3098 + 3090/3101 + 5407 + 4251/3106 + 300/3240 + 3394/3245 + 3387/3325 + 3340 + 3342/3328 + 693/3348 + 3441/3381 + 3331/3413 + 3399/3470 + 3469/3477 + 5632/3479 + 3499/4045 + 4546 + 1426/4048 + 121/4081 + 5257/4138 + 4874/4180 + 4183/4185 + 4181 + 4737/4186 + 5565/4225 + 4226 + 4661/4273 + 4336/4287 + 4289/4292 + 4216/4304 + 4120/4325 + 4556 + 4086/4326 + 4885/4327 + 4043/4330 + 1266 + 1431/4342 + 1107/4345 + 4899/4346 + 4810/4347 + 4800/4348 + 5260/4367 + 4351 + 4370/4393 + 4288/4420 + 4815/4424 + 2929/4430 + 323/4431 + 3180/4797 + 4849/4808 + 4811/4819 + 3158/4823 + 4879/4824 + 4809/4834 + 4802/4836 + 4877 + 4878 + 4881 + 4673/4854 + 4868 + 4900/4863 + 4892/4866 + 4817/4880 + 4082/4981 + 4886/5228 + 4895 + 5560/4897 + 4982/4978 + 5745/4979 + 4980 + 4428 + 3087/4987 + 5638 + 5633 + 3099/4988 + 4889/4989 + 4894 + 4898/5227 + 5230/5245 + 5285/5268 + 5250/5288 + 5290/5429 + 5475 + 5476 + 5263/5552 + 2207/5558 + 5553/5559 + 5557/5563 + 5551/5567 + 3092/5605 + 5561/5629 + 5266/5631 + 5630/5637 + 5474 + 5234/5665 + 5636 + 5634/5698 + 5697/5699 + 5700/5751 + 498/5752 + 5747/5753 + 394/5763 + 5797 + 5742/5790 + 5777/5794 + 6832 + 306/5917 + 5893 + 5781 + 5892/5838 + 5862/5939 + 5894/5946 + 5947/5949 + 5795 + 3089/5965 + 5966/5994 + 6002/6014 + 6019 + 6020/6049 + 6016/6052 + 5051/6143 + 6134/6152 + 330/6153 + 6139/6157 + 6790/6638 + 6640/6642 + 6644/6670 + 6695/6673 + 6686 + 6696/6681 + 6697/6741 + 6740/6843 + 6809 + 6838/6745 + 6716/6785 + 6782/6820 + 474/6830 + 6824 + 6818 + 6823/F325-1-25 + 38/F325-1-27 + 52/F325-1-71 + 41/F325-1-76 + 53/F325-1-79 + 65/F325-1-120 + 121/F325-1-124 + 47/F325-2-21 + 22/F325-2-25 + 3-42/F325-2-34 + 35/F325-3-6 + 7/F325-3-56 + 54/F325-4-22 + 28/F325-4-23 + 51/	兩行

---

① 帶問號的綴合存疑,下同。

綴　合　簡　號	備注
F325-4-24＋27/F325-4-34＋36/F325-4-56＋58/F325-4-57＋63/F325-4-59＋62/F325-4-61＋325-78/F325-5-2＋3-33/F325-5-19＋20/F325-5-22＋7/F325-5-31＋28＋38/F325-5-39＋29/F325-5-50＋62/F325-5-63＋4-32/F325-6-16＋3-52＋5-61/F325-40＋64/F325-56＋79/F325-63＋61/F325-85＋50	兩行
4349＋4371＋4672/4379＋4015/F325-3-57＋6-18	簽牌
94＋3148/2963＋889＋3166/4087＋4088/5772＋5801＋5764＋6623	大木牘
5953＋5957	削衣
4411＋F285	合檄
6066＋6154/6138＋6811	草書

主要參考文獻

一、考古、整理報告

［１］ 長沙市文物考古研究所：《湖南長沙五一廣場東漢簡牘發掘簡報》，《文物》2013 年第 6 期。

［２］ 長沙市文物考古研究所、清華大學出土文獻研究與保護中心、中國文化遺産研究院、湖南大學嶽麓書院：《長沙五一廣場東漢簡牘選釋》，上海：中西書局，2015 年。

［３］ 長沙市文物考古研究所、清華大學出土文獻研究與保護中心、中國文化遺産研究院、湖南大學嶽麓書院：《長沙五一廣場東漢簡牘（壹）》，上海：中西書局，2018 年。

［４］ 長沙市文物考古研究所、清華大學出土文獻研究與保護中心、中國文化遺産研究院、湖南大學嶽麓書院：《長沙五一廣場東漢簡牘（貳）》，上海：中西書局，2018 年。

［５］ 長沙市文物考古研究所、清華大學出土文獻研究與保護中心、中國文化遺産研究院、湖南大學嶽麓書院：《長沙五一廣場東漢簡牘（叁）》，上海：中西書局，2019 年。

［６］ 長沙市文物考古研究所、清華大學出土文獻研究與保護中心、中國文化遺産研究院、湖南大學嶽麓書院：《長沙五一廣場東漢簡牘（肆）》，上海：中西書局，2019 年。

［７］ 長沙市文物考古研究所、清華大學出土文獻研究與保護中心、中國文化遺産研究院、湖南大學嶽麓書院：《長沙五一廣場東漢簡牘（伍）》，上海：中西書局，2020 年。

［8］ 長沙市文物考古研究所、清華大學出土文獻研究與保護中心、中國文
化遺産研究院、湖南大學嶽麓書院：《長沙五一廣場東漢簡牘（陸）》，上
海：中西書局，2020 年。

［9］ 長沙市文物工作隊、長沙市文物考古研究所：《長沙走馬樓 J22 發掘簡
報》，《文物》1999 年第 5 期。

［10］長沙市文物考古研究所：《長沙東牌樓 7 號古井（J7）發掘簡報》，《文
物》2005 年第 4 期。

［11］長沙市文物考古研究所、中國文物研究所：《長沙東牌樓東漢簡牘》，北
京：文物出版社，2006 年。

［12］長沙市文物考古研究所：《長沙尚德街東漢簡牘》，長沙：嶽麓書社，
2016 年。

［13］陳松長主編：《嶽麓書院藏秦簡（肆）》，上海：上海辭書出版社，
2015 年。

［14］甘肅省博物館：《甘肅武威磨咀子漢墓發掘》，《考古》1960 年第 9 期。

［15］甘肅居延考古隊：《居延漢代遺址的發掘和新出土的簡册》，《文物》
1978 年第 1 期。

［16］甘肅省文物考古研究所、甘肅省博物館、文化部古文獻研究室、中國社
會科學院歷史研究所：《居延新簡——甲渠候官與第四燧》，北京：文
物出版社，1990 年。

［17］甘肅省文物考古研究所、甘肅省博物館、中國文物研究所、中國社會科
學院歷史研究所：《居延新簡——甲渠候官》，北京：中華書局，
1994 年。

［18］雷永利：《2010 年長沙五一廣場漢代古井（窖）考古發掘情況簡報》，
《湖南省博物館館刊》第七輯，長沙：嶽麓書社，2010 年。

［19］宋少華、何旭紅：《長沙走馬樓二十二號井發掘報告》，長沙市文物考古
研究所、中國文物研究所、北京大學歷史學系：《長沙走馬樓三國吳
簡·嘉禾吏民田家莂》，北京：文物出版社，1999 年。

［20］睡虎地秦墓竹簡整理小組：《睡虎地秦墓竹簡》，北京：文物出版社，

1990 年。

［21］天長市文物管理所、天長市博物館：《安徽天長西漢墓發掘簡報》，《文物》2006 年第 11 期。

［22］吳礽驤、李永良、馬建華：《敦煌漢簡釋文》，蘭州：甘肅人民出版社，1991 年。

［23］武威博物館：《武威新出土王杖詔令册》，甘肅省文物工作隊、甘肅省博物館：《漢簡研究文集》，蘭州：甘肅人民出版社，1984 年。

［24］銀雀山漢墓竹簡整理小組：《銀雀山漢墓竹簡（壹）》，北京：文物出版社，1985 年。

［25］中國簡牘集成編輯委員會：《中國簡牘集成·湖南省（走馬樓）》，蘭州：敦煌文藝出版社，2005 年。

［26］張家山二四七號墓竹簡整理小組：《張家山漢墓竹簡［二四七號墓］》，北京：文物出版社，2001 年。

二、古籍類

［ 1 ］阮元刊刻：《十三經注疏》，北京：中華書局，1980 年。

［ 2 ］孫詒讓撰，王文錦、陳豫霞點校：《周禮正義》，北京：中華書局，2000 年。

［ 3 ］段玉裁撰：《說文解字注》，上海：上海古籍出版社影印本，1988 年。

［ 4 ］朱駿聲撰：《說文通訓定聲》，北京：中華書局影印本，1984 年。

［ 5 ］司馬遷撰：《史記》，北京：中華書局標點本，1959 年。

［ 6 ］班固撰：《漢書》，北京：中華書局標點本，1962 年。

［ 7 ］范曄撰：《後漢書》，北京：中華書局標點本，1965 年。

［ 8 ］陳壽撰：《三國志》，北京：中華書局標點本，1959 年。

［ 9 ］房玄齡等撰：《晉書》，北京：中華書局標點本，1974 年。

［10］姚思廉撰：《梁書》，北京：中華書局標點本，1973 年。

［11］李延壽撰：《南史》，北京：中華書局標點本，1975 年。

［12］歐陽修、宋祁撰：《新唐書》，北京：中華書局標點本，1975 年。

[13] 司馬光編：《資治通鑑》，北京：中華書局標點本，1956 年。

[14] 王先謙補注，上海師範大學古籍整理研究所整理：《漢書補注》，上海：上海古籍出版社，2008 年。

[15] 周天游校注：《後漢紀校注》，天津：天津古籍出版社，1987 年。

[16] 長孫無忌撰，劉俊文點校：《唐律疏議》，北京：中華書局，1983 年。

[17] 黃暉校釋：《論衡校釋》，北京：中華書局，1990 年。

[18] 彭鐸校正：《潛夫論箋校正》，北京：中華書局，1985 年。

[19] 王利器校注：《鹽鐵論校注》，北京：中華書局，1992 年。

[20] 石聲漢校注：《四民月令校注》，北京：中華書局，1965 年。

[21] 何寧集釋：《淮南子集釋》，北京：中華書局，1998 年。

[22] 王貽梁、陳建敏集釋：《穆天子傳匯校集釋》，上海：華東師範大學出版社，1994 年。

[23] 徐鉉撰，白化文點校：《稽神錄·補遺》《稽神錄·括異志》，北京：中華書局，1996 年。

[24] 王明校釋：《抱朴子內篇校釋（增訂本）》，北京：中華書局，1985 年。

[25] 范寧校證：《博物志校證》，北京：中華書局，1980 年。

[26] 蕭統編，李善注：《文選》，上海：上海古籍出版社，1986 年。

[27] 揭傒斯：《贈醫者湯伯高序》，李夢生標校：《揭傒斯全集·文集》，上海：上海古籍出版社，1985 年。

三、專著類

[1] 陳夢家：《漢簡綴述》，北京：中華書局，1980 年。

[2] 程鵬萬：《簡牘帛書格式研究》，上海：上海古籍出版社，2017 年。

[3] 胡平生、李天虹：《長江流域出土簡牘與研究》，武漢：湖北教育出版社，2004 年。

[4] 何雙全：《雙玉蘭堂文集》，臺北：蘭臺出版社，2002 年。

[5] 賈連翔：《戰國竹書形制及相關問題研究：以清華大學藏戰國竹簡為中心》，上海：中西書局，2015 年。

［6］黎明釗、馬增榮、唐俊峰編：《東漢的法律、行政與社會——長沙五一廣場東漢簡牘探索》，香港：三聯書店(香港)有限公司，2019 年。

［7］李均明、劉軍：《簡牘文書學》，南寧：廣西教育出版社，1999 年。

［8］李均明：《古代簡牘》，北京：文物出版社，2003 年。

［9］李均明：《秦漢簡牘文書分類輯解》，北京：文物出版社，2009 年。

［10］李均明、劉國忠、劉光勝、鄔文玲：《當代中國簡帛學研究(1949—2019)》，北京：中國社會科學出版社，2019 年。

［11］李天虹：《居延漢簡簿籍分類研究》，北京：科學出版社，2003 年。

［12］林清源：《簡牘帛書標題格式研究》，臺北：藝文印書館，2004 年。

［13］凌文超：《走馬樓吳簡采集簿書整理與研究》，桂林：廣西師範大學出版社，2015 年。

［14］凌文超：《吳簡與吳制》，北京：北京大學出版社，2019 年。

［15］劉樂賢：《睡虎地秦簡日書研究》，臺北：文津出版社，1994 年。

［16］羅振玉、王國維：《流沙墜簡》，北京：中華書局影印本，1993 年。

［17］彭浩、陳偉、工藤元男：《二年律令與奏讞書：張家山二四七號漢墓出土法律文獻釋讀》，上海：上海古籍出版社，2007 年。

［18］汪桂海：《漢代官文書制度》，南寧：廣西教育出版社，1999 年。

［19］王國維撰，胡平生、馬月華校注：《簡牘檢署考校注》，上海：上海古籍出版社，2004 年。

［20］王子今：《長沙簡牘研讀》，北京：中國社會科學出版社，2017 年。

［21］謝桂華：《漢晉簡牘論叢》，桂林：廣西師範大學出版社，2014 年。

［22］謝桂華、李均明、朱國炤：《居延漢簡釋文合校》，北京：文物出版社，1987 年。

［23］邢義田：《地不愛寶：漢代的簡牘》，北京：中華書局，2011 年。

［24］嚴耕望：《中國地方行政制度史(甲部)》，臺北：三民書局，1990 年。

［25］張德芳主編：《甘肅省第二屆簡牘學國際學術研討會論文集》，上海：上海古籍出版社，2012 年。

［26］中國社會科學院歷史研究所戰國秦漢史研究室編譯：《簡牘研究譯叢》

第一輯,北京:中國社會科學出版社,1983 年。

［27］中國社會科學院歷史研究所戰國秦漢史研究室編譯:《簡牘研究譯叢》第二輯,北京:中國社會科學出版社,1987 年。

［28］中國社會科學院歷史研究所簡帛研究中心編譯:《簡帛研究譯叢》第一輯,長沙:湖南人民出版社,1996 年。

［29］中國社會科學院歷史研究所簡帛研究中心編譯:《簡帛研究譯叢》第二輯,長沙:湖南人民出版社,1998 年。

［30］張儒、劉毓慶:《漢字通用聲素研究》,太原:山西古籍出版社,2002 年。

［31］大庭脩:《漢簡研究》,徐世虹譯,桂林:廣西師範大學出版社,2001 年。

［32］邁克爾·魯惟一:《漢代行政記録》,于振波、車今花譯,桂林:廣西師範大學出版社,2005 年。

［33］陶安:《嶽麓秦簡復原研究》,上海:上海古籍出版社,2016 年。

［34］永田英正:《居延漢簡研究》,張學鋒譯,桂林:廣西師範大學出版社,2007 年。

［35］佐野光一:《木簡字典》,東京:雄山閣,1985 年。

四、論文類

［1］蔡雨萌:《長沙五一廣場東漢簡牘文書編聯一例》,簡帛網 2020 年 11 月 6 日。

［2］陳偉:《五一廣場東漢簡牘屬性芻議》,簡帛網 2013 年 9 月 24 日。

［3］陳偉:《長沙五一廣場東漢簡牘 141、5 號試讀》,簡帛網 2016 年 2 月 8 日。

［4］陳偉:《關於秦與漢初"入錢缿中"律的幾個問題》,《考古》2012 年第 8 期。

［5］陳公柔、徐苹芳:《大灣出土的西漢田卒簿籍》,《考古》1963 年第 3 期。

［6］陳公柔、徐苹芳:《瓦因托尼出土廩食簡的整理與研究》,《文史》1982 年第 13 輯。

［7］陳夢家:《由實物所見漢代簡册制度》,《武威漢簡》,北京:中華書局,

2005 年。

［8］陳榮傑：《走馬樓吳簡"朱表割米自首案"整理與研究》,《中華文史論叢》2017 年第 1 期。

［9］陳松長：《睡虎地秦簡"關市律"辨正》,《史學集刊》2010 年第 4 期。

［10］陳松長、周海鋒：《"君教諾"考論》,《長沙五一廣場東漢簡牘選釋》,上海：中西書局,2015 年。

［11］陳直：《甘肅武威磨咀子漢墓出土王杖十簡通考》,《考古》1961 年第 3 期。

［12］程少軒：《肩水金關漢簡"元始六年(居攝元年)曆日"復原》,《出土文獻》第五輯,上海：中西書局,2014 年。

［13］崔啓龍：《走馬樓吳簡所見"黄簿民"與"新占民"再探》,《出土文獻研究》第十八輯,上海：中西書局,2019 年。

［14］崔啓龍：《五一廣場簡"朱宏、劉宫臧罪案"簡册復原再議》,簡帛網 2020 年 6 月 20 日。

［15］鄧瑋光：《走馬樓吳簡三州倉出米簡的復原與研究——兼論"横向比較復原法"的可行性》,《文史》2013 年第 1 輯。

［16］鄧瑋光：《對三州倉"月旦簿"的復原嘗試——兼論"縱向比較復原法"的可行性》,《文史》2014 年第 2 輯。

［17］符奎：《長沙東漢簡牘所見"紙""㫪"的記載及相關問題》,《中國史研究》2019 年第 2 期。

［18］郭沫若：《武威"王杖十簡"商兑》,《考古學報》1965 年第 2 期。

［19］高敏：《關於漢代有"户賦""質錢"及各種礦産税的新證》,《史學月刊》2003 年第 4 期。

［20］高敏：《從長沙走馬樓三國吳簡看孫權時期的商品經濟狀况》,《簡帛研究》二〇〇四,桂林：廣西師範大學出版社,2006 年。

［21］郭文德：《血親復仇抑或豪强欺法？——五一廣場 CWJ1③:169 號東漢木牘考論》,《東漢的法律、行政與社會——長沙五一廣場東漢簡牘探索》,香港：三聯書店(香港)有限公司,2019 年。

[22] 郝樹聲：《武威"王杖"簡新考》，郝樹聲、張德芳：《懸泉漢簡研究》，蘭州：甘肅文化出版社，2009年。

[23] 何佳、黃樸華：《東漢簡"合檄"封緘方式試探》，《齊魯學刊》2013年第4期。

[24] 何佳、黃樸華：《試探東漢"合檄"簡》，《長沙五一廣場東漢簡牘選釋》，上海：中西書局，2015年。

[25] 何俊謙：《從長沙五一廣場東漢簡牘試析東漢前中期官文書的書體風格》，《東漢的法律、行政與社會——長沙五一廣場東漢簡牘探索》，香港：三聯書店(香港)有限公司，2019年。

[26] 何茂活：《肩水金關出土〈漢居攝元年曆譜〉綴合與考釋》，《考古與文物》2015年第2期。

[27] 何茜：《由長沙五一廣場東漢簡牘筆畫探筆法演變規律》，《大衆書法》2017年第6期。

[28] 何雙全：《居延漢簡研究》，《國際簡牘學會會刊》第2號，臺北：蘭臺出版社，1996年。

[29] 賀旭英：《秦漢"質錢"小考》，《出土文獻研究》第十四輯，上海：中西書局，2015年。

[30] 侯旭東：《讀汪桂海著〈漢代官文書制度〉》，《中國史研究動態》2000年第8期。

[31] 侯旭東：《長沙走馬樓吳簡〈竹簡〉(貳)"吏民人名年紀口食簿"復原的初步研究》，《中華文史論叢》2009年1期。

[32] 侯旭東：《長沙走馬樓吳簡"嘉禾六年(廣成鄉)弦里吏民人名年紀口食簿"集成研究——三世紀江南鄉里社會管理一瞥》，邢義田、劉增貴編：《古代庶民社會——第四屆國際漢學會議論文集》，臺北："中研院"，2013年。

[33] 侯旭東：《西北所出漢代簿籍册書簡的排列與復原——從東漢永元兵物簿説起》，《史學集刊》2014年第1期。

[34] 侯旭東：《湖南長沙五一廣場東漢簡J1③:264-294考釋》，《田餘慶先生

九十華誕頌壽論文集》,北京:中華書局,2014 年。

[35] 湖南省文物考古研究所:《益陽兔子山遺址出土簡牘(二)》,湖南省文物考古研究所官網 2014 年 12 月 10 日。

[36] 黄浩波:《簡牘所見秦至東漢幾個時期的金錢比價》,上海華東政法大學第九屆"出土文獻與法律史研究"國際學術研討會會議論文,2019 年 10 月。

[37] 黄今言:《居延漢簡所見西北邊塞的財務"拘校"》,《史學月刊》2006 年第 10 期。

[38] 黄樸華:《前言:長沙五一廣場東漢簡牘概述》,《長沙五一廣場東漢簡牘選釋》,上海:中西書局,2015 年。

[39] 黄樸華:《長沙五一廣場東漢簡牘》,《中國書法》2016 年第 5 期。

[40] 黄樸華、羅小華:《長沙五一廣場東漢簡牘中的"象人"》,《出土文獻》2020 年第 4 期。

[41] 黄正建:《中國古文書的歷史與現狀》,《史學理論研究》2015 年第 3 期。

[42] 黄正建:《中國古文書學——超越斷代文書研究》,《中國社會科學報》2012 年 7 月 25 日。

[43] 蔣成光:《長沙五一廣場東漢簡牘現場提取保護方法》,《湖南省博物館館刊》第八輯,長沙:嶽麓書社,2011 年。

[44] 蔣成光:《長沙五一廣場東漢簡牘材質研究》,《湖南省博物館館刊》第十二輯,長沙:嶽麓書社,2016 年。

[45] 蔣丹丹:《五一廣場東漢簡牘所見流民及客——兼論東漢時期長沙地區流動人口管理》,《簡帛研究》二〇一七秋冬卷,桂林:廣西師範大學出版社,2018 年。

[46] 黎明釗:《長沙五一廣場出土東漢簡牘中的辭曹》,周東平、朱騰:《法律史譯評》第七卷,上海:中西書局,2019 年。

[47] 李華:《長沙五一廣場簡所見"元的遺產案"考述》,《東漢的法律、行政與社會——長沙五一廣場東漢簡牘探索》,香港:三聯書店(香港)有限

公司,2019 年。

[48] 李均明:《關於八月案比》,《出土文獻研究》第六輯,上海:上海古籍出版,2004 年。

[49] 李均明:《張家山漢簡〈行書律〉考》,《中國古代法律文獻研究》第二輯,北京:中國政法大學出版社,2004 年。

[50] 李均明:《長沙五一廣場出土東漢木牘"直符"文書解析》,《齊魯學刊》2013 年第 4 期。

[51] 李均明:《東漢木牘所見一椿未遂報復案》,《簡牘學研究》第五輯,蘭州:甘肅人民出版社,2014 年。

[52] 癸中(李均明):《説"兩行"》,《長沙五一廣場東漢簡牘選釋》,上海:中西書局,2015 年。

[53] 李均明:《東漢簡牘所見合議批件》,《簡帛研究》二〇一六春夏卷,桂林:廣西師範大學出版社,2016 年。

[54] 李均明:《東漢時期的候審擔保——五一廣場東漢簡牘"保任"解》,《湖南大學學報(社會科學版)》2017 年第 5 期。

[55] 李均明:《五一廣場東漢簡牘"留事"考》,《出土文獻》第十一輯,上海:中西書局,2017 年。

[56] 李均明:《長沙五一廣場東漢簡牘"劾"與"鞫"狀考》,《簡帛研究》二〇一七秋冬卷,桂林:廣西師範大學出版社,2018 年。

[57] 李均明:《長沙五一廣場東漢簡牘"假期書"考》,《出土文獻》第十三輯,上海:中西書局,2018 年。

[58] 李均明:《長沙五一廣場東漢簡牘所見身份認定述略》,《出土文獻研究》第十七輯,上海:中西書局,2018 年。

[59] 李均明:《長沙五一廣場東漢簡牘"摻驗"解》,《簡帛研究》二〇一八秋冬卷,桂林:廣西師範大學出版社,2019 年。

[60] 李均明:《長沙五一廣場東漢簡牘所見職務犯罪探究》,《鄭州大學學報(哲學社會科學版)》2019 年第 5 期。

[61] 李均明:《五一廣場東漢簡牘所見"例亭"等解析》,《出土文獻》2020 年

第 4 期。

[62] 李均明、周自如、楊慧：《關於長沙走馬樓嘉禾田家莂的形制特徵》，《簡帛研究》二〇〇一，桂林：廣西師範大學出版社，2001 年。

[63] 李均明、陳民鎮：《簡牘學研究 70 年》，《中國文化研究》2019 年 3 期。

[64] 李洪財：《五一廣場東漢簡的文字問題》，《中國書法》2016 年第 5 期。

[65] 李洪財：《讀〈五一廣場東漢簡牘（壹、貳）〉札記》，簡帛網 2018 年 1 月 27 日。

[66] 李蘭芳：《〈長沙五一廣場東漢簡牘選釋〉札記數則》，簡帛網 2017 年 5 月 2 日。

[67] 李蘭芳：《長沙五一廣場出土 J1③:285 號簡牘再釋》，《簡牘學研究》第七輯，蘭州：甘肅人民出版社，2018 年。

[68] 李松儒：《長沙五一廣場"君教"類木牘字迹研究》，《中國書法》2016 年第 9 期。

[69] 李松儒、莊小霞：《長沙五一廣場 J1③:264-294 號木牘所見文書製作流轉研究》，《簡帛研究》二〇一七秋冬卷，桂林：廣西師範大學出版社，2018 年。

[70] 李小紅：《宋代"信巫不信醫"問題探析》，《四川大學學報（哲學社會科學版）》2003 年第 6 期。

[71] 連先用：《吳簡所見臨湘"都鄉吏民簿"里計簡的初步復原與研究——兼論孫吳初期縣轄民戶的徭役負擔與身份類型》，《簡帛研究》二〇一七秋冬卷，桂林：廣西師範大學出版社，2018 年。

[72] 連先用：《吳簡所見"小武陵鄉吏民簿 II"再研究——以〈竹簡（柒）〉爲中心》，《出土文獻研究》第十八輯，上海：中西書局，2019 年。

[73] 林秋秋：《長沙五一廣場東漢簡牘與走馬樓西漢簡書體比較》，《書法》2020 年第 3 期。

[74] 凌文超：《走馬樓吳簡舉私學簿整理與研究——兼論孫吳的占募》，《文史》2014 年第 2 輯。

[75] 劉國忠：《長沙東漢簡所見王皮案件發微》，《齊魯學刊》2013 年第

4 期。

［76］劉國忠：《五一廣場東漢簡王皮運送軍糧案續論》,《出土文獻》第七輯,上海:中西書局,2015 年。

［77］劉國忠：《五一廣場東漢永初四年詔書簡試論》,《湖南大學學報(社會科學版)》2017 年第 5 期。

［78］劉樂賢：《長沙五一廣場所出東漢孫詩供辭不實案再考》,《出土文獻研究》第十二輯,上海:中西書局,2013 年。

［79］劉樂賢：《長沙五一廣場出土東漢王皮木牘考述》,《中山大學學報(社會科學版)》2015 年第 3 期。

［80］劉禮堂：《唐代長江流域"信巫鬼、重淫祀"習俗考》,《武漢大學學報(人文科學版)》2001 年第 5 期。

［81］劉紹剛：《隸書"八分"的解體和行楷書的發展——從五一廣場簡看東漢時期的書體演變》,《長沙五一廣場東漢簡牘選釋》,上海:中西書局,2015 年。

［82］劉子鈞：《五一廣場東漢簡牘"孟負伯錢"案再探》,簡帛網 2020 年 4 月 4 日。

［83］劉自穩：《里耶秦簡中的追書現象——從睡虎地秦簡一則行書律説起》,《出土文獻研究》第十六輯,上海:中西書局,2017 年。

［84］羅見今、關守義：《肩水金關漢簡(貳)曆簡年代考釋》,《敦煌研究》2014 年第 2 期。

［85］羅小華：《〈長沙五一廣場東漢簡牘選釋〉所見酒價與酒具》,簡帛網 2016 年 1 月 12 日。

［86］羅小華.：《〈長沙五一廣場東漢簡牘選釋〉所見奴婢價》,簡帛網 2016 年 1 月 14 日。

［87］羅小華：《五一廣場簡牘所見名物考釋(一)》,《出土文獻》第十四輯,上海:中西書局,2019 年。

［88］羅小華：《五一廣場簡牘所見名物考釋(三)》,《出土文獻研究》第十八輯,上海:中西書局,2019 年。

［89］羅小華：《五一廣場簡牘所見名物考釋（二）》，《簡牘學研究》第九輯，蘭州：甘肅人民出版社，2020 年。

［90］羅小華：《五一廣場簡牘所見名物考釋（四）》，《簡帛》第二十輯，上海：上海古籍出版社，2020 年。

［91］羅小華：《五一廣場簡牘所見名物考釋（五）》，《出土文獻研究》第十九輯，上海：中西書局，2020 年。

［92］馬力：《長沙五一廣場東漢簡牘舉劾文書初讀》，《出土文獻》第八輯，上海：中西書局，2016 年。

［93］馬小菲：《五一廣場簡中的立秋案驗與麥秋案驗》，《東漢的法律・行政與社會——長沙五一廣場東漢簡牘探索》，香港：三聯書店（香港）有限公司，2019 年。

［94］馬怡：《漢代詔書之三品》，《田餘慶先生九十華誕頌壽論文集》，北京：中華書局，2014 年。

［95］馬增榮：《“貸主”？抑或“貨主”？——長沙五一廣場東漢簡牘讀記一則》，簡帛網 2020 年 8 月 7 日。

［96］莫澤：《長沙五一廣場東漢簡牘的整理保護》，《中國文物報》2018 年 8 月 3 日。

［97］秦浩翔：《〈長沙五一廣場東漢簡牘〉所見地方大族初探——以屬吏、鄉官姓氏分布爲中心的考察》，簡帛網 2020 年 11 月 25 日。

［98］曲禎鵬：《長沙五一廣場“考實倉曹史朱宏、劉宫臧罪竟解書”——兼論東漢“解書”及其相關問題》，山東大學歷史文化學院“山東大學第二届先秦秦漢史研究生暨青年學者論壇”會議論文，2019 年 4 月。

［99］冉令江：《長沙五一廣場簡牘隸書及其藝術風格》，《中國書法》2016 年第 10 期。

［100］任攀：《五一廣場東漢簡牘所見赦贛等五人劫詩林等案復原》，未刊稿。

［101］沈剛：《居延漢簡册書復原方法述論》，《甘肅省第二届簡牘學國際學術研討會論文集》，上海：上海古籍出版社，2012 年。

［102］沈頌金：《陳夢家與漢簡研究》，《河北學刊》2002 年第 3 期。

［103］孫東波、楊芬：《走馬樓三國吳簡吳昌長朱表盜米案初探》，《簡帛研究》二○一六秋冬卷，桂林：廣西師範大學出版社，2017 年。

［104］孫沛陽：《簡册背劃綫初探》，《出土文獻與古文字研究》第四輯，上海：上海古籍出版社，2011 年。

［105］孫濤：《長沙五一廣場東漢簡牘"栱船"釋義補正》，簡帛網 2017 年 4 月 24 日。

［106］孫濤：《讀〈長沙五一廣場東漢簡牘選釋〉札記兩則》，簡帛網 2017 年 5 月 7 日。

［107］唐俊峰：《東漢早中期臨湘縣的行政決策過程——以五一廣場東漢簡牘爲中心》，《東漢的法律、行政與社會——長沙五一廣場東漢簡牘探索》，香港：三聯書店(香港)有限公司，2019 年。

［108］汪蓉蓉：《〈東漢五一廣場簡牘〉綴合一則》，簡帛網 2019 年 5 月 20 日。

［109］汪蓉蓉：《〈長沙五一廣場東漢簡牘〉綴合(二)》，簡帛網 2019 年 6 月 4 日。

［110］汪蓉蓉：《〈長沙五一廣場東漢簡牘〉綴合(三)》，簡帛網 2019 年 6 月 4 日。

［111］汪蓉蓉：《〈長沙五一廣場東漢簡牘〉綴合(四)》，簡帛網 2019 年 11 月 13 日。

［112］汪蓉蓉：《五一廣場東漢簡牘所見流民占籍問題及其文書行政》，《簡帛研究》二○二○春夏卷，桂林：廣西師範大學出版社，2020 年。

［113］汪蓉蓉：《"君教"文書與東漢縣廷治獄制度考論——從長沙五一廣場東漢簡牘説起》，《古代文明》2020 年第 4 期。

［114］王朔：《東漢縣廷行政運作的過程和模式——以長沙五一廣場東漢簡爲中心》，《華中師範大學學報(人文社會科學版)》2018 年第 6 期。

［115］王曉光：《東漢中葉隸書墨迹標杆之作——試析五一廣場簡牘墨書及相關問題》，《中國書法》2016 年第 9 期。

［116］王曉光：《從五一廣場簡看東漢新隸體與早期新體》，《中國書法報》

2019 年 12 月 10 日。

［117］ 王子今：《長沙五一廣場出土待事掾王純白事木牘考議》,《簡帛》第九輯,上海：上海古籍出版社,2014 年。

［118］ 溫玉冰：《朱宏、劉宮臧罪案復原研究》,簡帛網 2020 年 6 月 9 日。

［119］ 鄔文玲：《〈甘露二年御史書〉校讀》,《中國古代法律文獻研究》第五輯,北京：社會科學文獻出版社,2011 年。

［120］ 鄔文玲：《〈走馬樓三國吳簡‧竹簡(捌)〉所見州中倉出米簿的集成與復原嘗試》,《出土文獻研究》第十六輯,上海：中西書局,2017 年。

［121］ 吳雪飛：《長沙五一廣場東漢木牘相關法律用語探析》,《中國古代法律文獻研究》第九輯,北京：社會科學文獻出版社,2015 年。

［122］ 吳雪飛：《長沙五一廣場簡牘法律用語續探》,《出土文獻研究》第十六輯,上海：中西書局,2017 年。

［123］ 武伯綸：《關於馬鐙問題及武威漢代鳩杖詔令木簡》,《考古》1961 年第 3 期。

［124］ 夏笑容：《"2013 年長沙五一廣場東漢簡牘學術研討會"紀要》,《文物》2013 年第 12 期。

［125］ 謝桂華：《新、舊居延漢簡册書復原舉隅》,《秦漢史論叢》第五輯,北京：法律出版社,1992 年。

［126］ 謝桂華：《新、舊居延漢簡册書復原舉隅(續)》,《簡帛研究》第一輯,北京：法律出版社,1993 年。

［127］ 謝桂華：《居延漢簡的斷簡綴合和册書復原》,《簡帛研究》第二輯,北京：法律出版社,1996 年。

［128］ 謝桂華：《元康四年賜給民爵名籍殘册再釋》,《史學新論——祝賀朱紹侯先生八十華誕》,開封：河南大學出版社,2005 年。

［129］ 謝雅妍：《從長沙出土東漢簡牘看"封檢"類文書的形制與轉變》,《東漢的法律、行政與社會——長沙五一廣場東漢簡牘探索》,香港：三聯書店(香港)有限公司,2019 年。

［130］ 邢義田：《漢代簡牘的體積、重量和使用——以"中研院"史語所藏居

延漢簡爲例》,《地不愛寶：漢代的簡牘》,北京：中華書局,2011 年。

[131] 邢義田：《湖南龍山里耶 J1(8)157 和 J1(9)1—12 號秦牘的文書構成、筆迹和原檔存放形式》,《治國安邦：法制、行政與軍事》,北京：中華書局,2011 年。

[132] 邢義田：《漢代簡牘公文書的正本、副本、草稿和簽署問題》,《"中研院"歷史語言研究所集刊》第 82 本第 4 分,臺北："中研院",2011 年。

[133] 邢義田：《漢晉公文書上的"君教諾"——讀〈長沙五一廣場東漢簡牘選釋〉札記之一》,簡帛網 2016 年 9 月 26 日。

[134] 徐暢：《〈續漢書·百官志〉所記"制度掾"小考》,《史學史研究》2015 年第 4 期。

[135] 徐暢、高智敏：《長沙五一廣場東漢簡牘整理研究論著目録(2010 年至今)》,《簡帛研究》二〇一七秋冬卷,桂林：廣西師範大學出版社,2018 年。

[136] 徐鵬：《長沙五一廣場 J1③:169 號木牘"禹度平後落去"考釋》,《秦漢研究》第八輯,西安：陝西人民出版社,2014 年。

[137] 徐世虹：《也説"質錢"》,《出土文獻與法律史研究》第二輯,上海：上海人民出版社,2013 年。

[138] 徐世虹：《秦漢"鞫"文書讞識——以湖南益陽兔子山、長沙五一廣場出土木牘爲中心》,《簡帛》第十七輯,上海：上海古籍出版社,2018 年。

[139] 許名瑲：《〈肩水金關漢簡(貳)〉"居攝元年曆日"簡綴合》,簡帛網 2014 年 6 月 20 日。

[140] 許名瑲：《肩水金關漢簡〈元始六年(居攝元年)曆日〉簡册再復原》,簡帛網 2016 年 8 月 29 日。

[141] 楊芬：《"君教"文書牘再論——以長沙五一廣場東漢簡牘和走馬樓三國吳簡爲主考察》,《長沙簡帛研究國際學術研討會論文集：紀念走馬樓三國吳簡發現二十周年》,上海：中西書局,2017 年。

[142] 楊頌宇：《〈長沙五一廣場東漢簡牘選釋〉例 100"佳"字再釋與"柱"案

再分析》,簡帛網 2018 年 3 月 22 日。

〔143〕楊頌宇:《從五一廣場出土東漢簡牘試探漢代的"君教"文書》,《東漢的法律、行政與社會——長沙五一廣場東漢簡牘探索》,香港:三聯書店(香港)有限公司,2019 年。

〔144〕楊頌宇:《從五一廣場出土東漢簡牘試探漢代的"君教"文書(修訂稿)》,簡帛網 2020 年 3 月 11 日。

〔145〕楊小亮:《"本事"簽牌考索》,《齊魯學刊》2013 年第 4 期。

〔146〕楊小亮:《金關漢簡編聯綴合舉隅——以簡牘書體特徵考察爲中心》,《出土文獻研究》第十三輯,上海:中西書局,2014 年。

〔147〕楊小亮:《西漢〈居攝元年曆日〉綴合復原研究》,《文物》2015 年第 3 期。

〔148〕楊小亮:《略論東漢"直符"及其舉劾犯罪的司法流程》,《中國古代法律文獻研究》第九輯,北京:社會科學文獻出版社,2015 年。

〔149〕楊小亮:《"表坐割匿用米行軍法"案勾稽考校》,《長沙簡帛研究國際學術研討會論文集:紀念走馬樓三國吳簡發現二十周年》,上海:中西書局,2017 年。

〔150〕楊小亮:《〈五一廣場東漢簡牘選釋〉釋文補正》,《出土文獻》第十輯,上海:中西書局,2017 年。

〔151〕楊小亮:《從五一廣場東漢簡牘談對"解書"的初步認識》,《甘肅省第三届簡牘學國際學術研討會論文集》,上海:上海辭書出版社,2017 年。

〔152〕楊小亮:《關於"王皮木牘"的再討論》,《出土文獻》2020 年第 4 期。

〔153〕姚磊:《論〈肩水金關漢簡(肆)〉的簡册復原——以書寫特徵爲中心考察》,《出土文獻》第十輯,上海:中西書局,2017 年。

〔154〕姚磊:《〈肩水金關漢簡〉編聯五則》,《出土文獻》第十三輯,上海:中西書局,2018 年。

〔155〕姚遠:《東漢内郡縣法官法吏復原研究——以長沙五一廣場東漢簡牘爲核心》,《華東政法大學學報》2016 年第 4 期。

［156］伊强：《湖南長沙五一廣場東漢簡牘劄記》,簡帛網 2013 年 7 月
16 日。

［157］伊强：《長沙五一廣場東漢簡牘中的"例"及相關職官問題初論》,《簡
帛》第十六輯,上海：上海古籍出版社,2018 年。

［158］袁延勝：《天長紀莊木牘〈筭簿〉與漢代筭賦問題》,《中國史研究》
2008 年第 2 期。

［159］張朝陽：《五一廣場簡東漢簡牘"油錢"小考》,簡帛網 2018 年 12 月
21 日。

［160］張朝陽：《東漢臨湘縣交阯來客案例詳考——兼論早期南方貿易網
絡》,《中山大學學報(社會科學版)》2019 年第 1 期。

［161］張朝陽：《長沙五一廣場東漢簡牘所見早期房屋租賃糾紛案例研究》,
《史林》2019 年第 6 期。

［162］張朝陽：《東漢臨湘的水上市場初考》,簡帛網 2019 年 10 月 23 日。

［163］張德芳：《西北漢簡一百年》,《光明日報》2010 年 6 月 17 日。

［164］張俊民：《〈勞邊使者過界中費〉册析——漢簡札記之三》,《西北史地》
1991 年第 2 期。

［165］張俊民：《居延漢簡册書復原研究緣起》,《簡牘學研究》第四輯,蘭州：
甘肅人民出版社,2004 年。

［166］張倩儀：《五一廣場東漢簡的繒帛衣物劫案(一)》,簡帛網 2020 年
7 月 6 日。

［167］張倩儀：《五一廣場東漢簡的繒帛衣物劫案(二)》,簡帛網 2020 年
7 月 18 日。

［168］張亞偉：《五一廣場東漢簡"左倉曹史朱宏、劉宫、卒張石、男子劉得本
[事]"簡册復原》,簡帛網 2019 年 4 月 30 日。

［169］張燁軒：《東漢臨湘縣廷掾吏的"不作爲"罪——以五一廣場簡"雄等
不以徵遝爲意"案爲中心》,《東漢的法律、行政與社會——長沙五一
廣場東漢簡牘探索》,香港：三聯書店(香港)有限公司,2019 年。

［170］張忠煒：《前言：里耶秦簡博物館藏秦簡概説》,里耶秦簡博物館、出

233

土文獻與中國古代文明研究中心中國人民大學分中心編:《里耶秦簡博物館藏秦簡》,上海:中西書局,2016 年。

[171] 張忠煒:《兩千年前遷陵縣收到的三份文書——里耶 9‐2289 號牘的反印文及相關問題》,《文匯報·文匯學人·學林》2019 年 5 月 17 日。

[172] 趙凱:《漢代匿名文書犯罪諸問題再探討》,《河北學刊》2009 年第 3 期。

[173] 趙平安、羅小華:《長沙五一廣場出土 J1③:285 號木牘解讀》,《齊魯學刊》2013 年第 4 期。

[174] 趙平安、許可:《長沙五一廣場東漢簡牘文字初探》,《長沙五一廣場東漢簡牘選釋》,上海:中西書局,2015 年。

[175] 趙汝清:《日本學者簡牘研究述評》,《簡牘學研究》第一輯,蘭州:甘肅人民出版社,1997 年。

[176] 周海鋒:《〈長沙五一廣場東漢簡牘(壹)〉選讀》,簡帛網 2018 年 12 月 26 日。

[177] 周海鋒:《〈長沙五一廣場東漢簡牘(貳)〉選讀》,簡帛網 2018 年 12 月 26 日。

[178] 周海鋒:《〈長沙五一廣場東漢簡牘〉文書復原舉隅(一)》,簡帛網 2018 年 12 月 26 日。

[179] 周海鋒:《〈長沙五一廣場東漢簡牘〉文書復原舉隅(二)》,簡帛網 2020 年 4 月 17 日。

[180] 周海鋒:《〈長沙五一廣場東漢簡牘〉所見永初年間三份詔書淺析》,《簡帛》第二十輯,上海:上海古籍出版社,2020 年。

[181] 周海鋒:《五一簡"逐捕不知何人所盜羅捽矛者未能得解書"淺析》,《出土文獻》2020 年第 4 期。

[182] 朱德貴:《長沙五一廣場東漢簡牘所見商業問題探討》,《中國社會經濟史研究》2016 年第 4 期。

[183] 莊小霞:《長沙五一廣場東漢簡牘 CWJ1①:86 簡所載"艾"釋義獻疑》,簡帛網 2016 年 5 月 9 日。

［184］莊小霞：《長沙五一廣場出土東漢司法簡牘語詞匯釋五則》，《簡牘學研究》第六輯，蘭州：甘肅人民出版社，2016年。

［185］大庭脩：《居延出土的詔書册與詔書斷簡》，姜鎮慶譯，《簡牘研究譯叢》第二輯，北京：中國社會科學出版社，1987年。

［186］大庭脩：《漢代決事比試論》，《秦漢法制史研究》，徐世虹等譯，上海：中西書局，2017年。

［187］廣瀨薰雄：《長沙五一廣場東漢簡牘中所見的"山徒"小議》，《簡帛研究論集》，上海：上海古籍出版社，2019年。

［188］籾山明：《王杖木簡再考》，莊小霞譯，《中國古代法律文獻研究》第五輯，北京：社會科學文獻出版社，2012年。

［189］籾山明：《日本居延漢簡研究的回顧與展望》，顧其莎譯，《中國古代法律文獻研究》第九輯，北京：社會科學文獻出版社，2015年。

［190］籾山明：《在簡牘學、古文書學、法制史與秦漢史之間》，蘇俊林、陳弘音整理，《文匯報·文匯學人》2017年2月3日。

［191］永田英正：《論新出居延漢簡中的若干册書》，謝新平譯，甘肅省文物考古研究所編：《秦漢簡牘論文集》，蘭州：甘肅人民出版社，1989年。

後　　記

　　2004 年碩士畢業的時候，根本就没想過要去讀一個博士。出於個人原因，比如要實現打車自由，因爲不喜歡公交和地鐵的氣息：早晚高峰的時候，那裏總瀰漫着各種焦慮、戒備和無可奈何。又或者能在和朋友持續地推杯換盞之後，突然站起來，略微收斂一下酒氣，搶在其他人之前，平静且禮貌地對服務員説："結賬。"囊中自有豪氣。就想着工作。

　　面試在一間小屋子裏，摞滿了各種書，書堆上冒出兩個腦袋。側身、收腹、輾轉騰挪到一張桌子前，一位微胖的和一位東南亞相貌的先生透過書堆縫隙接待了我。這是胡平生和李均明先生。粗略地問過一些基本的問題後，他們拿出一張竹簡圖版讓我辨認。後來知道是吴簡的照片，只是内容一點也想不起來了。胡老師説："有幾個字認對了。"這是誇讚吧。臉有些紅，四月的天竟也這麽熱。入職，就稀裏糊塗地跟着胡平生、李均明、鄧文寬、劉少剛、劉軍、王昕幾位先生做一些跟出土文獻有關的事情。

　　單位離家很近，開始很好，先生們都在。出於工作性質的考慮，單位裏只有我們"古文獻"不用坐班，現在他們一個一個相繼退休，我則被要求天天刷臉、刷指紋。那個機器很會戲弄人，每回經過好幾次努力證明"我"是"我"之後，它才喊出我的名字以及到達時間。聲音很大，感覺隔壁加油站那個一直耷拉着臉的姑娘要是不忙的話，一定會從東邊矮墙上探出頭來，面部擠滿了幸災樂禍的笑。胡老師一直是娃娃臉，李老師依然很俊朗，劉老師五十多歲時白頭髮就多，現在還是多，其實都没什麽大的變化。只是鄧老師和劉軍老師這幾年見得少，應該還是以前的樣子吧。年輕真好，我懷念先生們都没退休的日子。

　　奶奶説我是個幸運的少年，我出生那天，霞光漫天，甚至有多道金光在我家門楣上閃爍。我喜歡這個説法,且一直相信自己就是故事中的那個"少年",直到三十六歲結婚、生子,生活的真相在面前次第展開,我才開始承認,我已步入中年。工作多年之後,居然就動了讀博的念頭。在劉國忠、李守奎、李均明、胡平生、劉少剛等幾位先生的鼓勵和幫助下,終於拜在趙平安師門下。一邊工作,一邊讀書,只是心境再也不能像本科讀書時那般自在,時常都會顯露出一個中年人的逼仄和侷促。

頭兩年要上課,公共課還要點名,有些累,若年輕幾歲還好。課上完就輕鬆很多,然後就是開題。聽過平安師幾門古文字學的課,然而終究是門外漢,於是就選擇了與古文字關係不大的,且自己較爲熟識的五一簡作爲博士論文的研究對象。原先設定的題目要大一些,有點兒力不從心,經平安師建議,才確定以該批簡牘的册書復原爲主題。寫作也斷斷續續,一拖再拖,荒蕪時常自内心瘋狂生長,有時竟需要在微醺的狀態下才能開工。那會兒疫情稍緩,人員可以有限流動,就經常約乾兒子一家小聚。他們買酒,我們做菜。同學説,一輩子這麼長,誰還不會碰到幾個"傻缺"啊。於是也"傻缺"地把周圍的人和事分爲兩種,一種是喜歡的,一種是不喜歡的,和喜歡的喝酒,一起罵不喜歡的。樂賢老師説,已經是中年人了,仍像個"中二"少年那般用"喜歡""不喜歡"來區分事物。我該反省。喝完、罵完,一拍兩散,只是我得緩一緩,生活得繼續,我得接着寫我的論文。

有很多不滿意的地方,但感覺體量差不多,也不能再拖了,就算完稿了吧。本該二十啷噹歲就了結的事,拖到四十五才實現,人到中年,欠下的都得還。以此換取了一紙文憑,却也意外地,完成了從"傻博士"到"蠢老頭"的蜕變。兒子知道我論文答辯完就會成爲博士,他有些氣。他的邏輯是,他才上小學二年級,爸爸却博士了,但竟然有許多卡通故事他清楚而我不知道,於是他叫我"傻博士"。拿到畢業證後,跟他顯擺,他撇了下嘴。晚上下象棋,我一如既往地贏了他。他事先謀劃了很久,象棋説明書上的"大殺招"都悄摸地演練了好幾遍。他哭了。半夜上廁所,我發現門口的墻上貼着一張紙,大字寫着"chun 老頭"。我能想象他寫這幾個字時的樣子,拼音萬歲。原來一切都瞞不過他的眼睛,他一針見血地指出我的問題所在,文憑不過是矇人的，我的白頭髮越來越多，腰一天比一天粗，爬個三樓也連呼帶喘的，能説什麼呢，我都認。

好在論文要出版了，算是對自己中年生活的階段性小結，這感覺像極了還債之後得到當初打下的欠條，有一些釋然，也裹挾着幾絲興奮。相比於答辯時的版本，這次稍微作了一些技術處理，主要是删去了未發表材料的釋文和圖版，以及相關的一些論述，在結構及觀點上則基本未有大的改動。但有時不可避免地也會對一些未發表的材料加以討論。希望不要有知識性的錯誤就好，至於其他的，力所不逮，就順其自然，再好好修煉吧。

從讀博到答辯乃至於論文出版，要感謝的人太多，恐不能一一列舉，就從身邊開始吧。感謝趙平安師在論文開題、寫作以及答辯過程中對我的悉心教導和信任；感謝五一簡整理小組，尤其是長沙市文物考古研究所黃樸華、何佳等先生允許我使用未發表的材料；感謝參加開題、預答辯、答辯的李均明、侯旭東、劉樂賢、鄔文玲、劉國忠、汪桂海諸位老師細緻而富有創見的指導性建議，實在不好拒絕，李老師和侯老師也應允賜下了序文；感謝在日常生活和學習中時刻鞭策我、鼓勵我和容忍我的"古文獻"的先生們：少剛老師經常擔心我"有病"，囑咐必須"吃藥"才出門，若是正式場合，別忘穿帶領子的衣服，無以爲報，我就隔三岔五祝他"老人家"生日快樂；感謝羅小華、周海鋒、李聰、郭偉濤、張弛、賈連翔、程浩、馬楠、鄭子良諸兄在我讀博及論文寫作期間多次提供幫助；感謝復旦大學出土文獻與古文字研究中心劉釗先生和陳劍先生的抬愛，使得論文能夠列入"復旦出土文獻與古文字研究博士叢書"。年紀越增長，相信的東西就越少，所以也感謝周圍一切可愛、良善的人和事，"努力當得報償，諾言當得兑現"，美仍然保留。

最後，要特別感謝我的妻子和孩子，在那些難熬的日子裏，我們一起聊天、一起做飯、一起看電影、一起聽"野孩子"、一起掉眼淚、一起擁抱，相互溫暖。看不到你們的地方是不安全的，你們的真摯和歡笑，讓我時常心生希望。

楊小亮

2022 年 3 月

《復旦出土文獻與古文字研究博士叢書》

　　《復旦出土文獻與古文字研究博士叢書》由復旦大學出土文獻與古文字研究中心主持，選擇出土文獻與古文字研究博士生高質量的學術著作（主要是在博士論文基礎上撰寫的著作），經編委會評審後，每年由上海中西書局出版若干種，旨在推動中國出土文獻與古文字科學研究的發展。

　　《復旦出土文獻與古文字研究博士叢書》編委會的組成如下：

主　　編：裘錫圭

執行主編：劉　釗

編　　委：陳　劍　陳　偉　陳偉武　黃德寬　黃天樹　李宗焜
　　　　　彭裕商　沈　培　施謝捷　王　輝　吳振武　趙平安
　　　　　朱鳳瀚

　　《復旦出土文獻與古文字研究博士叢書》從 2012 年 1 月開始徵集書稿。申報和評定的具體辦法見：復旦大學出土文獻與古文字研究中心網站（www.fdgwz.org.cn），上海中西書局網站（www.zxpress.com.cn）。